BONAPARTE

破译历史真相系列 1

历史大揭秘

我们不可不知道的历史事件

HISTORY'S GREATEST HITS

JOSEPH CUMMINS ［澳］约瑟夫·卡米斯 著 潘崇堃 译

群众出版社

读 点

看到副书名，你可能会问：如果这些事件都是著名的，那我们究竟为什么还需要更深入了解呢？毕竟，它们已经是著名的事件了，而“著名”就意味着众所周知、闻名遐迩了。但是，对于汉尼拔带领一群大象跨越阿尔卑斯山麓的事迹，你真正了解多少呢？当然，这一事件很有名。但你是否知道那些大象几乎都死了？你是否知道，汉尼拔走的那个高耸、险峻的山口这么多世纪以来一直未被发现，在于它是一条被严密保护的走私通道？

很多时候，久负盛名反倒掩盖了事件本身的真实。正如在现实生活中，电影明星或知名人士的名气会蒙蔽了我们的眼睛一样。所以，在这本书里，我试图把生活中发生的事情置于历史框架内，以便读者了解其重要性。例如，十字军东征一直成为不计其数的浪漫传奇、故事、诗歌、小说和电影的主题。和其他著名历史事件一样，这个主题充满了神话般的色彩。鉴于这些11—13世纪发生的圣战对当今宗教冲突仍具有深远影响，我们了解圣战的真实背景就变得尤其重要了。

当然，在《历史大揭秘：我们不可不知道的历史事件》一书中，并非所有事件都对后来的历史产生了重大影响。很多事件是因为其他原因，才变得广为人知的。有些事件仅仅是因为它们臭名昭著。“轻骑兵进击”并没有改变历史，但了解了轻骑兵旅的指挥官詹姆斯·布鲁登诺尔，即卡迪根七等伯爵——一个被历史学家称为“罕见的愚蠢”的人，我们便能获致善意的提醒：让白痴掌权会带来无穷的灾难。尽管乔治·卡斯特并不像布鲁登诺尔那般愚笨，但他率领士兵进行的“最后一击”同样显得鲁莽轻率。当然，我们记取这一事件的另一原因，是由于他的人马无一生还——全部战死的第七骑兵团和本该共同作战的人们，尚在我们脑海里久久萦绕。

这本书中描述的很多历史事件都对我们的文化产生了重大影响，有些还成为了我们语言的一部分。我们都有过自己的“最后一击”；遇到过自己的“滑铁卢”；遭到朋友背弃时，我们也嘟囔过“还有你，布鲁图斯（尽管被一刀刀刺中时，凯撒并没有这么说）”。了解这些事件，不仅可以增加我们的历史常识，还能够深化我们对于人类历史的理解。

以其他史学家对于这些历史人物的深入研究为基础，我也努力把重要人物的内心世界揭示给读者，比如伊丽莎白一世、克里斯托弗·哥伦布、乔治·华盛顿以及温斯顿·丘吉尔等鼎鼎大名的历史人物。而对这些名人的更多了解，反过来又加深了人们对与之相关的著名历史事件的理解。

最后，我希望，在本书中我确实讲述了一两个精彩故事。对于很多人来说，他们此前很可能在干巴巴的必修课教科书里读到过有关阿金库尔战役、伦敦大火或华尔街金融危机等事件，但本书讲述的事件绝对都是引人入胜的（有些可能令人感到恐怖）。如果读者觉得故事吸引人，肯定会爱不释手。远古时代，历史就是口头讲述的前人故事——在一群有鉴赏力的听众面前，生动地讲述并再现那些故事。因此，《历史大揭秘：我们不可不知道的历史事件》的目的就是，把那种绘声绘色讲故事的感觉以及历史事件再次精彩无遗地呈现出来。

约瑟夫·卡米斯

古代：公元前250年－公元500年

汉尼拔率部如天兵，神奇跨越阿尔卑斯山（公元前218年） / 2

凯撒遇刺（公元前44年） / 10

罗马帝国灭亡（公元476年） / 20

中世纪和文艺复兴：1000－1500年

黑斯廷斯战役（1066年） / 30

十字军东征（1095–1291年） / 39

大宪章（1215年） / 48

黑死病（1347–1349年） / 56

阿金库尔战役（1415年） / 64

处死圣女贞德（1431年） / 74

西班牙宗教法庭（1478–1530年） / 82

哥伦布到达美洲（1492年） / 90

现代早期：1500－1900年

击败西班牙无敌舰队（1588年） / 100
伦敦大火（1666年） / 109
魁北克战役（1759年） / 118
华盛顿横渡德拉瓦河（1776年） / 126
巴士底狱风暴（1789年） / 134
滑铁卢战役（1815年） / 142
爱尔兰土豆大饥荒（1845–1849年） / 150
轻骑兵进击（1854年） / 158
林肯之葛底斯堡演说（1863年） / 166
卡斯特与印第安人的最后对决（1876年） / 174

战火纷飞的世界：1900－1950年

加里波利战役（1915年） / 184
索姆河会战（1916年） / 192
十月革命（1917年） / 200
华尔街金融危机（1929年） / 208
不列颠之战（1940年） / 215
偷袭珍珠港（1941年） / 223
诺曼底登陆（1944年） / 230

近距离作战的突出部战役（1944年） / 238
原子弹轰炸广岛（1945年） / 246

冷战及冷战之后：1950－2001年

古巴导弹危机（1962年） / 256
肯尼迪总统遇刺（1963年） / 264
六日战争（1967年） / 273
越战春节攻势（1968年） / 282
人类首次登月（1969年） / 291
推倒柏林墙（1989年） / 299
“9·11”恐怖袭击（2001年） / 307

古代：公元前250年 – 公元500年

汉尼拔率部如天兵，神奇跨越阿尔卑斯山
(公元前218年)

世上最坚定的领袖之一汉尼拔
如何率领军队以及一群大象
成功跨越西欧的最高山脉

汉尼拔半身像。汉尼拔·巴卡是罗马的死对头。这座雕像现在保存在意大利拿波里的国家博物馆

公元前3世纪，古老的北非王国——迦太基，与蒸蒸日上的罗马争夺地中海盆地的控制权。这场旷日持久、充满杀戮的争夺引发了三次战役，史称布尼克战争。这场争夺霸权的战争前后持续了百年，以罗马的胜利而告终。

而著名的失败者——迦太基王国则遭到重创。曾经辉煌无比的古老城市化为灰烬；富甲一方的王国的人民被贱卖为奴；那里的土地被埋下盐碱，从此寸草不生。布尼克战争胜利后，罗马顺利踏上千年帝国之路，而迦太基则化为渐渐微弱的回音和遥远的记忆。

然而，只有一个人例外。他，就是汉尼拔·巴卡。他率领庞大的军队和象群，神出鬼没般地神奇翻越阿尔卑斯山麓的杰出壮举，两千五百多年以来，一直激发着世界上无数人们的丰富想象。

如果没有顽强的古希腊历史学家波利比奥斯，我们到现在恐怕还不会知道汉尼拔。汉尼拔成功翻越阿尔卑斯山麓五十年以后，这位历史学家在他成功撰写的《罗马共和国历史》一书中，比较具体而详尽地进行了记载。

为了这本书，他历尽千辛万苦，追寻汉尼拔神奇翻越阿尔卑斯山的路线，并对参加过那些战役的士兵后裔开展访谈。波利比奥斯用他独特的语言，描述了怎样一幅图画啊！站在阿尔卑斯山脚下，眼前是先人从来没有翻越过的连绵高耸的群山。面对紧张不安的士兵，汉尼拔坚定不移地说道：“你们认为阿尔卑斯山是什么？不过是一座大山嘛……对于意志坚定的男人来说，没有什么高度是不可征服的！”

汉尼拔拥有一支杰出的军队和独到的供给计划——他计划从背面进攻意大利。因为如果从海上进攻，他们将会遇到罗马强大海军的抵抗。因此，他们只能翻越前人无法跨越的阿尔卑斯山，从北方进攻意大利。汉尼拔的军队从西班牙出发，跋涉一千六百英里，穿越敌人的领土——他们翻过比利牛斯山，经过法国南部，直抵意大利。激励这支军队的不仅仅是汉尼拔独特的供给计划，还有他迷人的领袖气质。他无疑是历史上最坚韧不拔、最善于鼓舞士气的领袖之一。对罗马有着刻骨仇恨的汉尼拔必须不惜任何代价，去赢得这场战斗。

“我要用火和铁……”

布尼克战争（The Punic Wars）一词来源于拉丁语“Punicus”，意即“腓尼基人”。公元前7世纪时，迦太基[①]曾是腓尼基人的殖民地。布尼克战争源于对领土和财富的争夺。公元前3世纪，位于现在突尼斯的迦太基王国占领着科西嘉半岛、撒丁岛和西西里岛的大部分岛屿以及西班牙东南部、北非海岸线大部分和现在的以色列。而当时的罗马，只是一个位于意大利半岛、拥有很多城邦的新兴国度。罗马企图把自己的统辖范围扩大到地中海地区。第一场布尼克战争于公元前264年打响，目的在于争夺西西里岛的控制权。这场战争持续了二十三年。迦太基战败后，被逐出西西里岛，并被迫向罗马缴纳巨额赔偿。迦太基王国转而致力于在西班牙建立自己的帝国。但是，罗马并不愿意看到这样的事情发生。

公元前221年，一位具有传奇色彩的迦太基军队指挥官的儿子汉尼拔·巴卡接管了迦太基驻扎在西班牙的军队。那一年，他才二十五岁。他的父亲在同当地部落的战斗中不幸遇难。汉尼拔上任后，立刻对北部蛮荒的凯尔特伊比利亚部落发起了进攻。当他大举围攻萨贡托的时候，罗马人认为他侵犯了自己的权利，便要求将汉尼拔披枷戴锁，押送到意大利。汉尼拔对此毫不畏惧，反而极力嘲讽罗马派来要求他放弃围城、缴械投降的使者。

公元前218年，萨贡托被迦太基军队攻陷。城里的居民遭到了肆无忌惮的屠杀。迦太基和罗马之间的外交关系因此中断，第二次布尼克战争就此爆发。

据说，早在童年时期，汉尼拔就曾立下誓言：“等我长大了，我要用火和铁，打败罗马！”那些曾经见过他的罗马人回去报告说，汉尼拔对罗马有着无法遏止的仇恨。无论付出什么样的代价，汉尼拔也不会听任迦太基再次输掉同罗马的战争。因为汉尼拔很清楚地知道，如果输给罗马，只能意味着祖国的灭亡。于是不久后，他就开始把长途跋涉，奋勇进攻意大利的伟大计划付诸实施了，尽管它会无比艰辛，困难重重。

① 位于今天的突尼斯。

多种族、多语言的神奇军队

关于汉尼拔的军队到底有多少，史料记载的说法不一。有人说他拥有十万大军。其实，他的军队很可能并没有那么多。即使包括一万骑兵在内，也不过四五万人。这是一支多种族、多语言混杂的队伍——由凯尔特伊比利亚部落人、北非的柏尔人和努米底亚人组成的骑兵，以及由法国南部高卢人和希腊人组成的步兵。所有士兵都是雇佣军，由迦太基的军官指挥。然而，杰出的领袖气质以及同士兵打交道的丰富经验，使汉尼拔能够成功驾驭这样一支奇异的军队。

汉尼拔的战象勇猛善战，却在高寒的阿尔卑斯山举步维艰

此外，令人津津乐道的还有一件事情。那就是在神奇跨越阿尔卑斯山麓的征途上，与汉尼拔同行的，还有四十只战象。这是后人无法想象的奇异之举。

那个时候，大象用于作战的传统已经延续了几千年。就像坦克或者装甲车一样，战象是一支强有力的军事力量。汉尼拔肯定早已预料到，在他的远征路上，对于打败那些从未见过大象的敌人来说，战象具有特别重要的作用。汉尼拔的大象都是非洲森林大象，现在已经灭绝。虽然这些大象身高只有亚洲象的一半，却走得更快，更容易驾驭。

公元前218年春天，汉尼拔率军离开了新迦太基①，开始沿伊比利亚半岛的东海岸线向高卢进发。汉尼拔知道，他必须在冬天到来之前跨越阿尔卑斯山。否则，他和他的部队将会全军覆没。

在挺进高卢、击退罗纳河附近一个好战部落之后，汉尼拔的骑兵侦

① 位于现在的西班牙卡塔赫纳镇。

汉尼拔是从哪条路到达意大利的

一个令几代史学家困惑不解的问题是：汉尼拔究竟是从哪里翻越阿尔卑斯山麓的？大多数史学家认为，汉尼拔是沿着罗纳河北上，到了罗纳河同伊泽尔河交界处。沿着这条路，他可以从无数个纵横交错的峡谷中选择一个南下，一直深入到群山深处，并在那里从圣伯纳德大山口、圣伯纳德小山口、塞尼山或克拉皮耶等地翻越阿尔卑斯山。

但是最近，历史学家（包括约翰·普里维斯的权威著作《汉尼拔翻越阿尔卑斯山麓》）推断，迦太基人在到达伊泽尔河之前就转向右方，然后沿德隆河东进，再沿着较为狭窄的迪朗斯河，到达他们最终通过的山口——那个高耸入云、令人绝望、终年积雪的克乐德拉山口。这条线路很符合古代史学家的描述。但对于这条路，一直少有人研究。其主要原因在于，这个山口曾经是走私者经常选择的道路，而且非常危险。因此，在没有找到考古证据之前，历史学家们不会形成统一意见。

察兵遭遇到了罗马指挥官普布利乌斯·西庇阿率领的部队。西庇阿恰巧率领军队路过附近的马赛港，准备袭击西班牙。这次巧遇彻底改变了汉尼拔跨越阿尔卑斯山麓的整套方案。

现在，他绝对不能再从阿尔卑斯山麓靠近地中海的任何山口通过了，虽然那些地方更方便行走。因为他确信，罗马的战舰正在盯着他呢。于是，他迂回北上，来到了罗纳河上游。然后再向右转，翻过一千五百米高的山脉，进入一个河谷。那时已快到8月底了。在冬天降临到高耸入云的阿尔卑斯山之前，他的时间不多了。

此时，跨越阿尔卑斯山的策略显得比较鲁莽，甚至决策者自己也一定会这样想。然而，史学家们之所以公认汉尼拔具有非凡的领袖才能，其中一个原因就是，他从不退缩。即便他已清楚地意识到，罗马人已经知道了他的行踪，因此无法再发动突然袭击，他也绝不后退。

挺进阿尔卑斯山

汉尼拔完成那个令人鼓舞的出征动员，就率领四万大军以及战象、战马和随从们，开始进军阿尔卑斯山。

攀爬过程中，士兵们绕过狭窄的山沟和峡谷。他们头顶的悬崖上住着蛮荒的土著部落——奥罗柏人。他们的存在令人捉摸不定，不寒而栗。

没过多久，这些奥罗柏人就在一个狭窄的山谷入口处向迦太基人打起了伏击战。虽然汉尼拔带领军队成功击败了他们的偷袭，却付出了惨痛代价。

这幅17世纪的图画描绘了公元前202年扎马战役的情景。罗马人最终击败了他们的头号敌人迦太基人

大约一周之后，汉尼拔率军逼近阿尔卑斯山在法国境内的最高峰。这是离富饶的意大利最近的一道屏障，也是汉尼拔将要征服的最后一道天堑。这些海拔四千米的群山令人望而生畏。即使在9月份，山顶上也会常年积雪。关于汉尼拔的这次远征之旅，罗马历史学家李维对那个部落描述如下：“这些浑身长毛、肮脏粗野的人盘踞在峭壁之上。他们给人带来的恐惧感远非语言所能描述。”从李维的描述可以看出，这个不知名的部落显然人数众多，而且并不惧怕偷袭一支庞大的队伍。

令迦太基人感到吃惊并将信将疑的是，那个部落居然派了一个代表团前来面见汉尼拔。他们声称，非常钦佩汉尼拔能打败其他土著人，并主动提出，要带领汉尼拔穿过一个更易穿越的山口，到达意大利。

汉尼拔虽然警惕在心，却也勉强同意了他们的请求。但他要求扣留他们以为人质，以保证迦太基人平安通过。

种种迹象表明，汉尼拔当时也许迷路了。因此，他可能感到，这些人是他唯一的选择了。

他们带领迦太基军队翻山越岭地走了两天。最终，军队被引领到了一处最为狭窄的深谷。这个深谷一面是高耸的岩壁，另一面是湍急的河流。

等迦太基军队进入深谷，一些早已埋伏在那里的部落就堵住了深谷的前后出口，另外一些人则爬上了峭壁。看到信号后，他们把成堆的岩石和滚木从山顶推下来，向汉尼拔的士兵砸去，还向战象和马匹发射短箭，把它们惊得四处逃窜。

这是一场可怕的杀戮！士兵们要么被岩石击中，要么被战象和马匹践踏。

要不是汉尼拔提前有所准备和布置，所有士兵都会葬身此地。为了防范这样的袭击，汉尼拔早已在深谷入口和出口处布置了大量步兵。这些士兵不仅能够反击从这两个地点发起进攻的部落，还能够最终帮助深陷峡谷的士兵杀出一条通道来。

战象在关键时刻也起到了作用。它们把那些准备袭击迦太基士兵的蛮族人吓得魂飞魄散，四散奔逃。经过整整一天的艰苦战斗，迦太基军队终于逃出埋伏圈。

一条高耸而荒芜的通道

但是，这次征途最艰难的阶段还没有开始。这时候，迦太基军队只有一条路可以走。那就是翻越阿尔卑斯山最高、最险峻的一个山口。

在翻越的过程中，不断有数以百计的老弱、疲惫士兵从峭壁上滑落，坠入深谷。他们的惨叫声在群山中回荡，令幸存下来的攀爬者心惊胆寒。至少有一部编年史提到，一场暴风雪当时正在阿尔卑斯山肆虐，导致更多的士兵从悬崖上失足坠落。暴风雪中一片迷茫，士兵们唯一能够看见的就是自己身前的人。

连自己身前的人都看不清的时候，他们感到了极度恐慌。此刻，战象坠入悬崖时发出的嘶鸣裂空而来，显得格外恐怖。和战象一起坠落的还有大批的马匹。它们的蹄子深深卡在了积雪下面的冰层中，最终被急于前行的士兵推下深谷。士兵们被沉重的装备拖累着，一旦失去平衡，就可能坠入漆黑一片的深谷之中。

一直行走在队伍最后面的汉尼拔，这时候大踏步从那些吓破胆的士兵旁边经过。在咆哮的暴风雪中，他不断激励士兵们继续前进，提醒他们注意，意大利美丽的山谷在等待他们的到来！“我们已经攀登的天险不仅只是意大利的围墙，其实就是罗马的围墙!”他告诉士兵，“等我们进入平原，只需一次战斗，也许最多两次，罗马城就是我们的了!”

三天以后，他们由那条通路到达了山巅。站在山巅之上，他们骄傲地一览无余，可以纵情俯瞰意大利辽阔无边的波河平原。

但下山的路湿滑而又陡峭，让汉尼拔损失了更多人马。尽管如此，军队历尽艰辛，终于到达阿尔卑斯山麓最为低矮的斜坡，走进了一个温暖地带。这对于迦太基军队来说，肯定像是走进了伊甸园。这里，绿树成荫，青草遍地，瓜果飘香，猎物肥美。浑身肮脏、憔悴不堪、身心俱疲的迦太基人，看上去一定比任何一个曾经试图阻挠他们前进的“蛮族人”都更加糟糕。但是，他们有如神助，经由飞鸟都不敢尝试的路径，神鬼不知地成功翻越了阿尔卑斯山麓。

直逼罗马

这次征途艰辛无比，难于上青天，无疑让汉尼拔损失惨重。虽然各种留存下来的统计数字有所不同，但在阿尔卑斯山，汉尼拔显然损失了将近两万人马。只有三只战象——也许只有一只战象幸存下来。尽管如此，汉尼拔还是实现了他的目标，并且已经占据了袭击罗马人的有利位置。经过了将近两周的休整，汉尼拔带领剩存的两万六千名士兵，向意大利南部英勇挺进。

在那以后的十四年里，汉尼拔一直战斗在那个地区，并取得了无数次胜利。这其中包括公元前216年著名的坎尼之战。

在这次赫赫有名的战役中，汉尼拔取得了历史性的胜利。他的军队在一天之内屠杀了五万罗马士兵。尽管如此，令人遗憾的是，他最终没有能够获得意大利半岛上众多城邦的支持。

在经历了最初的震惊之后，罗马得以重整旗鼓，并在公元前202年北非的扎马战役中，最终击败汉尼拔。

在那之后不久，这位迦太基军队指挥官被迫逃亡。他宁愿在一个偏僻的小岛上自杀，也不愿意做罗马人的俘虏。尽管如此，人们都说，汉尼拔是战无不胜的。

凯撒遇刺
（公元前44年）

以共和的名义阴谋杀害凯撒的人
最终摧毁的却是罗马共和国

尤利乌斯·凯撒半身像。作为杰出的军事家、政治家和作家，凯撒让世世代代的历史学家着迷

晚餐的时候，凯撒突然问及身边的陪同，人以什么方式死亡最好。然后，他自问自答地说，他想要的是一种突如其来的死亡方式。

凯撒入睡后，他房间的窗户和百叶帘突然打开了，像是被一阵狂风吹开了似的。然而，那个夜晚却非常平静。睡梦中，凯撒觉得，自己正轻轻地漂浮着，滑翔在云层之上。正欲伸手和罗马守护神朱庇特握手之际，他从睡梦中醒来了。

那是3月15日的清晨。

就在凯撒准备把这个梦从心中挥去的时候，妻子凯尔弗尼亚告诉他，她曾经做过一个噩梦，梦见他血淋淋的尸体躺在自己的怀中。

凯尔弗尼亚因此乞求凯撒，请他不要按照原计划行事，要他放弃和罗马元老院见面。

她的劝说让他犹疑起来。因为凯尔弗尼亚并不是一个歇斯底里的人。况且，凯撒也想起来了，他的占卜师斯普林那曾经告诫他，3月15日以前，将会有危险降临到他身上。

当亲信马克·安东尼来到时，凯撒授意他把这次见面往后推延。

然而，就在这时，另一个朋友来了。他劝告凯撒说，作为“一国之父”，凯撒不应该取消同元老院的会见。这个人名叫德西莫斯·布鲁图斯。

德西莫斯·布鲁图斯的表兄布鲁图正在元老院等候凯撒。正是他，一手策划了对凯撒的谋杀行动。

凯撒听从了德西莫斯的劝告，最后一次走出了家门。

一个劝诫故事

围绕尤利乌斯·凯撒的遇刺，曾有众多预言。这一点不足为奇。

这位古罗马千年历史上最为重要的人物，出生于公元前100年的7月。英语中的“7月”，就是以他的名字命名的（然而，并没有人能够确切知道，他母亲是否是以剖腹产的方式，使他降生的）。

在所有方面，凯撒都显得非同凡响——他是杰出的军事领袖，勇敢，富于想象力，深受人们爱戴。通过占领高卢，他极大地扩充了罗马的财富。

《凯撒之死》。文森佐·卡姆西尼（1773–1844）画。多年来，凯撒遇刺事件为画家提供了丰富的创作题材

他还是一个出色的作家。他关于自己征服各地的故事尽管有时显得颇具自我炫耀的意味，却往往引人入胜，让人无法忘怀。此外，他还是一个卓越的管理者。尽管他身为罗马贵族，却总是想方设法，尽量让全体罗马人都能共享国家与社会财富。

当然，他也难免没有自身的缺点。凯撒遇刺身亡，就可以被视为一个劝诫故事。

英雄凯撒最终遇刺的故事像在永远告诫人们，如果不听从警告，如果过于傲慢，将会得到怎样的下场。

莎士比亚认为，凯撒是戏剧故事的最佳角色。他据此撰写了一部关于这位罗马执政官的著名戏剧。这部戏剧是世界文学史上最伟大的悲剧，突显了一个全人类都会扪心自问的问题：我们能否改变得了自己的

命运？

由于凯撒遇刺事件所体现的激烈的政治派系斗争和深刻的道德内涵，它一直强烈地吸引着我们。凯撒所取得的成就、生前所获得的拥戴都让这桩刺杀事件从表面看上去，是那样地令人困惑不解。

然而，暗杀者们宣称，他们之所以这么做，之所以选择刺杀凯撒，不是为了自己，而是为了整个罗马的利益。

意外的是，大部分历史学家都赞同这一观点（尽管直到最近，一些人宣称他们持不同意见）。

然而，这一观点引发了另一个导致激烈辩论的问题。而这个问题正好和我们的时代息息相关：为了大多数人的利益而去谋杀一个人或一些人的做法，是否真正合适？换句话说，以民主的名义去杀人，是否符合真实的正义呢？

征服危险

当凯撒乘坐的轿子来到熙熙攘攘的罗马街道时，一个人迅疾向他跑去，并把一张字条塞进他手里，乞求他一定要仔细看过。

凯撒看了一眼手中的字条，就把它放进了口袋里。然后，他挥了挥手，让那个人离去。

这个人可能是凯撒某个政敌的仆人，也可能后悔参与了刺杀凯撒的阴谋——历史记载众说纷纭，莫衷一是。

究竟是为了谁的利益

在通俗文学以及史学家们的笔下，凯撒一直被描绘成一个喜欢听奉承话的人。在离成为独裁者一步之遥的时候，他被那些惧怕罗马共和国的统一和存在的元老们拉下马。然而，十年前，一些著名史学家提出了不同观点。迈克尔·帕兰提——《刺杀凯撒：古罗马人民的历史》一书的作者不仅对刺客的动机产生质疑，还令人信服地提出：罗马政治寡头为了保护自己的利益，杀死了很多民主改革家，凯撒只是其中之一。凯撒之外，还有改革先锋提比略·格拉古也死在他们手中。公元前133年，对他的土地改革政策心怀不满的罗马贵族雇佣了一群无赖，将他谋杀。还有一个人也是如此。他就是提比略的兄弟——盖乌斯·格拉古。他继承了提比略的改革事业。公元前121年，他被罗马的政治寡头雇佣的死亡小组杀死了。和他一起被害的还有二百五十名拥护者。

突如其来的字条意在告诉凯撒，刺杀他的阴谋即将发生。

但对于这一意料之外的小纸条，凯撒似乎根本没有予以重视。对于舍命送来字条的人，凯撒就像对待乞恩者一样，轻易就把他打发掉了。

至于事发当时，凯撒接到字条的那一刻，可曾感受到任何不安，是否想起了之前听到的警告和噩梦，我们不得而知。我们只知道，凯撒曾经面对过诸多危险，但总能化险为夷。也许正是这份自信，就在这一次，最终把他推向了死亡的深渊。

凯撒是罗马最早的贵族家族——尤利家族的成员。尤利家族在当时并非占据统治地位的政治寡头——显贵阶层，但他们和显贵阶层有着千丝万缕的联系。

这一点，对于凯撒来说，十分有利。

当贵族统治的拥护者和民主制度的支持者之间内战正酣之时，凯撒的政见已与当时的暴君苏拉迥然有别了。那一年，他只有十六岁。

苏拉命令逮捕凯撒。凯撒因此逃到了意大利中部的色宾地区。大部分亲戚都认为，苏拉一定会饶过凯撒。

但凯撒觉得，更为明智的做法是，最好远离意大利一段时间。

因此，他加入军队。自此，他开始了自己建立卓越功勋、成就霸业的军事生涯。

在小亚细亚，凯撒辗转征战了两年。

公元前78年，苏拉死去。凯撒回到意大利，成长为一个著名的政治家。

公元前63年，他作为执政官，前往伊比利亚（今天的西班牙），成功地镇压了那里的叛乱。

公元前59年，他重回罗马，取得了和马库斯·比布拉斯共同执政的显赫地位。其实，当时的真正大权则掌握在凯撒和他的盟友里西尼·卡拉苏斯和格涅乌斯·庞培手中。现代历史学家将他们三人共同执政的统治方式称为"第一三巨头"政治。

当时的罗马元老院成员和有权有势的贵族家族大致可以分为两个敌对阵营：贵族派和平民派。贵族派不相信大众，想把权力都集中到执政的政治寡头手中。而平民派，也就是改革派，则试图设法增加平民百姓的筹码。

凯撒属于平民派。作为"第一三巨头"的成员，他尝试着通过一项法令，把土地重新分配给穷人。仅此一项，他就赢得了罗马那些被剥夺了土地的平民的信任。或许，他是一位真正的平民派改革家！或许正如他的政敌所宣称的，他不过是为自己作为未来的独裁者在确立基础！

无论如何，人们只能热议纷纷，对于凯撒，终归是无法盖棺定论。

此时的凯撒也许已经获得了很多人的支持，却并不拥有自己的军队。公元前58年到公元前50年的一段时间里，他在高卢的英勇战绩不仅为他赢得了大量财富，还享有了他统率的军团对他的效忠。这一切，都激起了元老院的恐惧和嫉妒。

就在这个时候，庞培刚好加入了贵族派的阵营。他们要求凯撒返回罗马，意欲解散他的军队。凯撒却率军跨过意大利北部的卢比肯河。

凯撒的这一举动不仅违反了罗马法律，还因此引发了一场内战。这场内战直接导致了庞培的下台和死亡。他的许多拥护者也在这一内战中被消灭。

公元前46年，凯撒胜利返回罗马。随后的几年中，元老院授予了凯撒无数的荣誉，还特别授予他"终身独裁者"的称号。

不乏迹象表明，元老院有的元老们越来越憎恨凯撒那不断上升的权势、威望，以及那些对于他们而言几乎具有社会主义色彩的重新分配财富的做法。他们赋予凯撒这些荣誉和鲜花的真实目的，却是要讽刺他。

在此期间，凯撒给军中几千名退伍士兵和八万罗马平民都分配了土地。他甚至强调，要分配土地给两万个抚养了三个以上子女的罗马家庭（事实上，正如史学家普鲁塔克所说，“他几乎把整个坎帕尼亚省都送给了穷人”）。此外，凯撒还启动了公共设施工程，比如排干湿地的水、整修城镇和城市等，以便为广大失业者提供工作机会。甚至，他还会偶尔直接从国库拿出金钱，来赈济士兵和居民。

很久以来，历史学家们一直把反抗凯撒的阴谋看成罗马爱国者、甚至是民主人士阻止暴政的一种尝试。但是现在，更有说服力的一种观点是，那些决定刺杀凯撒的人其实是反民主的。实际上，他们是富有的贵族阶层，害怕凯撒的改革会把权力从富人手中大规模地转移到穷人手中。

民族解放者

公元前44年3月15日，当凯撒前往元老院的时候，那张本来可以救了他的字条被他深深塞进了袍子里。而那些策划要刺杀他的人，则正在紧张地等待着。

大部分我们了解到的关于刺杀凯撒的阴谋和他的死亡经过，都来自凯撒生平的撰写者——苏维托尼乌斯和罗马历史学家普鲁塔克。刺杀凯撒的阴谋最早源自卡西利斯。卡西利斯对凯撒怀有刻骨仇恨，也许还有恐惧。他称凯撒为暴君，认为凯撒将削弱强大的贵族阶层。而他本人就是贵族之一。

卡西利斯最为重要的盟友是他的妻弟，一个名叫马科斯·布鲁图斯的年轻贵族。这个布鲁图斯恰巧是凯撒多年的情妇塞尔维娅的儿子。因为其他政治以外的原因，布鲁图斯对凯撒心怀不满。

接着，参与这个阴谋的人发展到六十人，主要都是罗马贵族。但是他们的名字并没有被全部记载下来。其中一个人名叫德西莫斯·布鲁图斯。他是马科斯·布鲁图斯的表兄弟。

德西莫斯·布鲁图斯其实还是凯撒的亲密朋友。其他人还包括提留斯·泽姆贝尔和普布利乌斯·卡斯卡。这些人自称“民族解放者”。

公元前44年3月之前的几个月里，他们一直在彼此的家中秘密会面。他们抱怨凯撒是暴君。尽管贵为罗马元老院成员，却在凯撒实施的土地重新分配和改革措施中，遭受了巨大损失。一方面，他们和承包商及执政官员都有私下的过密交往；另一方面，他们害怕众多奴隶般追随

今日罗马城的阿根廷圣地就是凯撒被刺的遗址。元老院建筑的遗迹已所剩无几

凯撒的下层民众会最终获得权力，并起而反对他们。

显然，在他们看来，一定要有所行动了！

这些阴谋的策划者们得知，3月18日，凯撒将率军出征小亚细亚，去平定反叛。他们因此决定，在3月15日采取极端措施！因为那一天，凯撒会向元老院致辞。

“3月15日已经到了！”

这天正午前，凯撒在德西莫斯·布鲁图斯的陪同下，来到了元老院

前面。登上元老院的台阶时，他碰见了斯普林那——他的占卜师。斯普林那曾经给过他警告。

“3月15日已经到了！”凯撒开玩笑地对斯普林那说。

“是的，是到了！可这一天还没有过完呢。”斯普林那回答。

对斯普林那的这个回答，凯撒似乎并不曾多想。他拾级而上，径直走进了元老院，身边没有任何护卫。和往常一样，他认为，护卫的陪同是他心怀恐惧的表示。

刚在椅子上坐下，那些阴谋策划者立刻就把凯撒包围了起来。他们开始向他提问，以分散他的注意力。

提留斯·泽姆贝尔将一封陈情书递给凯撒。凯撒不耐烦地一挥手，就把陈情书推开了。

这时，泽姆贝尔突然把凯撒身上的紫袍从他肩膀上扯了下来。这是刺杀开始的信号。这一动作，同时也具有重要的象征意义。因为紫袍是凯撒独裁身份的象征。

刺向凯撒的第一刀来自站在他身后的普布利乌斯·卡斯卡。但是由于紧张，他的剑只是擦伤了凯撒的肩膀。

凯撒用他写字的尖笔刺向卡斯卡的手臂，进行反抗，同时喝道：“恶人卡斯卡，你在做什么？”

然后，凯撒试图从那些包围他的刺客中冲出来，却被卡西利斯迎面刺了一刀。接着，引诱他从家里走出来的德西莫斯·布鲁图斯也在那个时候拔刀，刺中了凯撒的肋骨。凯撒一边奋力还击来自四面八方的突袭，一边发出低沉的吼声。

刺客们继续狂乱地用刀猛力刺向他。混乱之下，很多阴谋参与者被误伤。

马科斯·布鲁图斯是最后一个把刀刺向凯撒的人。莎士比亚描述了这一幕：凯撒临终前对他说：“也有你，布鲁图斯？”这不过是虚构的情节。

凯撒传记的作者苏维托尼乌斯却认为，凯撒最后对布鲁图斯用希腊语说的那句话是：“还有你吗，我的孩子？”

罗马历史学家普鲁塔克没有提到凯撒说的话，只提到凯撒用自己宽大的袍服罩住头，倒在了庞培雕像的脚下。

他的身体一共被刺了二十三刀。

意料不到的后果

凯撒死后，阴谋者转向围观在侧的元老院成员，向他们展示了沾满鲜血的刀，并宣称他们已经杀死了独裁者，而且他们的行动完全合法 。

但那些元老都被突如其来的暴乱吓坏了，纷纷逃出了元老院。接着，愤怒和恐惧笼罩了整个城市。罗马瘫痪了。

第二天，当马克·安东尼为凯撒的葬礼致辞时，城里的平民百姓都因为心中的偶像被杀而对元老们充满敌视。这种敌视甚至指向了那些没有参与刺杀凯撒阴谋的元老。

由于马克·安东尼统领着军队，而凯撒钦定的继承人屋大维态度强硬，布鲁图斯和他的同谋被迫逃亡。

接着，长达十三年的内战开始了。

内战结束时，罗马共和国不复存在。屋大维称帝，罗马帝国建立，开始了为期五百年的专制统治。

无论是出于私利，还是真的相信罗马当时存在暴君，那些采取刺杀行动的阴谋者却改变了罗马历史，阻止了罗马共和国的前进。

显然，这不无讽刺意味。要是凯撒没有遇刺，谁知道一切会怎样？最有可能的结果也许是，凯撒会变成一个仁慈的独裁者，利用追随他的大众作为权力的基础，以胁迫贵族就范。与此同时，极大地增进平民百姓的利益。

凯撒暴死之后的六天里，一颗流星出现在罗马的上空。有些人相信，那就是凯撒的灵魂在天上飞翔，就像他梦里看见的那样。凯撒遇刺后制造的硬币上也一直铸有流星的图案。那是凯撒权力的象征，无论他是一个暴君，还是平民派，抑或二者兼而有之吧。

罗马帝国灭亡
（公元476年）

欧洲开始进入长期的“黑暗时代”

《罗马城前面的蛮族人》由法国画家吕密奈（1822–1896）创作，描绘了正在赶往罗马城外的日耳曼士兵

如果世上不曾有过罗马和罗马帝国，也就不会有我们。罗马帝国始于公元前510年。到公元3世纪的时候，罗马帝国已经建立起了广阔的疆域：北起莱茵河和多瑙河；南至南非；西到西班牙；东到君士坦丁堡，甚至更远的地方。在罗马帝国境内，罗马人在人迹罕至的荒野铺设道路（有些至今仍在使用），建设城镇，修造灌溉渠。由于罗马政府起着主导作用，因此，拉丁语的影响日益重要。

拥有公共浴池、排污系统、辉煌的建筑、繁荣的艺术和诗歌的罗马城，不仅成为西方文化的中心，甚至在某种意义上，更是帮助建立了西方文化，包括我们西方的法律系统、文化和语言。有关数据表明，英语中大约百分之五的词汇来源于拉丁语。这些词汇都是从古罗马流传下来的。罗马帝国甚至帮助我们建立了“帝国”一词的含义。现在，人们认为帝国不是件好事，但罗马对于世界近千年的统治，很可能因此带来的益处多于害处。

当然，毫无疑问，这个宏大帝国的统治者获得了像神一样的地位。有些人，比如尤利乌斯·凯撒和屋大维干脆自我宣称，他们就是神。甚至没有建立什么功勋、更惹人非议的皇帝尼禄，都因帝国统治者的名号而拥有显赫的地位。

既然罗马帝国取得了如此辉煌卓越的成就，怎么又会在公元476年灭亡了呢?

那一年，罗马帝国的统治者是罗慕洛·奥古斯都，一位年仅十二岁的皇帝。他的名字——罗慕洛就是传说中罗马城建设者的名字。人们嘲弄地把他叫作“莫利罗乌斯”，意指他是罗马帝国的“小耻辱”。而另一个不那么富有讽刺意味的称呼是“奥古斯都罗乌斯”——“小皇帝”。

蛮族入侵

18世纪的历史学家爱德华·吉本撰写了一部有名的巨著——《罗马帝国衰亡史》。吉本认为，罗马帝国的衰败部分归结于“蛮族”。那些蛮族部落长期以来，一直活跃在罗马帝国北部的边界上。另一部分是由于罗马人自己的懒惰和骄傲自满。他们完全依赖雇佣军去打仗。从某种意义上讲，雇佣军本来就是可能会起而反抗他们的蛮族。

但是，很多当代史学家并不同意吉本的观点。他们认为，吉本的观点过于简单，过于主观。难道吉本不是以罗马人傲慢的态度来看待那些蛮族人的吗？毕竟，那些蛮族就是日耳曼部落。他们居住在罗马帝国建立的传教点上。在一些现代作家的眼中，罗马帝国从来没有“灭亡”，只是转换了一个形式，变成了一个集日耳曼和罗马影响于一身的混合体而已。

这样的观点为罗马人提供了一种更为和善、更为温和，甚至在政治上更为正确的结局。但是，它忽视了这个拥有千年历史的文明在那个时候感受到的创痛。此外，这种观点还忽视了随之而来的西方（罗马）知识体系的崩溃：大多数古典作品，包括罗马帝国接近尾声时的史料，都被无可挽回地彻底毁损了。而这些都无从“转换”。正是由于这个原因，欧洲进入了被称为“黑暗时代”的时期。

尼波斯被废黜

罗慕洛·奥古斯都皇帝的统治时间从公元475年10月开始，到476年9月结束。关于他，史料记载不多，只知道他长相很英俊。他是一个卷入了巨大陷阱之中的孩子。罗马处于混乱状态时，只有靠足够好的运气，才能够侥幸活下来。

罗慕洛被父亲推上皇位。他的父亲名叫弗拉维乌斯·欧瑞斯特，是一个兼具日耳曼血统和罗马血统的人。尽管如此，他仍然成为了一名将军，一名罗马军队的统帅。他的统帅一职是由前任皇帝朱利乌斯·尼波斯任命的。

他的任命，实际上，就是蛮族势力已经深深渗透罗马的一种标志，也是尼波斯犯下的一个大错。欧瑞斯特后来带领军队反戈，造反尼波斯皇帝。这支军队的后备部队全部由蛮族人组成。后来，他放逐了尼波斯皇帝。因此有人说，罗马帝国的最后一位皇帝应该是尼波斯。他还把自己的儿子罗慕洛立为皇帝。之所以这样做，他很可能是为了能够继续在幕后操纵罗马。但如果他期待再现的是罗马历史上光辉灿烂的新纪元，就大错特错了。

逐渐衰落

事实上，从公元4世纪中期开始，罗马就已从泱泱大国的巅峰状态开始下滑。当时，来自中亚的游牧民族匈奴人已经踏上欧亚大陆，还把进军路上遭遇到的其他部落向西驱赶。其中一个部落，就是公元376年左右居住在多瑙河两岸的西哥德人。他们饱受东罗马帝国皇帝瓦伦斯统治之苦。公元285年，为了便于统治和管理，戴克里先皇帝把罗马帝国分成东西两部分。

瓦伦斯统治下的腐败官吏采用高压手段，对付西哥德人。在他们眼里，似乎西哥德人就是劣等人。他们不仅从西哥德人那里窃取钱财，而且毫不理会他们的疾苦。因此，西哥德人开始反叛，并打败了瓦伦斯皇帝。

公元378年，在具有历史意义的阿德里安堡之战中，西哥德人杀死了瓦伦斯皇帝。之后，他们带着复仇之心，横扫西欧。在同意将西哥德人夺取的领土色雷斯割让之后，新皇帝狄奥多西斯一世最终在公元382年，同西哥德人达成和解。

但这并不能阻止罗马一方面战战兢兢，一方面对东方虎视眈眈。

此后不到二十年，有一个具有领袖气质的年轻将军阿拉里克从西哥德人的皇族中脱颖而出。阿拉里克接受过皇帝狄奥多西斯的训练，成为狄奥多西斯的一名高级军事统帅。狄奥多西斯死后，他开始反对罗马。公元400年，阿拉里克首先侵占了意大利，却被罗马将军斯提里克在皮德蒙特高原击败。阿拉里克战败的原因可能在于罗马人掳获了他的妻子和全家，并把他们扣为人质。

“尽管没有大兴土木，被征服者一样会被同化”

公元408年左右，罗马帝国正值内战期间，阿拉里克再次起兵。事实证明，这是一个绝好的时机。

阿拉里克甚至勇敢地和自己的老对手斯提里克将军的部下结盟。但是，当斯提里克被罗马人杀死后，阿拉里克带着再明显不过的复仇之心，直逼罗马。

公元410年8月，阿拉里克举兵围困罗马。城里的居民非常恐慌。罗马饥荒才刚开始，皇帝霍诺里乌斯就逃到拉维纳去了。成千上万的奴隶失去了主人。他们从罗马城的城门溜出来，想在西哥德人那里寻找更好的职位。

霍诺里乌斯皇帝拒绝和阿拉里克谈判。与此同时，由于瘟疫肆虐，罗马城的居民开始大量死亡。据历史记载，那时候，人吃人的现象开始

《君士坦丁堡的古罗马斗兽场和拱门》。由意大利画家保罗·帕尼尼（1691—1765）创作。它描绘了罗马的辉煌

出现。

最终，有人打开了罗马城的萨拉莉亚城门。传说中，城门的开启者是一位富有的罗马女贵族。她实在无法忍受她的城市遭受如此困境。

于是，七百年来，罗马城第一次落入了外族侵略者的手中。

就劫掠而言，阿拉里克是比较温和的。很多罗马人被迫成为奴隶。在罗马的市场里，专门开立有一个奴隶市场。蛮族可以用很低廉的价钱，从这个市场把罗马奴隶买回去。

西哥德人主要感兴趣的是食物。从饥饿的罗马人手中抢得不多的食物后，他们就向这个国家南部更为富饶的地方进发了。

之后不久，阿拉里克因病去世。对于罗马帝国来说，这方面的威胁暂时消失了。

帝国解体

罗马帝国“缓期执行”的时间非常短暂。不久，它就不得不应付来自匈奴王和匈奴大军的威胁。

匈奴王此时已率军从亚洲出发。一路上，他攻占城池，掠夺财富。尽管他们并不大兴土木，但是匈奴人，特别是把自己当成世界领袖的匈奴王，却决意要同化被征服的人们。在最先侵占巴尔干半岛和高卢后，匈奴人挥师意大利。

19世纪意大利画家创作的匈奴王画像。这个蛮族领袖差点儿就颠覆了罗马帝国

此前，公元452年，匈奴王已经在罗马帝国的北部进行了大面积的破坏。据说，教皇里奥一世曾经面见匈奴王，劝他不要前往攻击罗马。

尽管匈奴王更有可能是因为害怕瘟疫和饥荒会耗减他的军队，所以才撤兵，但不管怎么样，这座皇家城市终于因此得以保全。

第二年，匈奴王就死了。匈奴的力量也因此减弱。但在公元453年，汪达尔人给了罗马人以致命一击。

汪达尔人是来自东哥德的部落。他们的名字和现在英语中“肆无忌惮的毁灭”是同义词。汪达尔人沿着一条迂回路线——穿过西班牙，跨过地中海，进而横扫北非，然后继续向意大利航行。他们在罗马城里肆意烧杀掠夺。两个星期后，汪达尔人回到了北非。

此后二十年间，罗马帝国和这座皇家城市分裂了。由于意大利半岛饱受蛮族攻击和内战的蹂躏，摇摇欲坠的罗马政府无法征收到足够的税金以保证现有军队的供给。政府越来越依赖蛮族雇佣军。

显然，罗马政府的力量已经微弱到无以自保的地步了。就在这个时候，公元476年，弗拉维乌斯·欧瑞斯特被任命为将军。

具有讽刺意味的是，之所以任命他为将军，是为了保卫罗马帝国的皇帝。然而，时机一成熟，欧瑞斯特就坚定地背叛了本来企求他予以保护的皇帝。

罗慕洛被放逐

虽已将罗慕洛册立为皇帝了，但弗拉维乌斯·欧瑞斯特还是备受当时政局动荡的困扰。因为拒绝分配土地给蛮族人定居，一部分蛮族人背叛了他。在西哥德人奥多亚克的领导下，他们组织军队，起而反对欧瑞斯特。

很快，欧瑞斯特就被抓到，并在公元476年8月28日惨遭身首异处。接着，奥多亚克向拉维纳进军。罗慕洛的皇宫就在那里。

公元476年秋，奥多亚克很快废黜了罗慕洛，就像一个大孩子把小孩子推出沙坑一样，轻而易举。

然后，奥多亚克向君士坦丁堡的奇诺皇帝发出了一份傲慢的照会。照会提出，没有必要再任命一个新的西罗马帝国皇帝了——他，奥多亚克，现在就可以统治西罗马帝国。

之后，他挥师向东罗马帝国进军。这一切表明，对于奥多亚克来说，罗慕洛是一个多么微不足道的威胁啊！他根本就用不着杀死罗慕洛。他只需支付一笔生活费，把罗慕洛往意大利南部的坎帕尼亚一送，就一了百了了。

罗马帝国的灭亡是如此地平静！就像一位评论家叙写的那样，简直“悄无声息”！

这是因为，在奥多亚克把罗慕洛赶下皇位的时候，罗马的力量已经在接连不断的战争中消耗殆尽了。而东罗马帝国的运气似乎要更好些——君士坦丁堡被一堵高墙和海水围绕 ，因此能够幸存下来。直到15世纪被奥特曼人占领。但是西罗马帝国已经消亡了。有一段时间，罗马的官吏们继续铺设道路，保持灌溉渠的顺畅，保证辉煌的图书馆中继续有藏书。但这一切，对于这个帝国新的统治者来说，毫无价值。于是，这些设施逐渐变得废弃不用、年久失修了。

一些罗马贵族家庭同日耳曼部落积极合作，并因此得以继续繁荣。与此同时，大多数罗马居民和其他意大利主要城市都遭到了奴役。人们得为新主人工作。土地落到了蛮族人手里，并被予以重新分配。从前的罗马居民则被迫过着近似农奴的的生活。

时代改变了，硬币不再被铸造；曾经风靡整个帝国的著名罗马诗歌，如今不再被书写。就像欧洲的人口明显锐减一样，罗马当地的经济也在严重滑落。这个拥有古典作品的伟大文化现在进入了一个持续的衰败期。它一直延续到公元1000年左右，以至“黑暗时代”开始。

罗慕洛·奥古斯都后来怎么样了

被奥多亚克废黜的年轻皇帝罗慕洛后来的命运并无多少史料记载，有的大多是猜测。据说，他和亲戚继续住在意大利的坎帕尼亚，每年可以享有6000金币。他后来可能成了学者或修道士。公元507年，在与北非主教和意大利外交官之间的信件往来中，曾经有过一封“来自圣兄罗慕洛的来信”。与此同时，狄奥多里克大帝的一个秘书曾写信给一个名叫罗慕洛的人，讨论有关生活费的问题。除此之外，罗慕洛就踪影全无了。

中世纪和文艺复兴：
1000－1500年

黑斯廷斯战役
（1066年）

诺曼人的胜利改变了中世纪英格兰的模样

这幅图选自贝叶挂毯。与英格兰人开战前，“征服者威廉”在鼓舞士气

10月的一个清晨，在阳光照耀下，撒克逊人布置在山顶的盾牌阵对于正在仰望山坡的诺曼人来说，一定是不可穿透的。

忠于盎格鲁-撒克逊国王哈罗德的英格兰封地贵族，全都身穿锁子甲，佩戴坚固的头盔，携带利剑和长柄双刃的丹麦斧头。他们把沉重的半圆形盾牌插到地上，让它们彼此相连，几可密不透风。站在这一层屏障之后的就是英格兰农民。

封建制度下，农民必须为他们的国王战斗。阵线的中间，骑在一匹马上，身边有保镖护卫的人就是国王哈罗德·戈德温森。他此战的意图在于，要么奋力获胜，要么慷慨赴死。

山脚下和撒克逊人对峙的，是诺曼底“杂种威廉”的侵略队伍。这个威廉，不久就得到了一个动听一些的绰号——“征服者威廉”。威廉的军队和撒克逊人的军队在人数上旗鼓相当，却更加灵活机动，更加专业，包括骑兵和弓箭手，以及经验丰富的意大利雇佣军。他们分成了三个战斗阵线：布列塔尼人在左，诺曼人居中，法国人在右。威廉此战的意图在于，粉碎英国人的盾牌阵；杀死哈罗德；夺取哈罗德的王位。

在一阵悠扬的歌声中，战斗拉开了序幕。根据传说，威廉的吟游诗人和骑士伊沃·泰勒夫尔在战斗开始前乞求威廉，让他享有一马当先、杀入英军的荣耀。威廉答应了他的请求。于是，泰勒夫尔驱马冲向撒克逊人。他一边充满嘲弄地把宝剑抛向空中，一边吟唱着一首歌。那首歌可能就是史诗《罗兰之歌》的早期版本。当一个愤怒的撒克逊士兵冲出来挑战他的时候，泰勒夫尔毫不犹豫地砍掉了他的头颅，并把他的首级作为战利品和一个证明——证明上帝是站在他这一边的。

对此，撒克逊人的想法当然不同。当诺曼人冲向山坡的时候，他们组成人墙，举着盾牌，齐声高呼：“滚出去！”“滚出去！”

作为骁勇民族的首领，威廉宣布，“我从小就在战斗中成长”。

来自北方的人

此刻，1066年10月14日9点左右，英格兰的命运正危在旦夕！

盎格鲁－撒克逊人从德国或斯堪的纳维亚迁徙过来。从5世纪开始，他们就已经占据了英格兰。现在，他们面临来自法国北部的诺曼人的大规模入侵。显然，这些诺曼人打算留在这片土地上。

最近，诺曼人已经形成了一支可怕的地方势力。他们是9世纪时占据塞纳河流域的北欧海盗后裔。“诺曼人”意即“来自北方的人”。

从10世纪到11世纪初期，诺曼人征服了法国西北部大部分地区，并因为骁勇善战而远近闻名。诺曼人是通过强有力的血缘关系维系在一起的。

封地制度下，佃户农民和骑士必须为领主作战。这种制度为诺曼人的征战提供了充足的人力和供给。与此同时，他们对土地的需求也在不断增加。于是，到了11世纪中期，濒临英吉利海峡的英格兰就成了诺曼人攻占的目标。还有一个更为主要的原因，就是诺曼底公爵——“杂种威廉 ”认为，他才是英格兰真正的统治者。

一个许诺和一份誓言

英格兰和诺曼底之间的亲密关系从1042年，人称“忏悔者”的爱德华国王加冕之后就已经建立了。远远早于哈罗德国王登基之时。

爱德华登基之前，曾在诺曼底度过了二十五年逃亡生活。为了逃避丹麦入侵者以及随之而来的丹麦人的统治，他的母亲带着他，逃到了诺曼底。随着盎格鲁－撒克逊人的统治逐步恢复，爱德华回到英格兰，身边带着诺曼人组成的顾问团。

这令盎格鲁－撒克逊贵族感到不满。他们揭竿而起，聚集到一个强大的英格兰领主——威塞克斯伯爵戈德温旗下。

在威廉的帮助下，爱德华于1051年将戈德温赶出了英格兰。

然而，戈德温死后，他的儿子哈罗德·戈德温却设法回到了英格兰。他重新召集了父亲原来的部分军事力量。为人不够强硬的爱德华国王慑于哈罗德·戈德温的强大力量，任命他掌管顾问团。

1064年，哈罗德乘坐的船在法国沿海失事，被诺曼底公爵抓住。威廉宣称，为了报答帮助驱逐老戈德温伯爵一事，爱德华曾在1051年许诺把英格兰送给他。因此，从那时候起，他就一直对那个王位和那片富饶的土地格外关注。接着，威廉公爵强迫哈罗德面对一个宗教圣物发下誓言：一旦没有子嗣、据说一直独身的爱德华死去，他要支持威廉获得英格兰的王位。

回到英格兰之后，哈罗德向爱德华作了解释，说他是受到胁迫才立下那个誓言。而爱德华也说，他没有对威廉公爵作过任何承诺。于是，1066年1月5日爱德华国王去世的时候，因为没有继承人，在所有最有影响的贵族的全力拥护下，哈罗德便在威斯敏斯特教堂登基，成为英格兰的国王。

这一举动惹恼了威廉公爵！他可不能任人耍弄！

继承父亲的王位、成为诺曼底公爵的时候，威廉还是个孩子。那个时候，他就宣称，“我从小就是在战斗中成长的”。为了生存，他不得不具备超越他年龄的胆识和智慧。他虔诚地相信，上帝是支持他的。于是，他决定组建一支庞大的海上军队，以武力占领英格兰，废黜哈罗德国王。

哈罗德国王被围困

在当时，威廉的侵略舰队简直无可匹敌：六百艘战船，总计七千人，包括骑士、弓弩手和步兵。几个月以来，诺曼底沿海一直在紧锣密鼓地建造这些战船。与此同时，为了让这次进攻显得更加正义，威廉积极寻求教皇亚历山大二世的支持。他提出，给哈罗德国王加冕的坎特伯雷大主教斯提根德并没有得到教皇的正式承认。热衷于在圣罗马教廷之外建立同盟的教皇亚历山大二世，赠送了威廉一面罗马教皇的旗帜，以示支持。这样，威廉得以在法国北部和其他地区大规模集结军队。9月初，战船建造完工。9月27日，当大海的风向变得对他有利之时，威廉率领军队起航，向英格兰前进。

哈罗德国王当时已经处于顾此失彼、应接不暇的状态。他正在反击的不只是一股入侵力量，而是两股。

另一个宣称要夺取王位的是挪威西古尔森的哈拉德国王三世。哈拉德是曾经统治斯堪的纳维亚和英格兰两地的凯纽特国王的后裔。哈罗德的兄弟陶斯提格和哈罗德感情不和，便加入了哈拉德三世的队伍。

9月，入侵英格兰的哈拉德三世从东北地区登陆。在距约克很近的

插图选自15世纪法国人撰写的《诺曼底编年史》手稿。它生动地描绘了黑斯廷斯战役的场景

斯坦福桥安营扎寨之前，哈拉德三世击败了两个英格兰北部的伯爵。

哈罗德国王迅速作出回应，率军北上，并于9月25日在斯坦福桥战役中击败了哈拉德三世和陶斯提格，并将他们杀死。

这是英格兰的一次重要胜利。同时，也标志着斯堪的纳维亚军队从

贝叶挂毯

贝叶挂毯生动地描绘了诺曼征服的前后事件，是我们所拥有的最杰出的艺术品。这件艺术品目前保存在法国贝叶。它有70米长，0.5米宽，呈狭长状。它其实并非如名称所标示的挂毯，不过是一块绣上了嵌料的布，每一块都描绘了一个事件。挂毯只从诺曼人的角度描绘事件。因而，它很可能是在公元1170年左右，由“征服者威廉”的同母异父兄弟奥多大主教授权制作，以纪念威廉的胜利，并成为方便灵活的宣传标语。作为反映中世纪社会和军事情况的艺术品，贝叶挂毯对于现代学者来说，是无价珍宝。

此以后，再也不敢入侵英格兰。

三天之后，威廉就从英格兰的东南沿海登陆了。由于在异国的领土作战，远离自己的供给基地，威廉和他的军队需要速战速决。于是，他们一踏上英格兰的土地，就开始了大肆劫掠。目的是要逼迫哈罗德国王尽快开战。

这一招十分奏效。哈罗德从约克迅速挥师南下。中途，哈罗德的大军只在伦敦稍作停留，以集结更多的兵力，然后就全速向位于东萨赛克斯一个叫作黑斯廷斯的小村镇进发。在那里，在黑斯廷斯通往伦敦的大路，以及位于小镇以北十三英里的森勒克山丘上都部署了兵力。现在，人们把那座山丘称为“战役山”。

哈罗德率领大约七千人马，埋伏在森勒克山顶。他们的两侧是丛林，身后是广阔的安德里达森林。这是一个看上去坚不可摧的位置。但哈罗德的军队可不像表面上那样威力十足。一方面是由于他们在斯坦福桥战役中已经损兵折将；另一方面是由于新招募的当地农民不愿意再次参加严酷的激战。

“我还活着！”

传说中，威廉的吟游诗人伊沃·泰勒夫尔首先发起了冲锋。有记载说，伊沃·泰勒夫尔一骑当先，冲入撒克逊人阵营，手刃了两名撒克逊士兵之后，被杀。之后，威廉一声号令，雨点般的弓箭向英格兰人飞去。弓箭落下时，撒克逊士兵躲在盾牌下面，并无多少人受伤。诺曼人的箭是朝山顶上射的，距离很难估计。不管怎样，诺曼人的弓箭手必须等着对方把箭射回来，才能确定继续开弓放箭的力度。但是，撒克逊军队中并无弓箭手。开战后不久，为了保存实力，诺曼人只好停止射箭。

接着，威廉命令他的步兵，向山坡上密密麻麻排列成阵的英格兰士兵发起进攻。然而，威廉的军队虽然不无勇猛之士，却也无法杀进英格兰军队组成的盾牌阵。多次冲锋陷阵之后，死伤惨重，不得不大败而归。

战斗中，双方的进退有几个回合，差不多形成了一定之规。每当威廉左翼的步兵后退时，英格兰的右翼人马就开始乘机追杀。虽然英格兰指挥官对此意见不一，诺曼人对这一情况却非常感兴趣。

那时候，一个谣言正在惊恐不安的诺曼人之间流传——威廉战死。为了鼓舞士气，威廉不得不脱去盔甲，骑马走到队列的前面，并高喊：“我还活着！”

谣言好破。他此刻面临的问题在于，拖延时间对哈罗德有利，对他不利。战斗拖的时间越长，哈罗德方面获得增援的可能性就越大。随着时间的流逝，对哈罗德的盾牌阵进行的一次又一次进攻不仅无法打败对方，还只能不断增加他们诺曼人的伤亡。

诺曼人已经注意到，当他们的士兵溃退时，英格兰人的右翼部队会来追赶，至少要追到半山腰。于是威廉下令，诺曼士兵实施假撤退——当撒克逊人追杀过来时，诺曼人的骑兵冲出去，对他们大肆砍杀。从开战以来，在整个漫长的战役中，诺曼人的假撤退实施过两次。就是这两次佯装撤退，扭转了战局，诺曼人大大削弱了英格兰军队的力量。

一箭射中眼睛

到下午晚些时候，战斗变成了两军之间一场激烈而残酷的肉搏战。盾牌阵节节后退。随着伤亡人数的增加，阵地逐渐缩小。但英格兰人和哈罗德国王仍在继续战斗，甚至不惜将新征召的农民派上阵来，尽管这些农民的战斗力值得怀疑。

威廉深知，如果在夜晚来临之际，他还没能杀过盾牌阵，那么他的军队就必须从战场上撤退。而那样做，他就很容易被对方击败。

在准备最后一次冲锋之前，威廉命令弓箭手再次开弓放箭。这次，箭放得很高，飞过了撒克逊人的盾牌阵，直接落在了紧紧挨在一起的英格兰士兵身上，造成了巨大的混乱。

诺曼人再次进攻的时候，哈罗德国王正在重整队伍。他抬头向上望时，恰巧却被一支箭直接射中眼睛。有些故事中这样描写他：他把那支箭一把从眼睛中拔出，喷射出来的鲜血顺着脸颊流淌。在身边护卫的掩护下，他继续作战。直到被一个诺曼骑士砍倒在地。

描绘森勒克山战斗场景的贝叶挂毯

其实，关于哈罗德的死亡，还有很多版本。有的说，他的尸体被乱刀砍碎。这张贝叶挂毯的图案上有个人被箭射中了眼睛。但历史学家认为，那人并非哈罗德，那支箭也是后来加上去的。因为在中世纪，眼睛中箭，被认为是对叛国者和说谎者实施的惩罚。

不管事情到底是怎样发生的，哈罗德确实在那场战斗中阵亡了。失去了为之战斗的国王，撒克逊人被诺曼人追赶着，逃下后山，钻进了森林。威廉取得了胜利！英格兰从此就是他的天下了！

那一晚，“征服者威廉”就在战场上宿营。后来，他命人在那里建起了巴托艾比教堂，以感谢上帝赐予他的胜利。

对于一个国王来说，勇敢是至关重要的素质！

威廉显然具备这一点。那天，他胯下骑的三匹战马先后战死。而威廉很幸运地逃脱了死亡。不仅如此，他的幸运还包括一支射中英格兰国王眼睛的利箭。

文化的融合

由于英格兰境内再也没有哪股力量能够和威廉对抗，1066年的圣诞节，威廉为自己加冕。

但很快，他就不得不面临几次反叛。1070年，也就是他自我加冕后不到四年，最终没有能够保住英格兰。

诺曼人完成对英格兰的征服后，英格兰被彻底改变了：土地分给了那些参与征战过英格兰的诺曼人。对于撒克逊人的领主来说，这一过程充满了创痛 。但是，诺曼人并没有改变盎格鲁－撒克逊人的法律制度——行政长官、法庭、税收以及各郡的名称，都保持不变。

从长远来看，诺曼人入侵还改变了英语这一语言——它将英语同法语和拉丁语融合在一起。不仅如此，诺曼征服还确保天主教从此成为英格兰的国教，一直到16世纪。此外，它还把英国同欧洲大陆紧密地联系在了一起。

撒克逊人很难接受一个曾经被他们称为暴君的人统治英格兰。但威廉真是一个暴君吗？

事实可能并非如此。尽管在黑斯廷斯战役之后，他对于英格兰北部的抵抗进行了无情的镇压，却还是明白什么时候该仁慈，知道该怎样统治一方土地，并将法律制度付诸实施。

“征服者威廉”死于1087年。那个时候，他仍然统治着那片被他征服了的土地。

没有人知道，要是威廉没能征服英格兰，结果会怎样。但是，两个强大民族的融合却造就了西方世界中最为杰出的文化。

十字军东征
（1095–1291年）

为拯救“圣地”而进行的长达二百年的战争，留下了一段充满猜疑和误解的传说

《1099年基督教占领耶路撒冷的战利品》（1440）

1095年11月一个寒冷日子里，罗马教皇乌尔班二世在法国发表了一次深具说服力的演说。这次演说不仅对欧洲，也对中东的历史进程产生了深远影响。

面对一群神职人员和重要的教会官员，在奥弗涅的勒芒市，乌尔班描述了一个让人心神不宁的事件的进展：由于穆斯林突厥人占领了以前东罗马帝国的拜占庭，帝国皇帝艾莱克赛斯已经向教皇发出了紧急救援请求。然而，教皇的担忧并非因为穆斯林突厥人对于小亚细亚的威胁，而是因为伊斯兰军队占领了“圣地”耶路撒冷，是因为“主的圣物匣被肮脏的民族占有了”。

教皇接着说：“你们那些住在东方的教友急需你们的帮助！因此，你们必须立刻给予他们帮助……那些阿拉伯人已经侵占了越来越多的教徒土地……他们杀害并抓捕了很多教徒，毁坏教堂，并蹂躏整个帝国。如果你们赦免他们，允许这样的暴行继续下去，那么，更多上帝的忠实信徒将受到攻击！因此，我，或者更准确地说，是主，乞求你们作为主的信使，去惩罚他们！去劝说各个阶层的人们——无论他们是步兵还是骑士，无论他们是穷人还是富人——赶紧去帮助那些教徒！赶紧从我们教友的土地上消灭那些邪恶的种族！”

乌尔班的演说令听众群情振奋。他向他们保证说：“所有在征途上战死的人，无论在陆地还是大海，抑或是同异教徒的战斗中，他们的罪恶都会立刻得到赦免！”听众一遍又一遍地高呼：“这是上帝的旨意！”

圣战，从此拉开帷幕！

一段鱼龙混杂的传奇

在西方，对于十字军东征的大多数观念，最早来源于在圣战进行同期如雨后春笋般创作的文学作品，然后就是好莱坞的电影。

最初，参加圣战的人被刻画成上帝的斗士，去执行一项夺回圣地的神圣使命。然而，当今文学作品和电影中，却将那些欧洲骑士描绘成只顾金钱和土地、嗜血如命的恶棍，对于上帝或者安拉毫不在意。不管人们形成了怎样根深蒂固的刻板模式，十字军东征重要的历史意义都会被世人铭记。学者托马斯·麦顿曾撰文指出，“无论我们是否钦慕十字军东征骑士，没有他们，我们现在所了解的世界就不会存在。而这是一个无法否定的事实”。

十字军东征之前的那个世纪，信奉基督教的西欧逐渐从“黑暗时代”的荒芜中复苏，正不断抵抗来自四面八方的入侵者——来自北部的北欧海盗；来自中亚的马札尔人；来自西非的各种穆斯林。不过，等到那个世纪接近尾声的时候，西欧的命运被改变了，更高效的农业技术得

鲍德温一世——耶路撒冷首位基督教国王同突厥人作战的情形（15世纪）

以引进。其中，最著名的是使用更快捷的耕犁。这些变化改善了人们的生活环境，造成人口急剧增加。随后，经济的复苏支撑了欧洲军事力量的发展。与此同时，寻求改革的教皇们正在积极寻求一种方法，能够将欧洲的贵族从封建制度下自相残杀的战事中解脱出来，到圣地去迎战伊斯兰军队。

1095年到1096年期间，教皇乌尔班二世曾多次重复他的演说，并派出神职人员在整个欧洲传递这样一个信息：所有愿意同穆斯林战斗、返回耶路撒冷圣十字大殿的人，都要发下誓言，成为朝圣者。在圣母升天节那天，即1096年8月15日，他们要到达君士坦丁堡，并从那里出发，去圣地耶路撒冷。作为回报，他们将被赦免所有罪行。

没人知道，乌尔班为什么要发出这样的恳求。一些历史学家认为，

他的主要目的是，要团结那些互相争斗不休的欧洲贵族。但也有证据显示，他当初以为，最多只会有几千骑士响应他的号召。

然而，超过十万人加入了第一次十字军东征的大军，人称“农民十字军”。尽管教会努力想驾驭并控制这些人——乌尔班徒劳无果地命令，妇女、僧侣或儿童不得参加——但大批农民和没有土地继承权的“光蛋骑士”潮水般地涌向君士坦丁堡。他们心中怀揣一个崭新的、虔诚的世纪梦想——相信他们的朝圣者誓言，一定能够带领他们走出贫穷的生活。

一个具有领袖气质、狂热的修道士成了这些人的领袖。他被人们称为“隐士彼得”。

彼得在法国北部传教。他告诉那些大规模聚集的农民，4 月份在德国科隆见。这个约定的时间比乌尔班的约定早了很多。分成两个不同的群体，这群乌合之众组成的十字军浩浩荡荡地向拜占庭进发了。

敌对的宗教

就像现在一样，耶路撒冷不仅是基督教的圣地，也是伊斯兰教的圣地。基督徒认为，耶路撒冷是基督被钉上十字架的地方，也是圣十字大殿的所在地。伊斯兰教徒认为，就是在耶路撒冷，他们的先知穆罕默德被天使带着，由此开始那个神秘的夜晚之旅。在此之前，穆罕默德被送上天堂和先知亚伯拉罕、摩西和基督会面。因此，穆斯林也把耶路撒冷当作圣地。公元638年，穆斯林从拜占庭人手中夺取耶路撒冷的时候，建造了一座世界上最优美的祭祀场所——圆顶清真寺。

有人认为，欧洲基督徒在11世纪末夺回耶路撒冷，只是出于狂热的反伊斯兰教情绪。这种观点十分片面。其原因在于，伊斯兰教当时确实对基督教造成了极大的威胁。

这两个宗教中更为古老的是基督教。基督教在公元1世纪开始建立，并传播到了罗马帝国统治的各个角落 。天主教历史上的这一时期，宗教的和平传播主要由传教士承担。

到了7世纪，伊斯兰教开始在阿拉伯半岛盛行起来。而基督教在欧洲和地中海盆地，则占据最主要的地位。

然而不久，从7世纪初期开始，伊斯兰教宣传了这样的观念：虽然在伊斯兰人的统治下，基督徒和犹太人可以平静地生活，并信奉自己的宗教，但基督徒拥有的州郡必须由伊斯兰人占领。因此，伊斯兰军队接管了巴勒斯坦、叙利亚和埃及。他们跨过西班牙，在伊比利亚半岛击败了基督教领导的军队。到了8世纪中期，伊斯兰军队在法国境内发起了多次袭击。

在以后的二百年间，两个宗教群体之间的冲突不断持续。11 世纪，阿拉伯人被突厥人征服。然而，突厥人却都皈依了伊斯兰教，并继续同西方作战。拜占庭帝国是罗马帝国遗留下来的东半部分。它以君士坦丁堡为中心。当突厥人占领了小亚细亚时，拜占庭帝国受到了威胁。1095年，拜占庭皇帝阿莱克赛斯一世决定向波斯普鲁斯海峡对岸的西欧发出请求，帮助自己战胜突厥人。正是这个请求，促成了乌尔班二世的演说。

十字军进入耶路撒冷，对穆斯林和犹太人实施了大屠杀。

理查一世画像。理查一世被称为“狮心理查”。即使他不是十字军最成功的领袖，也是十字军东征事件中最著名的人物（19世纪）

农民十字军被消灭

1096年春，这群无组织、无纪律的朝圣者大军响应了乌尔班的请求，从莱茵地区出发了。

有一群人在一个狂热的反犹分子、德国人埃美柯的鼓动下，参加了对犹太人的血腥屠杀。当时，在德国的梅茨镇、沃尔姆斯镇和麦恩茨镇等地，人们认为，犹太人是基督的敌人。

1096年夏天，这群衣衫褴褛的农民十字军到达了接近君士坦丁堡的地方。在那里，他们遭遇了一支突厥退伍兵组成的部队，并很快被彻底消灭。

但在这群农民十字军之后，很快又诞生了一支更加勇武有力的队伍。这支队伍由欧洲知名贵族率领。这些贵族包括弗兰德尔斯的罗伯特伯爵二世、布卢瓦的斯蒂芬伯爵和布隆的歌德费瑞，即洛伦公爵。因为受到教皇提出的宗教信仰的激励，这些贵族摒弃了从前的纷争，组织了一支战斗力很强的骑士队伍，向圣地开始了极其艰险的征途。在那里，他们和埃及法蒂玛王朝的统治者结成联盟 ，共同战胜更加强大、驻扎在安提俄克之外的塞尔柱突厥人。接着，他们转而进攻自己的盟友，于1099年，从法蒂玛穆斯林手中夺回了耶路撒冷。这些十字军东征骑士进入耶路撒冷后，对穆斯林和犹太人不加区分地展开了大规模屠杀。

第二次十字军东征

令人做梦也想不到的是，第一次十字军东征非常成功。东征骑士不仅在接近教皇乌尔班二世约定的时间内解放了圣地，为基督教朝圣者打开了耶路撒冷的大门，还在巴勒斯坦建立了一个崭新的基督教领域。这一领域被分成四个部分——埃泽萨的若干郡、的黎波里的若干郡、安提俄克公国以及耶路撒冷王国——由一个从地中海到约旦河之间的狭长地带组成。它是基督教力量较为薄弱的地区，受到来自四周敌人——北部叙利亚的塞尔柱突厥人以及南部的法蒂玛穆斯林的包围。

在12世纪中期，寻求联合伊斯兰世界的阿拉伯领袖崛起了。其中之一就是塞尔柱突厥人艾麦德·艾丁赞吉藩王。他在1144年圣诞节那天，夺取了埃泽萨。埃泽萨是十字军占领的州郡中最靠北方的。在那里，突厥人杀死了所有的欧洲基督徒。

这次行动引发了第二次十字军东征。但这次东征并不成功。东征由法国国王路易七世和德国圣罗马皇帝康拉德三世手下的军队为主导，由充满激情、来自法国明谷的贝尔纳修道士担任牧师。然而，这次十字军东征几乎就是一场灾难。

其中，最失败的战斗之一就是对大马士革的愚蠢进攻。当时，大马士革由穆斯林控制，是基督教占领的耶路撒冷的供给站。然而在那里，十字军将士被打得溃不成军。

受到这次战役胜利的鼓舞，伊斯兰部队在赞吉藩王的儿子努尔·阿丁的指挥下，袭击了十字军的前哨基地。由此，奠定了其后若干年战事的模式——十字军占领的城堡如被穆斯林围攻，其他十字军马上赶去救援。

突厥人逐渐削弱了基督教方面对于圣地的控制。

1174年，努尔·阿丁死去。一个具有传奇色彩的人物——萨拉·依本接替了他的位置，史上称其“萨拉丁”。

萨拉丁是那个年代最凶残的穆斯林领袖，也可能是所有穆斯林领袖中最凶残的一个。他原是努尔·阿丁的一名副官。不过，他一直在努力，试图从上级及其家人手中夺取权力。接替努尔·阿丁的职位之后，萨拉丁把自己树立为一统伊斯兰世界的领袖，并开始着手将基督徒从圣地上赶出去。

在这一方面，萨拉丁可谓大获胜利。在靠近加利利海的哈丁之战中，他两次击败从耶路撒冷派来的军队，并于1187年，胜利进入耶路撒冷城。此后，仅有为数不多的基督教占领城市还在存续。最著名的就是港口城市提尔。

此时，萨拉丁基本上已将外族人赶出了他的土地。

第三次十字军东征

第三次十字军东征大概是最能激发东西方人们想象力的一次东征了。

这次东征中涌现了两个势均力敌的“斗士之王”：萨拉丁和英格兰“狮心王”理查一世 。

随着位于巴勒斯坦的十字军占领的州郡日益减少，理查一世加入了德国腓比特列·巴罗萨皇帝和法国国王菲利普二世的阵营，组建了一支规模庞大的军队。此时，关于一个饥饿的贵族直奔圣地，以获取土地、变得富有的刻板印象可以摒弃了。

最近对中世纪历史记录进行的很多研究发现，其实，十字军东征无论对哪一方来说，代价都异常昂贵。因此，其主要出发点都存于对宗教的虔诚和希望得到救赎。而这相比于长期的征战，真是一个微不足道的回报。

尽管从一开始，第三次十字军东征就被打上了运气不济的印记。1190年，大军横渡位于安纳托利亚的萨勒夫小河时，腓比特列就从马上摔下来，并差点儿淹死。理查一世和菲利普二世本来是亲密的朋友，但当他们乘船去圣地时，分歧发生了。到达圣地之后，他们尽力从萨拉丁的手中收复了阿卡城。不过，身患疾病、郁郁寡欢的菲利普却离开了十字军。

推进十字军东征事业的责任落到了理查一世一个人身上。他也证明了，他确实像史书记载和民间流传的那样，是一位伟大的领袖。他有胆识，有智慧，而且异常勇敢。他率领自己的队伍，横扫巴勒斯坦海岸，取得了一个又一个胜利。

但是，一旦他进攻内陆，进而袭击耶路撒冷时，供给线总是遭到敌人的偷袭与劫掠。军队的供给因此无法得到保证。

最终，理查一世被迫和萨拉丁签订停战协定。萨拉丁同意，今后允许不携带武器的基督教朝圣者进入圣地。条件是，理查一世和他的队伍就此离开圣地。

后续的十字军东征

在13世纪，史上还有过四次十字军东征。但无一取得胜利。

到了1291年，也是人们习惯认为十字军东征结束的那一年，伊斯兰军队已成功将基督教军队从其占领的土地上赶了出去。从那个时候起直到19世纪，中东地区就一直处于伊斯兰统治者的控制之中。

然而，基督教和伊斯兰教之间的争斗在其他地区仍然持续着，前后长达几百年之久。它导致15世纪时君士坦丁堡落入突厥人手中，而维也纳也在1529年差点儿被绰号“崇高者”的苏莱曼一世的军队攻陷。

颇为吊诡的是，尽管在圣地，伊斯兰军队几乎总是完胜基督教军队，但欧洲却从十字军东征中获得了最大的收益。

十字军东征使欧洲得以接触到伊斯兰民族的科学、数学、艺术和军事科学，欧洲的文化从此获得了新的活力。欧洲和圣地之间不断增加的交通刺激了贸易的发展，从而使欧洲在经济上逐渐战胜了伊斯兰世界。与此相反，充满愤恨的伊斯兰世界却退回到了孤立的状态中；曾经高度发达的伊斯兰世界在经济和文化方面，却变得越来越落后和保守。

如今，十字军东征正式结束八百年后，东征的一系列事件仍然在不断引发争议和猜度。遭受2001年9月11日的恐怖袭击之后，乔治·布什总统在一次演讲中就提到了这段历史。他说："这次十字军东征是向恐怖主义开战！"很多伊斯兰世界的人感到，他的话将那个认为骑士可以侵入伊斯兰土地，去摧毁一种宗教和一种生活方式的幽灵引了出来。由此可见，十字军东征最持久的影响就是，在伊斯兰和基督教之间播下了猜疑的种子。

儿童十字军

十字军东征期间，曾经有许多"普通人的十字军"。历史学家之所以使用这个词，是因为这些十字军并非为了响应教皇号召，而仅仅是为了狂热的信仰。其中最著名的要数1212年所谓"儿童十字军"。第一支"儿童十字军"在德国产生。那时候，一个名叫尼古拉斯的年轻人宣称，天使曾出现在他面前，并告诉他去召集一部分人，从撒拉逊人手中夺回圣十字大殿。不久，就有七千名年轻人跟随他，去了热那亚。在热那亚，他们期待着地中海能在他们面前分开。当发现这一切不能实现时，他们失望地回了家。

第二支"儿童十字军"由一个名叫斯提芬的牧羊人率领。他宣布说，他手里有一封基督写给法国国王的信。于是，斯蒂芬带领三万人去巴黎面见国王。当人们发现那封信纯属伪造时，这支十字军当即就烟消云散了。

没有一支"儿童十字军"到达过圣地。学者们甚至怀疑，这样的十字军是否真有孩子参加。因为编年史上用来描述这些十字军的那个词——"Pueri"，还可以表示出身卑微的人，无论年龄多大。

大宪章
（1215年）

一份记载国王交出权力的文件，
成为现代人权的基石

莎士比亚在剧作《约翰王》中，让约翰在一个修道院中毒而死。实际上，他是死于痢疾

1215年1月，一群贵族聚集在埃塞克斯的邓默城堡——领主罗伯特·菲茨沃尔特家中秘密集会。他们大多是来自英格兰北部郡县的男爵。包括召集人菲茨沃尔特在内，与会者不少是深具影响力的人物——阿尔文维克城堡领主尤斯塔西·维奇、埃塞克斯伯爵杰弗瑞·曼德维尔。此外，还有至少一位重要的神职人员——海瑞福德主教盖尔斯。

当时，英格兰局势异常紧张——国家已接近混乱，接下来可能就会爆发内战。为了维持正常秩序，男爵们的武装力量不得不在道路上巡逻。

贵族们对于那种不合法治的状态感到极大的愤怒。他们直接把矛头指向了王国的统治者约翰国王。在集会中，他们正式决定，要勇敢地面对国王，要求国王改变现状，以提高他们自己及臣民的利益。具体来说，他们要求约翰国王，停止向人们征收重税以支付他对法国作战失败造成的损失。散会之前，贵族全体起立，庄严宣誓。他们宣誓，要“为了教会和王国的自由而勇敢斗争”。

几天之后，这些贵族来到了温莎城堡。在那里，焦虑的皇家顾问每隔一小时，就和国王见面商谈一次。约翰国王很不情愿地听完了贵族们的意见。这是一次不愉快的会面。为了证明自己的决心，这些贵族随身带着武器。因此，他们的意图是显而易见的。国王刚一出现，他们立刻提出法律改革的要求，要求修改有关土地分配及对贵族征税的有关法律。国王被警告，如果贵族的要求得不到满足，国王就会遭遇来自贵族军队的对抗。

约翰国王明白，这可不是一个空洞的威胁。最终，他们将协迫国王同意，赋予他的贵族以及子民某些基本的民事权利——这不仅在英格兰，在中世纪的其他西方王国里，都是史无前例的。这个让步将被书写进《大宪章》——史上最杰出、最重要的文件。因此，《大宪章》也将成为民权的象征，并为英格兰随后制定的习惯法，以及后来的美国宪法和权利法案奠定基础。

灾难性的统治

在英格兰历史上，是否有哪位国王像约翰那样被人憎恨和蔑视呢？

很难想象，谁会像他那么怯懦、背叛、贪婪和无能。即使现在重新审视历史，也不能为他恢复名誉。但是，我们也许会说，约翰生性就是残暴的。毕竟，他是金雀花王朝贵族家庭的一员。而这个家族从公元1133年起就统治英格兰。他们的残暴臭名昭著。约翰的三个哥哥都曾反抗他们父亲的统治。

约翰生于1166年的圣诞前夜。在阿奎丹的埃莉诺和英格兰国王亨利二世所生的八个孩子中，他排行最小。尽管约翰是亨利国王最喜欢的孩子，却还是未从父王那里获得任何皇家土地。因此，约翰成为众所周知的“无采邑王约翰”。

愤愤不平的约翰和哥哥理查一起，在1189年，起而反抗父亲的统治。更有影响、更年长的理查被任命为亨利的接班人之后，武装暴动才结束。亨利死后，理查成为国王。他就是历史上人称“狮心理查”的理查一世。

因为知道约翰不是一个值得信赖的人，理查封他为爱尔兰领主，并让他和一位富有的女人结婚。条件是，理查远离英格兰、参加十字军的时候，约翰必须离开英格兰。约翰同意了，却还是一如既往，马上就违背了自己的承诺。

更糟糕的是，理查在从第三次十字军东征归来的路上被敌军抓获，并被投入监狱。这个时候，约翰拒绝帮助他，将他赎回来。相反，他和理查的敌人——法国国王菲利普二世联合起来，抢占了理查在诺曼底的土地。

1194年，理查一世返回英格兰，迫使约翰放弃了那些土地。但到1199年理查一世去世时，由于没有一个合法的儿子做继承人，约翰将自己变成了英格兰的国王。他还通过允诺把大片诺曼底的土地送给法国这一手段，获得了法国国王菲利普的支持。

后来，约翰国王终止了他原来的婚姻，娶了一个几乎不到青春妙龄的女伯爵伊莎贝拉。而这一切，都是在伊莎贝拉的未婚夫眼皮底下进行的。伊莎贝拉的未婚夫是鲁斯格南的休九世，菲利普的诸侯之一。为此，菲利普发动了一场战役，将约翰赶出了他拥有的法国属地。

政治无能的巨大代价

约翰不仅继续和菲利普作战，并因为战事失利，连续不断地失去英格兰拥有的法国土地，而且还以征收“兵役免除税”的形式，向贵族要

求财政支持。尽管这种税收形式可能会逐渐废止，或者税额很低，不会造成什么严重影响，但在约翰统治的十五年间，“兵役免除税”的税率却被提高了十一倍。

1215年6月15日，约翰国王在兰尼米德签署《大宪章》。数月之后，他就寻求废止《大宪章》

然而，这并非贵族们为约翰的草率行事所要承担的唯一经济负担。在此之前，约翰曾因坚持从教会行政机构获益，而同教皇伊诺森特三世疏远了关系。实质上，约翰是坚持让那些希望获得更高职位的主教们缴纳一定的费用——费用支付手法可以是教会的土地或者教会土地上收缴的金钱。对于国王的要求，教皇提出，交换条件是，将约翰国王及其臣民都逐出教会，也就是说，没有人能够在教会举行婚礼、葬礼或者洗

礼。为了让教会解除这道禁令，约翰国王被迫支付教皇每年一千马克的巨额款项。而这笔巨额款项的大部分可以从贵族那里得到补偿。

就这样，约翰把他的王国，特别是他的贵族都要榨干了。与此同时，因为一次又一次地失信于民，他也逐渐失去了人们的信任。关于人们团结起来反抗国王、获得自由的民间故事不断流传。其中之一，就是罗宾汉的故事。这样，虽然贵族们领导的反抗约翰的暴动主要是为了他们自己的利益，还是得到了大众的支持。

伦敦游行

1215年1月，贵族们面见约翰国王时，要求进行一系列改革。这些改革条款在亨利国王的《加冕典礼特许状》中早已进行了明确规定。具体来说，他们引用了亨利向“所有的贵族和忠实的臣民”作出的承诺：要废除曾经压制他们的“不良习俗”，特别是国王滥用职权，对皇家土地的不平等分配、通过税收的形式向贵族搜刮钱财等行为。为了免除贵族对王位的威胁，亨利把这些内容写进了法典。他能做的也不过如此。之后，他就把它们束之高阁了。

事情过去之后，约翰再也没有把这一共识放在心上。于是，1月份的会见之后，双方都投入到了战斗的准备之中。他们不仅积极投入资金，还购置武器，装备自己的追随者。

约翰聚集了仍然效忠于他的贵族。他们不仅宣誓效忠国王，还宣誓反对法典。约翰向罗马教皇伊诺森特派出使团，希望寻求天主教领袖对他的支持。3月初，作为一个漂亮的公关之举，他开始佩戴十字军的白色十字架，并要求支持者都佩戴上这个标志。他还给教皇写信，称他的那些贵族敌人“比撒拉逊人还要坏”。

这当然令贵族们十分不满。5月份，在菲茨沃尔特的带领下，贵族们在伦敦举行了游行。菲茨沃尔特和尤斯塔西·维奇要求约束约翰的权力，乃事出有因。菲茨沃尔特宣称，国王曾经试图强奸他的女儿。而尤斯塔西·维奇则宣称，约翰曾经引诱过他的妻子。

这些宣称是真是假，无人知道。但这样的言论，让这些贵族得到了大众的同情。当他们在伦敦游行示威的时候，伦敦的居民打开了城门。

就这样，5月17日，贵族们兵不血刃地占领了这座皇城。

现在，约翰只好和这些反叛者进行谈判了。这一次，与最初的要求远远不同的是，贵族向约翰送去了一系列条款。使者在国王和贵族之间来来往往许多次。到6月份的时候，贵族们如愿以偿：一份能够抑制国王权力，以免国王摧毁他们生活、侵吞他们财产的文件诞生了。

《大宪章》获得批准

为了让这份文件成为正式的官方文件，约翰一世国王和他的贵族们于1215年6月15日，“在温莎城堡和斯塔尼斯之间一片叫作兰尼米德的草地上”见了面。那是位于伦敦西南二十英里、泰晤士河沿岸的一片草地。约翰把他的印章印在了所谓“贵族们的条款”上，并下令将这份文件复制、分发。作为回报，6月19日，贵族们宣誓效忠国王约翰。

《大宪章》对于国王随心所欲地实施统治的这一权力提出了质疑。在1215年，这一事件的发生真是非同凡响！因此，《大宪章》顺理成章地奠定了现代公民权利的基石。《大宪章》规定了“人身保护权”。即不经审理，国王无权把一个自由人永远投入监狱。其他条款内容还包括：贵族们拥有财产权、限制“兵役免除税”、限制国王的某些封建特权。

谁都不曾想到的是，由于最后一刻一个细微的修改，《大宪章》的有些条款从此拥有了史上异乎寻常的重要地位。在规定宪章对什么人有效的时候，贵族们把“任何贵族”改成了“任何自由人”。就是这一不经意的变更，却在历史上第一次将全体英国人民的权利写进了法律条文中，从而为现代社会关于“自由”观念的形成，奠定了基础。

协议被废止

然而，《大宪章》最具历史讽刺意义的一个方面就是，尽管从长期看，它取得了非凡成就；短期内，却没有实现任何预期目标——避免英国内战。

当时，就没有人相信，这个协议会真正实行。之所以称它为“大宪

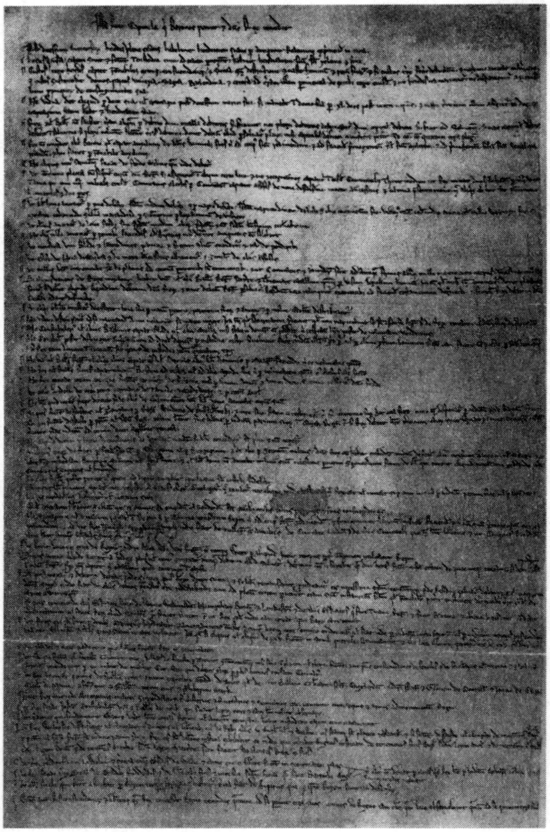

《大宪章》一页。《大宪章》的创造者无法预见到，它对于未来的宪法将产生永久的影响

章”，是为了把它和1100年制定的《加冕典礼特许状》区别开来。之所以要对它们特意加以区分，在于第52条款和第61条款。这两个条款规定，一旦对于国王制订的计划出现意见分歧，将“由一个二十五名贵族组成的委员会进行仲裁”。而这二十五名贵族当然都是约翰的反对者。

约翰国王之所以签署《大宪章》，是因为他不得不这样做。但是，没有哪个国王愿意用这种方式，来废除自己的权力。

正是因为这个显而易见的原因，约翰国王几乎刚从兰尼米德返回，就立刻否定了《大宪章》。9月份，约翰说服了当时影响力遍及整个欧洲的伊诺森特教皇，废止“利用暴力和恐吓迫使国王签署令人感到耻辱、有损人格的协议”。

自然，贵族们被这个奸诈的约翰国王又一次背信弃义的行径激怒了。一场充满血腥的内战席卷英格兰。

那些反叛者得到了法国的支持。作为回报，他们许诺当时的路易王子，也就是后来的路易八世，把英国的王位送给他。

约翰的镇压非常残酷。他用酷刑折磨被俘的囚徒，从平民身上搜刮钱财，以资助他的军队。当时，全国至少三分之二的贵族都起来反抗约翰，甚至包括很多曾经和他关系亲近的人。

1216年10月，约翰死于痢疾。内战因此结束。约翰九岁的儿子成为国王，也就是亨利三世。反叛者重新获得土地，而且无需因为叛国罪而遭受惩罚。此外，法国的路易王子也最终放弃了获取英国王位的权力。

一个不朽的象征

内战是因《大宪章》而起，《大宪章》却能自在于战争之外，并未因此夭折。为了获得贵族支持，稳固新的王权统治，亨利三世的摄政者们修改了这个文件，并剔除了那条要求“由贵族统治”的条款。

1217年，亨利三世重新颁布了这个文件，并于1225年对这个文件再次重申。而1225年的版本就是今天最著名的《大宪章》。

然而，《大宪章》在英国的法律中一直都是非常微不足道的。直到17世纪，爱德华·柯克爵士才再次树立《大宪章》的地位。其目的在于明确，纵然是斯图尔特王族，也必须依法行事。

爱德华·柯克曾是伊丽莎白女王的大法官，也是反对查尔斯一世国王的国会领袖。随后，《大宪章》被英国殖民者带到了北美洲。18世纪中期，美国的激进分子改造了《大宪章》。他们因为要向英国缴纳税收，却无从获得国会席位而感到愤怒。美国的反叛者高举《大宪章》的旗帜，声称《大宪章》禁止“无代表却纳税”。从字面上讲，这样说不正确。尽管如此，美国人继续相信《大宪章》能够保护他们的自由。

因此，在独立战争的前夜，马萨诸塞殖民地采用的印章上雕刻着一个手持宝剑的民兵，他另一只手里擎着一本《大宪章》。

承袭着这样的理想，大约十年之后，美国的宪法诞生了。它的诞生反过来又极大地影响了世界其他宪法。

影响长达几个世纪

《大宪章》的副本被大批制造，并在王国各地被传诵。这些副本有四个保存了下来。其中两个保存在大不列颠天主教堂，另外两个保存在大不列颠图书馆。人们用胆汁色的墨水在一整张羊皮卷上，以拉丁文撰写了这个文件的六十三个条款。一些条款仅仅针对当时特定历史时期，而其他条款的影响则长达几个世纪。例如第38条：因此，任何执法人员都不得在没有可信证据的情况下，将任何人送上法庭。还有第40条：我们不会向任何人出卖权利或者正义，我们也不会向任何人否认或者拖延权利或者正义。

黑死病
（1347–1349年）

那场毁灭性的瘟疫，至今仍然令人胆寒

这是选自《神曲》早期版本的一幅画，题为《但丁和弗吉尔瘟疫病人在一起》。这场瘟疫给中世纪投下了巨大的阴影

整个欧洲，医生拒绝救治病人；本该拯救灵魂的神父从垂死者身边逃之夭夭；父母遗弃亲生孩子。人们疯狂地吃喝玩乐，放纵情欲。在意大利，绝望的人们把脸贴在肮脏、冒泡的地沟里，希望吸入的恶臭能够抵御可怕的疾病。

在英格兰，人们把衣服撕扯下来，在街上游行。他们一边用鞭子抽打自己的身体，一边吟唱着：

为了平安，快来苦修吧!
这样就能逃脱地狱的烈火。
路西法是邪恶的生灵，
他高举燃烧的火炬捕捉猎物。

随处可见的是，尸体每六具叠放在一起，予以埋葬。引用意大利编年史中的语言来描述就是，“就像意大利卤汁面条一样”。但是不久，这些对于死亡的描述停止了，甚至对死亡的记录也不见了——幸存者对死亡已经太疲惫，太麻木，太熟悉了，以至于他们不再对可怕的死亡作进一步的评述。

从1347年开始的五年之内，欧洲三分之一的人口，大约二千五百万人死于这场淋巴腺鼠疫。甚至这个数字都不能真实地反映当时可怕的情形。因为在很多村庄和城镇，将近百分之八十的人口灭亡了。一个从“黑暗时代”开始繁荣，并向新纪元迈进的世界，突然发现自己满目疮痍——到处都是废弃的农田、荒芜的村庄、倒塌的教堂和木讷呆滞的幸存者。

两个世纪之后，“黑死病 ”这个名词被创造出来，用来特指这次恶性传染的瘟疫。但在当时的欧洲，人们把这场瘟疫叫作“大灭亡”。

恶魔般的疾病

淋巴腺鼠疫改变了世界历史的进程。直到今天，它还一直纠缠着人类。后来所有的瘟疫——天花、霍乱、流感、艾滋病——都令人想起“黑死病”带给人们的恐惧；想起它让世界尸横遍野；想起人类对于这

一隐形杀手毫无抵抗能力的可怕景象。甚至如今，在一个同14世纪相比，医疗条件像光年一样迅速优化的时代，任何新的流行性疾病——无论艾滋病还是禽流感来临，都会让我们下意识地恐惧，是否“大灭亡”又回来了。

对于在14世纪中期经历了那场非同寻常的瘟疫的人们来说，它的灾难性结果未免太过可怕了！难怪他们会在街头鞭打自己，并祈求上帝，或者企图让魔鬼平息怒火。

尽管那个时候人们并不知道，那个魔鬼其实就是一种耐寒的鼠蚤，科学家称之为“印鼠客蚤”。它是一种贪食的微生物。它们通常会几百只聚在一起，生活在黑鼠或其他宿主身上。“印鼠客蚤”携带一种名叫“鼠疫耶尔森菌”。那是足以致命的鼠疫杆菌。“印鼠客蚤”咬人后，“鼠疫耶尔森菌”就进入了人体。而其结果是致命的。

“鼠疫耶尔森菌”引起的疾病有两种发病形式。淋巴腺鼠疫是由于同跳蚤直接接触造成的。被跳蚤叮咬过的地方会出现鸡蛋状的肿块或淋巴腺肿。跳蚤通常都在腋下或腹股沟等处进行叮咬。继而，受害者身上会出现黑紫色青肿，并发出可怕的恶臭。一旦被“印鼠客蚤”叮咬，五到七天之内，百分之六十的人会死亡。

然而，中世纪的这次鼠疫的主要形式似乎是肺炎的变种。它造成肺部感染，还通过空气传播，根本不需要借助“印鼠客蚤”。1348年，意大利神职人员马提奥·维拉尼非常准确地描述了这个肺炎瘟疫的发生过程：“（受害者）开始吐血，然后他们就死了——有些人马上就死了；有些人则在两三天之后死亡……而且，那些照顾病人的人可能不是被病人给传染了，就是被腐败的空气所感染吧，全都会迅速发病，并以同样方式死去。”

《骷髅之舞》。由德国画家伯恩特·诺特克（1440—1509）创作于15世纪晚期

遍地蔓延的鼠疫

“黑暗时代”里，欧洲的气候非常寒冷。但是到了1000年，气候开始变得温暖起来。随着农业技术的进步，带来了粮食产量的大幅提高。到14世纪时，欧洲人口迅速增长，城市中心不断繁荣，居住人口更加密集。与此同时，造船业和航海业的进步将商人送到了遥远而陌生的地方。进入14世纪不久，欧洲遭受了后来广为人知的“小冰期”的袭击。毁灭性的暴风雪和严寒的天气令庄稼颗粒无收。大约在1315年，北部欧洲爆发了饥荒。饥饿严重地削弱了幸存者的免疫系统。

与此同时，在亚洲腹地，淋巴腺鼠疫刚刚开始流行。中国当时正在和蒙古进行一场旷日持久、血雨腥风的战争。战争期间，大片土地被闲置。那些在森林里吃不饱的老鼠开始向人类居住的地方迁移。当老鼠因饥饿死亡的时候，“印鼠客蚤”需要寻找新的宿主。那些因饥饿和其他疾病、压力而免疫力低下的人就成为了最好的目标。14世纪30年代，这场鼠疫让中国变得遍地荒芜。死亡人数的记录虽然不像欧洲那样详尽，不过，据历史学家估计，那个时候中国有三千五百万人死去。而当时中国的总人口为一亿两千五百万。更有甚者，一些学者说，那时，中国人中每两个里就有一个死于鼠疫。

14世纪30年代末，“印鼠客蚤”开始随着客商向外传播。客商沿着那条经常行经的路线，跨过蒙古平原和亚洲中部。到了1345年，鼠疫蔓延到了伏尔加河下游。1346年，鼠疫传播到了高加索和克里米亚。1347年春，它来到了位于黑海北部海岸的卡法镇郊区。

卡法镇是一个由热那亚人从当地蒙古人手里租过来的喧闹的贸易中心。在那里，来自东方和西方的商品、人们和思想不断交汇。当热那亚商人和当地蒙古统治者发生冲突的时候，统治者把他们围困在卡法镇。但不久，“印鼠客蚤”袭击了他的军队，并开始成千上万地撂倒他的士兵。似乎是为了让那些热那亚敌人分享自己的痛苦，蒙古统治者下令，把被鼠疫侵蚀、散发着恶臭的尸体投进卡法镇。于是，镇子里的基督徒也开始成批死亡。

损失了大批士兵的蒙古军队最终放弃了围困，撤兵离开。那些还活着的、惊恐万状的热那亚人，跌跌撞撞地逃出了镇子，然后登上海船，直奔意大利。他们在君士坦丁堡和其他港口停留，将鼠疫传播到了每个城镇，并在1347年秋到达意大利。

我们甚至不知道，在这样一个漫长的旅途中，那几个在鼠疫包围中活下来的水手是如何熬过来的。也许因为他们的基因比其他人更强大吧。不过，当来自卡法镇的船只被拉进西西里的墨西拿港时，岸上的人都吓坏了。一些关于东方可怕瘟疫的谣言已经传到了这里。但现在，瘟疫就来到了他们眼前。

一个意大利化缘修士后来写道，在那十几艘船上的水手身上，携带了“那样一种疾病，以致于一旦有人和其中一个说话，那么这个人就会被传染……并难以摆脱死亡的厄运”。

寻找替罪羊

1348年春，主要从欧洲大陆开始，黑死病引起了被称之为“在欧洲历史上最为邪恶的反犹暴力活动的大爆发”。人们急切地寻找瘟疫的责任人，于是宣称，传统上被驱逐的犹太人一直在向水井中投毒。让人感到有趣而匪夷所思的是，很少有犹太人死于黑死病。可能是因为，倾向于回避外族人，更加与世隔绝，而且遵守犹太教教规的人会养成更好的卫生习惯，吃更洁净的食物。

对于当时居住在欧洲的大约二百五十万犹太人进行的歇斯底里的攻击活动，达到了疯狂的顶峰。私设公堂、伪造法律程序的审判突然兴起。一方面，他们把犹太人判处死刑；一方面，驱逐他们，剥夺他们的财富和财产。

在某些德国城市，像斯特拉斯堡，成百成百的犹太人被烧死。死前，他们被剥光衣服，以便搜查衣服里藏着的金钱。这一切，莫不预示着几个世纪之后另一场更大的种族屠杀。

致命的触须伸了出来

从历史学家绘制的地图来看，黑死病就像一个长着很多触须的魔鬼，把整个世界控制在它可怕的包围之中。一支触须从君士坦丁堡向南方和西方延伸，给大马士革、耶路撒冷和开罗带来了可怕的痛苦。另一支从墨西拿港开始向西北方摸索，并在1348年初一直延伸到意大利中部和北部。瘟疫是沿着中世纪的商贸之路蔓延的。这一点，似乎毫无意外。

意大利作家乔万尼·薄伽丘（1313–1375）在佛罗伦萨经历了这场瘟疫。在他的名著《十日谈》中，他精彩地描述了这一经历。《十日谈》讲述了十个身世良好的青年被一场恶性传染病围困在一座别墅中的故事。在本书的介绍部分，薄伽丘描述了城市里发生的恐怖情形：人们害怕“说话或者接近病人”，或者害怕接触病人的衣服。人们信奉不同的人生哲学。有些人有节制地生活在“小社区群体中……躲在没有病人的家中，闭门不出……躲避任何对外接触，不想获知任何新闻，也不愿参加任何有关死亡的讨论”。但是，有些人的行为却恰恰相反。他们认为，“对付鼠疫最好的疗法就是喝酒和寻欢作乐”。据薄伽丘描述，这些男人、女人在房子里纵欲狂欢。对于他们而言，这是一件很容易的事情。因为“每个人都觉得，自己是命中注定要死的。于是，他们抛弃了财产。任何进入房间的陌生人都可以随意使用这些东西，就好像它们本来就属于自己一样”。然而，哪一种方式都无济于事——黑死病夺走了佛罗伦萨四分之三的人口。

只有部分人活了下来

从意大利开始，魔鬼的触须分了枝杈：一支向北进入德国，另一支向西，进入法国和西班牙。在法国，恶性瘟疫向南部的英格兰进发，并在1348年夏天登陆英格兰。黑死病很有可能是从布里斯托港口传入的，并导致布里斯托死亡人数过半。然后，黑死病继续向外扩张，在那个世纪的大部分环境恶劣、卫生状况非常原始的城镇大肆传播。10月份的时候，瘟疫传到了伦敦。那些被传染的人活不过两三天，就死去了。很快，伦敦死亡的人数达到了总人口的三分之一。尽管这场瘟疫就像一个很具有民主精神的杀手——坎特伯雷有三个大主教相继死亡——但就总体而言，贫民比富人死亡的速度要快。毫无疑问，这是因为穷人的营养状况不良导致了免疫力低下。编年史撰写者这个时候也注意到了这一点。“那些食物不足、营养状况差的人成为受害者，尽管他们并没有过多接触传染源。”

英格兰乡村遭到更严重的打击。例如，一个两百人居住的村庄，可能会无一幸存。社会的命脉——农业、畜牧业和乡村劳动力——全部遭到毁灭。历史记录描绘了一个令人感到悲哀、可怕的形象：在瘟疫横扫英格兰北部的达勒姆几年之后，一个疯了的农夫仍然在道路上游荡。他一边走，一边呼喊着在瘟疫中死去的妻子和孩子。

历史学家估计，在遭受黑死病瘟疫袭击之前，14世纪的英格兰和威尔士的人口达到六百万。很有可能，黑死病夺取了百分之五十的生命。直到17世纪中期，人口总数再没有超过这个水平。

一个被改变了的世界

1348年冬，瘟疫逐渐平息了下来。这让人们萌生出了一个错误的希望。那就是，瘟疫已经过去了。但是到了第二年春天，瘟疫又重新开始传播。

这场瘟疫从英格兰蔓延到了苏格兰，并继续蔓延到了爱尔兰。然后，它跨过北海，进入斯堪的纳维亚。此后，瘟疫一直向南方发展。直到1352年，它毁灭性地横扫莫斯科。最终，在接近基辅的时候，黑死病(暂时)消失了。在无边无际、空旷的俄罗斯大草原上，它似乎已经筋疲力尽了。

因为瘟疫，世界遭受到了毁灭性的打击。但也是这场瘟疫，却带来了一个令人感到奇怪的福音。

14世纪开始的时候，欧洲人口一直过多。因此，人们开始了对资源的争夺。然而，现在却有了广袤的空间。那些为数很少、幸存下来的农夫变得稀缺。因此，他们可以坚持获得更好的薪水和工作环境。结果是，普通乡村居住者的生活标准从此得到大幅度提高。

“大灭亡”在人们心里种下了自相矛盾的欲望。一种欲望是，要恣意享受生活——男人和女人开始更早结婚，建立家庭。它还创造了一种对于死亡和垂死状态的迷恋。对于这一新潮流的一种反应就是，关于死亡的剧作。比如，有一个名叫“死亡之舞”的表演。人们通常会聚集在教堂或者墓地，从这样一个场面中获得可怕的愉悦。一个跳着舞的骷髅会在人群中挑选，并将选中的人引入坟墓。 接着，要进行一个布道。其中心意思通常都很接近这个当时著名的墓志铭：“你来自尘土，也将归于尘土！腐败的尸体将成为地虫的盛宴！”

这场鼠疫将在1362年卷土重来。虽然威力小了很多，但仍然摧毁了几个世纪。直到17世纪，才最后结束。

另一波鼠疫在19世纪横扫亚洲。就是在那个时候，人们发现了“印鼠客蚤”和“鼠疫耶尔森菌”。尽管这次传染性鼠疫得到了控制，“印鼠客蚤”仍然在野生啮齿类动物身上生存，每年都会有成百上千的鼠疫案件发生。鼠疫可以使用抗生素进行治疗。因此，它的全球性爆发势头被有效遏制。但是，对于黑死病的恐惧，却一直在人们心中萦绕难去。

阿金库尔战役
（1415年）

一场力量悬殊的胜利，
让亨利五世成为英国军事威力的象征

英格兰国王亨利五世画像。削光的头发
和虔诚的姿势掩盖了他残忍、坚毅的性格

我们，是少数几个人，幸运的少数几个人，
我们，是一支兄弟的队伍，
今天他跟我一起流着血，
他就是我的好兄弟。
不论他怎样低微卑贱，
今天这个日子将会带给他绅士的身份。
这会儿躺在床上的英格兰绅士将会埋怨自己的命运，
悔恨怎么轮不到他上这儿来……

——威廉·莎士比亚《亨利五世》

对于任何读过威廉·莎士比亚的剧作《亨利五世》的人来说，亨利五世国王是令人意想不到的。他关于“一支兄弟的队伍”的演说，也是那么激动人心。

在阿金库尔战役中以少胜多，使亨利五世成为英格兰人们的英雄。尽管这次战役并没有让英格兰取得“百年战争”的胜利，却保住了亨利五世的王位，并更是成为此后五百年内英国树立自己地位的一种象征。而这种象征反过来又帮助英国的领袖们，在1588年西班牙无敌舰队入侵、1940年不列颠战役等国家危难之际，激励英国人们团结奋斗。

当然，亨利五世的演说纯属文学虚构。现实生活中的亨利五世既不是喧闹的“哈尔王子”，也不是莎士比亚笔下的一代明君亨利。

实际上，他是一个残忍的家伙。为了王位，他竭力奋斗。否则，他可能根本无法登上这个宝座。为了当上国王，他悍然入侵了一个他根本没有权利入侵的国度。

换句话说，亨利和他那个时代的大多数统治者没有任何区别。

然而，在1415年10月25日阿金库尔泥泞湿滑的战场上，亨利五世确实非常勇敢，也非常幸运——一种很不赖的组合。

哈夫勒尔登陆

1415年8月的一个早晨，在英吉利海峡的法国港口哈夫勒尔，担任驻防警戒的法国士兵向海面张望的时候，愕然发现，一支巨大的舰队正在向他们逼近！

当迅速确定这支舰队悬挂着的是圣乔治红十字的英国国旗时，法国守卫们马上拉响了警报的铃声。铃声在英吉利海峡的波峰上回荡，也传入了入侵者的耳中。

率领着三百艘英格兰战船的是当时年仅二十八岁的国王——亨利五世。他此次出征的目的，是为了收复他认为应该属于英格兰的土地。这次战役就是人称“百年战争”的英法两国之间系列战争的延续。

持续了一百一十六年的“百年战争”始于1337年。当时的英国国王是爱德华三世。他对于在法国大陆的英国领土不断遭受法国人袭击，感到厌倦不已。他认为，一个制止这种状况的办法就是，命名自己为“法兰西国王”。对此，他有个牵强的理由。那就是，他是外祖父——已故法国国王菲利普五世唯一的男性继承人。

这样，英格兰对法国发动战争就变得合法化了。自然，这可是法国当时真正的国王菲利普六世，也就是菲利普五世的外甥不愿意看到的。两国之间的冲突前前后后进行了七十五年左右。但到了亨利五世统治时期，法国已经处于弱势，于是亨利决定利用这一局势。他率领一万两千名士兵和巨型围困装备，用五个星期拿下了哈夫勒尔港口，却付出了沉重的代价。虽然法国防守军修建了坚固的防御工事，最终却屈服了。亨利驱赶了所有法国居民，计划让英国移民填满这个城镇，并把这个地方变成位于法国的英国港口。

然而，在围攻哈夫勒尔期间，亨利和他的士兵患上了痢疾。为此，他失去了大约两千名士兵。亨利本来计划在占领哈夫勒尔之后，在法国发起一个重要的战役。但是现在，他的兵力被削弱了。于是，他决定北上，直抵英国占领的港口加莱。在留下一小股军队，以加强哈夫勒尔的防御之后，亨利五世就率领九百重骑兵、五千弓箭手出发了。而与此同时，法国军队至少是英军的四倍之多。

这种敌众我寡的形势可能会让一个意志不够坚定的国王感到胆怯，但曾经攫取了英国王位的亨利五世却毫不畏惧。

莎士比亚描绘了浪荡子亨利五世的回归：鲁莽冲动、喜欢聚会的浪荡子和父亲亨利四世国王重归于好。其实，这个故事并不是真实的。

亨利五世可能出生于1387年。舒兹伯利战役中他指挥父亲的军队时，已经成长为一个坚强的勇士。那个时候他十六岁。他可能过着一种歌舞升平的生活。当年老多病的亨利四世不准备把王位让给他的时候，他们之间并没有重归于好。而这并不是因为亨利五世过于热衷聚会，而是因为他和亨利四世在政治上存在重大分歧。

于是，身后跟着武装士兵的亨利强行进入了父亲的卧房。他用恐吓的手段，诱使亨利四世将自己立为王位继承人。

1413年，亨利四世去世。亨利五世就成为了英国的国王。

等候的游戏

法军可能有二万五千之多，由“王室总管”查理·戴博瑞率领。

查理·戴博瑞并非军事天才。不过，他很聪明，知道时间对自己有利。他并不想冒险遭受和1346年克雷西战役同样的损失。那是“百年战争”中另一次重要的交锋。战斗中，爱德华三世国王的骑兵和弓箭手多次击败了法军的前沿进攻。

因此，查理·戴博瑞尽力驱赶英军，让他们远离地势优越的河流交汇处，并袭击英军的两翼，以确保饥饿、多病的英军得不到给养。

亨利顽强地率领自己的士兵向加莱行进，并最终在距离圣昆丁不远的一个要塞跨过了索姆河。不过，在小村庄阿金库尔附近，他们被法军拦住了去路。这一天是10月24日。法国军队和英国军队终于面对面交锋了。亨利早已布置好军队，以便拥有这样一个优势：他的军队占据一个两侧丛林密布的狭长地带的入口处。这样，他可能没有对方人数众多，但绝不会腹背受敌。

为了英格兰和圣乔治旗帜

战役的前一天，下了一场大雨。法国人确信，敌人一定会被消灭。二万五千人怎么会打不赢六千人呢？所以，他们饮酒，聚会，嬉笑怒骂。骑兵们还用掷骰子的方式，来争夺第一个杀死或者捕获英国国王的机会。

关于阿金库尔战役的图画描绘了被俘的法国骑士正在被一名英国士兵拖走

英国这一方，亨利严令将士保持安静。他还命令士兵向随军的神父忏悔，领取最后的圣餐，并做好赴死的准备。无论是真是假，亨利表现得像一个虔诚的教徒。

他像一个虔诚的修道士那样，把头发剪短；还在身上涂上膏油，并花上几个小时进行祷告，把圣乔治——那个圣勇士作为自己行为的楷模。

事实上，英国军队都举着圣乔治的红十字旗帜。至少自1099年第一次十字军东征开始，圣乔治红十字旗帜就被当成英国爱国主义的象征了。它帮助建立起来的英国爱国主义的标志一直延续至今。

那个夜晚，当大雨倾盆而下，法国军队的嘲笑声在英国军营回荡的时候，亨利是否发表了“一支兄弟的队伍”的演讲呢？几乎可以肯定的是，他并没有任何演讲发表。

但第二天天亮的时候，亨利却做了一件比演讲更为重要的事情。他在甲胄外面披上了一件皇家外套。上边不仅绣着另一个象征着英格兰的标志——三只狮子，而且还绣着三枝金色的法国百合花。

在大举逼近的敌人面前，在敌人的土地上，亨利表现出的这种令人难以想象的傲慢，强烈地激励了英国士兵。就像一个中世纪的战士都会做的那样，那天早上，亨利骑着马，走在队伍的前列，脚上并没有带马刺。很明显，当双方交战的时候，他一定会下马，与敌人搏斗。

亨利的王牌

事实上，那一天，亨利所有的人马都将进行肉搏战。在亨利的阵线中间，是他的下马骑士——全副甲胄、手持利剑的骑士。就像人们预料的那样，他们的主要武器是斧头和锤矛。那都是用来穿透敌人铠甲的武器。在下马骑士的两旁，是亨利最要紧的王牌——五千弓箭手。

他们都是英国长弓手，也是世界上最棒的弓箭手。他们专业，技巧娴熟，又有高薪供养。法国军队对他们非常惧怕。这些长弓箭手可以把致命的宽头箭射到三百五十米远处。在五十五米的距离内，他们能够让箭头穿过任何甲胄。在过去的战斗中，英国长弓手曾杀死过大批法军士兵。他们深知，敌人不会放过他们。“百年战争”开始阶段，法军取得阶段性胜利之后，曾绞死过三百名英国长弓手。

为了保护自己不被法国骑士践踏，亨利命令长弓手制作木桩，并把木桩插在他们站立的纵队前边。这可是帮助亨利赢得这场战斗的一个新招数。

开局势均力敌

面对亨利的军队，法国军队排成了三条阵线：下马骑士在前；骑兵居中；然后是热那亚弓弩手。当谈判未果时——亨利拒绝讨价还价，也不承认失败。

这两支军队隔着狭长的、被耕种过的田地，相持了几个小时。完全是典型的中世纪僵局。接近正午时分，亨利意识到，他必须采取行动了。于是，他率领自己的军队，向法国阵地缓慢前进。

当亨利的军队到达距离敌人三百米的地方时，弓箭手把阵前的木桩打入地下，然后一起开弓放箭。一时间，成千上万的箭遮蔽了天空。

这些箭一直向上飞啊飞，然后垂直落下来。它们不是直插在敌人的马背上、从法国人的甲胄上“当啷”一声擦过，就是在哪个倒霉的骑士不巧抬头向上望时、插入他的头盔缝隙中。

愤怒的法国骑兵从两翼直冲过来，决意彻底摧毁英国弓箭手。但是，田野中那些已被耕作过、大约七百五十米宽的土地因为昨天的一场大雨，变得柔软湿滑。很多马匹陷入泥浆中，动弹不得，一些战马甚至纷纷滑倒在地。不仅如此，田野两边的树林把这些骑兵包围在中间，使他们无法从两翼攻击英国军队。当法国人接近英国阵线时，英国长弓手再次开弓放箭。致命的弓箭穿透了骑兵的甲胄。幸运地逃过了这些攻击的骑兵，又被地上的木桩突然绊倒。长弓手冲出来，用大刀、斧头和沉重的长柄大头锤围攻被绊倒的法国士兵，真的像是要把他们钉入地下。

现在，法军主力都参加到了与英国下马骑士的战斗中！一场凶残的搏斗随之而来！

中世纪的近距离搏斗十分残忍。其目的就是要把敌人打倒，然后用大头锤或作战斧头将其打死；或者在对方甲胄、头盔的接缝处寻找开口处，将刀刺向这个地方，直到对方不能动弹为止。在阿金库尔战役中，在因为泥浆和鲜血而变得湿滑的田野上，一些骑士被人压倒，窒息而死。约克伯爵就在那场战斗中阵亡。他是这次阵亡的英国人中最著名的一个。

亨利名垂青史

这个时候，亨利五世开始和莎士比亚的传奇人物亨利很相像了。因为他英勇地在战场上四处冲杀。英国士兵们看到，他在别人面临危险的时候，一次又一次地冲杀过去，加以援助。大部分时间里，保镖都伴在他身边。但任何保镖都无法阻止亨利参加短兵相接的战斗。

有一次，亨利冲过去，帮助他的兄弟格罗斯特公爵亨弗瑞。亨弗瑞受了伤，亨利站在他身边，和自己的皇家军队一起，击败了达岚贡伯爵和多达十八个曾发誓要夺取英王性命的法国骑士。一个法国骑士突然冲了过来，热切希望能把亨利作为自己的战利品。他的战斧一挥，就把亨利头上的皇冠打落了一块，并把他的甲胄打了一个坑。但亨利和他的士兵却越战越勇。

渐渐地，法国人退却了。在血流成河的田野上，只剩下亨利和他幸存的士兵。他们周围，是成堆的尸体和不断呻吟的伤者。

亨利命令士兵，把大约一千五百名法军战俘带到军队后面。但不久，他就得到消息说，法国的突袭部队就在后方，正在袭击他毫无防范的军备车。由于担心被俘的法国士兵会形成一个战线（且他们的人数多于英军。如果真是那样的话，英军就会腹背受敌了），亨利作出了一个残忍的决定：杀死所有的法国战俘。起初，英国士兵拒不执行这一命令。因为它违背了骑士规则。但同时，这也让他们很生气，因为死去的骑士无法带给他们赎金。可无论如何，两百名长弓手最后手举大刀和大头锤，扑向了法国战俘。

消息传到了法国人那里。他们撤退了，为英军让出了一条通往加莱的道路。战役结束了。

一个神勇无敌的神话

阿金库尔一战，英国人取得了令人瞠目结舌的胜利，而法国人却惨败而归。法国的伤亡包括这个国家一半参战的贵族：三个公爵、九十个伯爵和大约一千五百名骑士。而英国可能只损失了四百人。

这场战役之后，亨利带领英军，直接开赴位于加莱的英国港口。饱受疲惫和疾病困扰的军队无法乘胜追击，去进攻巴黎了。但两年以后的1417年，亨利再次入侵法国，并在同一支法国劲旅的战斗中取得了一连串的胜利。这支法国军队因为内部意见分歧，导致不和，早已自我削弱了力量。在此之后，亨利借助1420年签订的《特洛耶条约》，当上了法国国王和摄政王——法国国王查理六世因日渐严重的心理疾病，结束了自己的统治。为了巩固这一交易，1420年6月2日，亨利和法国国王查理六世的女儿凯瑟琳公主结婚。就在他即将成就霸业、统治两个国家之际，却因为痢疾而病逝，终年三十四岁。七个星期之后，法国国王查理也在1422年去世。

之后，亨利五世就成为了历史。他的故事在不同版本的中世纪编年史中被记载下来。到了文艺复兴时期，莎士比亚抓住这个故事，为世人描绘了一个以少胜多、成为英国战斗精神化身的国王。即使莎士比亚的描绘和实际相去甚远，我们仍然很清楚，为什么代表了胜利和兄弟情谊的阿金库尔战役以及亨利五世的传奇，会一直流传至今！

“V”代表胜利吗

很久以前就有传闻说，二战期间，温斯顿·丘吉尔使用的代表胜利的著名手势“V”，最早是从阿金库尔战役开始的。人们认为，法国人曾经威胁要砍掉他们抓到的任何一个长弓手的食指和无名指。英国人嘲讽地竖起他们的手指头，向法国人表示，他们仍然能够射箭。

这是一个很好的故事。但几乎可以肯定的是，这并不是一个真实的故事。抓住英国长弓手，并砍掉他们的手指头，其实并不是一个合理的策略。因为抓住普通的弓箭手得不到多少赎金。更简单且更好的办法就是，杀掉他们。而这也是法国人通常的做法。

处死圣女贞德
（1431年）

一个目不识丁的农村少女怎样带领她的国家走向胜利，并成为了一个民族的、宗教的和女权主义的偶像

圣女贞德在查理七世加冕礼上（1854）。让·英格丽绘制。她把贞德描绘成了斗士和圣人

为了看得更清楚，人们互相之间推推搡搡，站在法国西北部卢昂的大广场上。

那一天是1431年5月30日。广场聚集了上万人。几个星期过去了，人们目睹了关于圣女贞德的审判，听到了越来越多关于她的奇闻轶事。

广场中央建有四个大平台。一个平台上坐的是圣女贞德的审判官；另一个平台上是她的看守；圣女贞德和她的牧师坐在第三个平台上；第四个平台高高地矗立在一个半埋在地下的灰泥木桩上，以便所有人都能看得到。

在圣女贞德被带上这个平台之前，布道、演讲和祈祷等仪式依次进行。这些仪式进行的时间太长了，以至于看守贞德的八十名英国士兵开始奚落她和她的随行牧师："什么，神父？你想让我们在这里吃饭吗？"

最终，圣女贞德被锁链锁着，带到了行刑柱旁。她的双臂被高高绑在头顶。当木柴被点燃的时候，人群吓得屏住了呼吸。

圣女贞德的种种离奇故事

圣人、异教徒、精神分裂症患者、女权主义偶像、目不识丁的牧羊女、法国的拯救者——提到贞德时，这些头衔你可以随意选用。

很久以来，贞德一直都是无数研究领域的主题。她成为小说、戏剧、歌剧的主角；也是医学和心理分析的基础；还作为宗教偶像，不断受到敬奉。

1920年，天主教教会把贞德封为圣人，并把她尊奉为女性纯洁和力量的化身。在法国，由于贞德出身卑微，同情穷人，一直受到自由主义者和社会主义者的敬仰。同时，她还被保守的爱国者当作早期法国民族主义的代表。贞德还被当作相互矛盾事物的象征，如第二次世界大战期间，与纳粹合作的维希政权和法国抵抗组织都把她作为偶像来崇敬。

这一切，都源自一个死时年仅十九岁、目不识丁的农村少女。然而，圣女贞德到底是什么样的人？

这个问题仍然会让人迷惑——就像她的审讯者那样——因为她的形象是不断变化的，正如我们自己一样。

到底是谁的声音

圣女贞德疯了吗？一些现代精神病学家诊断她为精神分裂症患者。当然，她的“声音”和幻觉很符合这种症状。而且，精神分裂症通常都在青少年时期发病。但很多历史学家对此表示怀疑。因为贞德在指挥战斗的时候，在审讯中回击审讯官的时候，都表现出很高的才能。而这一切，都是一个精神分裂症患者很难做到的。

有专家宣称，贞德的幻觉可能来自器官方面的原因——来自细菌孢子，或者说一种结核病。不过，这些解释实在太不具说服力了。我们可以用贞德的话来解释这一点：她的“声音”来自上帝。

1481年2月6日，一些不断吟唱、身着黑袍的“多明戈会”化缘修道士从塞维利亚教堂押解出了七个人。这七个人走在修道士后面。他们都穿着黄袍，手举祈愿蜡烛，脖子上套着索套。被押解到城外一片开阔地途中，后面跟着一大群吵吵闹闹的围观者。

“女巫”被俘

1430年，当圣女贞德落入占领法国城市卢昂的英国人手中时，似乎被邪恶控制住了。因为那些人要对她进行极其残忍的迫害。听上去，“落入敌手”意味着贞德的被俘是战争失利造成的。而事实并非如此。

事实上，贞德先是在贡比涅同勃艮第的法军（他们同情英军）进行了一场英勇的、毫无取胜希望的战斗。之后，她被俘虏她的法国人以天价卖给了英国人。

英国人想要处死这个“女巫”。他们把贞德称为“女巫”。因为她一直是英国人征服法国的阻碍。具体来说，她的存在对法国王储查理七世当上国王有利，而不利于亨利五世年幼的儿子亨利六世成为法国国王。

但是，英国人并不想亲手处死她。因为那样的话，法国民众中同情贞德的人就不会同意了。因此，他们收买了一个审判团。其中主教皮埃尔·柯雄起着非常重要的作用。他们以宗教的名义，对贞德的异端邪说进行审判。毕竟，这个女人曾经宣称，上帝每天都和她对话。

钟声里的“声音”

圣女贞德可能出生于1412年1月的缪斯河畔。她的父亲名叫雅克·贞德，母亲名叫伊莎贝拉·霍米。他们家有一小块土地。贞德从小和一个哥哥、姐姐一起，帮助家里耕种农田，照看牲畜。不过，说到农庄的事情，她可是无可救药地糟糕。部分原因在于她对宗教的虔诚。而

这幅来自奥尔良的15世纪的挂毯，描绘的是贞德1429年3月6日到达奇诺、面见王储的场景

这一点在她很小的时候，就很突出了。无论什么时候，只要望弥撒的钟声一敲响，她就会放下手里的事情，跑向村里的教堂。

当贞德大约十三岁时，村里的钟声又有了另外的含义。当少女贞德听到钟声的时候，她同时也听到了上帝的声音。那些“声音”主要来自三个圣人：圣马可、圣凯瑟琳和圣玛格丽特。最后，这些“声音”告诉她，她必须拯救法国——一个当时需要有奇迹发生的国家。

圣女贞德成长于“百年战争”的最后阶段。生活在当时的法国，是十分危险的。英国在阿金库尔战役中大获全胜，并控制着巴黎和兰斯市。

就在贞德听到上帝的“声音”时，英国军队正在围攻位于法国卢瓦尔河北部的奥尔良。他们还在乡村进行骑兵奔袭，大肆破坏贫苦农民的生活。法国国王查理六世的愚蠢进一步恶化了这一情况：贞德可能听到

了某些"声音"，而查理六世却认为自己是玻璃做的。除此之外，一场邪恶的内部权力之争正在进行。其中支持英国的勃艮第人反对法国王储查理登基称王。

贞德就是这样，置身于这个令人绝望的混乱形势中。那时候，她可能刚刚十六岁。她的圣人告诉她，要把英军赶走，把王储带到兰斯去接受加冕。

事实上，当贞德秘密地离开自己的村庄，要求在奇侬的法国王宫面见王储的时候，她受到了接见。这可能是法国人已经陷入绝望的象征。或者，这也可能是贞德给人留下深刻印象的象征。因为此时的贞德，为了和其他军人保持一致，完全是一副男人的装扮。她不仅穿着男人的衣服，还佩戴甲胄、盾牌和宝剑。除此之外，她对于帮助解除英军对奥尔良的围攻，拥有高度的自信。

事实上，尽管在战斗中她的脖子被宽头箭射伤，贞德不仅帮助法国王储解除了英军对奥尔良的围攻，还帮助法国夺取了位于英国占领区的几个城镇，并最终护送王储在兰斯被加冕，成为法国国王查理七世。她甚至还率领人马进攻巴黎，但最终失败。此次战斗中她再次负伤。

这一时期，贞德的行动挫败了本来已经接近胜利的英军，并迫使英军转入抵抗状态。而这一切，都是由一个女人造成的。

一个农村女孩是如何获得足够的军事领导才能和战略战术，以不断取得胜利，击溃英军的呢?

答案很简单：没有人知道。

传统的历史学家可能觉得，女人一般不具备军事才能。因此提出，她不过是在那些战役中摇旗呐喊而已。虽然她肯定离战场很近，但她并没有策划任何战斗。但现在，一些历史学家认为，贞德很可能是一个老练的战略家，而不仅仅是一个偶像。很可能，在她展示了足够的领袖素质后，军队就愿意追随她，为她效力了。

入狱及受审

1431年1月13日，贞德受审的时候，她杰出的军事才能得以展示。

审讯官不断追问：她为什么身着男装，穿着男人的甲胄；在战斗中挥舞利剑；并坐在为男人准备的马鞍之上，熟练地驾驭战马，指挥男人冲锋陷阵。当审讯官问她，是否曾经到过一个英国人被杀掉的地方时，贞德直率地回答："以上帝的名义，是的！你说得多么温和啊！他们为什么不离开法国，回到自己的国家去？"

整个审判过程中，贞德一直被关在卢昂城堡的一个高塔里。后来，这个塔被命名为圣女贞德塔。被送到卢昂之前，她曾多次试图逃跑。所

这是艾斯多尔·帕拓依斯画的《圣女贞德被带到行刑柱》。画作现在卢昂的艺术博物馆展览

以，关押在高塔中，她被戴上脚镣。脚镣的铁链拴在一个巨大的木桩上。一个专为她量身定做的铁笼也准备好了。但今天，我们不能确定她是否被关押在这个铁笼中了。在那里，贞德被一个英国小分队全天候看守着。

对贞德的审判包括不计其数的审问。很多都在城堡中的皇家教堂进行。除了主教柯雄之外，还有其他审判官。此外，还有很多评估者，以及很多的旁观者。

审讯一开始，审判者就不得不面对贞德的倔强个性。这也是她最突出的性格特征。身处极端压力之下，她这一点表现得非常明显。当被问及她是否愿意发誓讲真话的时候，她回答："我不知道你们要问我什么。可能你们会问一些我不会告诉你们的事情。"

在询问了她的童年和军事活动之后，审判者一次又一次回到有关她听到了的"声音"这个话题上。她无法，或者不愿意详细描述她自称见到过的圣人的模样，尽管她把圣马可描述得非常英俊。

当再次提到这个话题时，贞德变得十分愤怒。她说："我已经把我知道的都告诉你了。与其都告诉你，我更愿意你砍掉我的头！"

那些审判官继续为贞德设置圈套。一次，他们问她，那些"声音"是否要她穿男装。

贞德回答："我所做的一切，都是遵循了主的训诫。""如果主命令我穿他人的衣服，我就会穿他人的衣服。"

当被问到她是否相信自己处于主的恩典中——这又是一个狡猾的问题，因为没有哪个虔诚的教徒会宣称，自己知道上帝把恩典给了谁——贞德的回答足以媲美所罗门的智慧："如果我不是，愿主让我处于他的恩典之中；如果我已经是了，愿主让我继续处于他的恩典之中。"

改变供述与最后被处决

事实证明，贞德可不是一个容易战胜的对手。已经陷入尴尬的主教柯雄决定终止那场半公开的连续审讯。然而，贞德仍然承受着巨大的压力。她还不满二十岁，也没有任何法律辩护人或任何形式的代表，她只有自己和她听到的那些"声音"可以依靠。所以，尽管那些"声音"在监狱里也来到她身边——事实上，在审讯过程中也陪伴着她，她有时仍然说，那些"声音"让人听不到，或者令她感到困惑。

在各方的攻击下，面对可怕的火刑，贞德同意公开宣布，放弃她的"声音"，为她的错误行为赎罪。她这样做了。

5月24日，在这个小镇的墓地，行刑者的马车停在附近。他们准备带着贞德，去烧死她。贞德被判处终身监禁。在公开宣称放弃自己以前的"声音"时，她身穿女人的服装，可能是为了表示与当局的配合吧。

然而，贞德无法继续伪装下去。到了第二个星期天，她又穿上了男人的服装。显然，那是她还留在身边的衣服。而且，她宣布，她再次听到了那些"声音"。

有历史资料显示，贞德公开放弃以前的供述、穿上女装时，在狱中遭到了性侵犯，虽然这不是结论性的。不过，如果她真的受到了侵犯，就可以解释，她重新穿上男装的原因。也有可能是，遭受性侵犯的疼痛导致她再次处于幻觉中。

无论怎样，5月29日，法庭判决，第二天要在行刑柱上烧死贞德。尽管贞德一定预见到了这一切，但在即将行刑的那天清晨，她几乎要疯掉了。“我要受到如此可怕、残酷的待遇，以致于我的身体，从来没有腐朽的身体，一定要在今天被销毁，被化为灰烬。啊！啊！我更宁愿被砍头，也不愿意被烧死！”她哭喊着。谁也无法安抚她。

5月30日早上9点前，贞德被安顿到一辆运货车里。在众多英国护卫的看守下，她被带到了市场。最后时刻，她穿上了女装。她身着一件黑色宽松直筒连衣裙，头上包着黑色方巾。她始终痛哭失声。在神父布道之后，一个主教的法冠被扣到她头上。然后，她被宣布是一个异教徒和偶像崇拜者。

接着，神职人员出现了，包括主教柯雄。他们把贞德留给了世俗当局，尽管有一个神父一直陪伴她，走上绞架。当贞德被锁在行刑柱上时，显然，她又听到了那些“声音”。因为那些离她很近的人听到，她在呼喊圣马可。她还喊道：“卢昂！卢昂！我该死在这里吗？”好像她并不相信自己的命运似的。然后，她乞求给她一个十字架。有人递给了她一个。

接着，火被点燃了。当圣女贞德发出尖叫和乞求冉冉升入天堂的时候，拥挤而吵闹的人群突然陷入了沉默。当熊熊的火焰吞噬了贞德的时候，她开始喊叫，要圣水。她的痛苦持续了很长时间。

行刑者后来解释说，他之所以被固定在那么高的位置，就是为了避免他接近那个年轻女人，仁慈地让她迅速死去，就像以往的惯例那样。他被贞德的困境感动得流下了眼泪。然而，他不得不执行当局的命令。按照当局的命令，贞德死后，他必须把火扑灭，好让围观的人群都能真切地看到，她已经死了。

然后，圣女贞德化为了灰烬。她的骨灰被抛进塞纳河，除了她的心之外。据传说，燃烧之初，她的心早就腾空而起——她的心是无法被烧毁的。

西班牙宗教法庭
（1478–1530年）

一个政治联合的愿望，
如何让宗教迫害传遍欧洲

这是一幅19世纪的版画。描绘了发生在西班牙15世纪晚期对于异教徒处以火刑的游行

这七个人（六男一女）都是“新皈依者”，即曾经皈依基督教的犹太人。他们之所以被示众，是因为他们已经，或者被怀疑已经秘密开始再次信奉犹太教。这些皈依者就是西班牙最高统治者费迪南德国王和伊莎贝拉王后的首要目标。国王和王后一心要让整个国家信奉同一个神祇。西班牙宗教法庭的出现，就是源自这样一个愿望。然而，西班牙宗教法庭将不仅对皈依者，还对西班牙和天主教会产生了臭名昭著的影响。

西班牙宗教法庭正式存在了近四百年之久，直到1834年被废除。它在1480到1530年期间，最为活跃。宗教法庭的出现不仅导致了上千犹太人被迫害、杀死，还导致了西班牙犹太人一大半被流放海外。近来，历史学家提出，天主教会的作用并没有过去认为的那么活跃。此外，天主教会给了费迪南德和伊莎贝拉很多责任。当然，对于他帮助启动的一系列恐怖行为，最初授权宗教法庭的教皇一定会感到震惊。但是，教会官方并未采取措施，制止这种迫害，而且宗教法庭的主要手段一直保持不变——宗教法庭是通过这两类人来面对公众的：即法庭审讯者以及就行刑高谈阔论发表演说的人。而这两类人都是天主教会的神职人员。

“他们结果相同”

在他们所处的时代里，西班牙的费迪南德和伊莎贝拉是最有魅力、最引人注目的人物。他们全部统治的主题可以归纳为一句话：西班牙的统一。他们分别来自西班牙中北区卡斯蒂利亚和西班牙北部亚拉贡两个有权有势的皇家贵族，两个人是表兄妹。他们在1469年结婚。自1475年举行的国王加冕典礼后，他们见证了持续了八百年之久的史诗般的“再次征服”之最后阶段——1492年征服格雷纳达后，摩尔人被驱逐出西班牙。

费迪南德和伊莎贝拉的座右铭是：“他们结果相同，伊莎贝拉和费迪南德。”作为虔诚的天主教王室，他们都希望，西班牙信奉基督。在伊比利亚半岛历史上的早期阶段，一共出现了三种宗教：犹太教、伊斯兰教和基督教。这三种宗教一直和平共处。尽管这种状态并不是最完美的，但总还可以维持下去。但是，在14世纪晚期，犹太人逐渐被迫成为各种邪恶活动的目标，成千的犹太人遭到屠杀。幸存下来的犹太人不得不集中居住在一起。而且在很多时候，他们还被迫带上表明自己宗教信仰的红色徽章。

尽管很多犹太人逃离了西班牙，更多人却皈依了基督教。被称为“新皈依者”或者“新教徒”的这些犹太人，在西班牙社会，逐渐成为一个新的社会阶层。他们通常在政府，即教会机构位居高职。但是，西班牙反犹分子，特别是教会神职人员中的反犹分子，却从来都没有接纳过、信任过这些新皈依者。其中一个反犹分子，名叫修道士阿隆索·侯杰达，在塞维利亚的多明戈会成立前，就很欣赏伊莎贝拉。1475年，他带着一份惊人的报告，找到伊莎贝拉。

他说，他有证据证明，在塞维利亚省，越来越多的新皈依者正在重新信仰犹太教。一些人让自己的孩子行割礼；一些人秘密庆祝犹太教安息日；还有一些人为死者进行七日服丧，并在饮食等方面遵守犹太教奉行的各种规矩。

这些都是真实的吗？鉴于大部分新皈依者只是出于保护家人免遭驱逐，或遭受其他更为不幸的待遇等现实原因才皈依基督教，这很有可能。但他所说的大部分则毫无疑问，都是偏执的妄想，充满了反犹意识，或者想要侵吞犹太人财产等更为贪婪的欲望。然而，以后的几年

点燃火焰

宗教法庭为什么选择火刑作为处决方式呢？根据教会法规，教会是不能进行流血杀戮的。所以，它必须寻找其他方式处决异教徒。因为相同的原因，蒙古人曾把拥有皇室血统的人装入麻袋打死。而教会选择的是火刑。

受害者被绑到木桩或石桩后，绳索就已准备好。如果受害者在最后时刻能够认罪，就会把他们先勒死。而有些受害者拒绝认罪，并继续指责当局，声称他们是无辜的。类似事件发生多次后，所有受害者被绑赴火场时，都被堵上了嘴。能被选中把木柴放到脚边，对异教徒来说，是一件十分光彩的事情。火会一直燃烧。如果需要，可以烧上一整夜，直到异教徒化为灰烬。

间，其他省区的多明戈会也不断派人向王室送来报告，详细列举“秘密犹太人”的背信弃义，并敦促伊莎贝拉和费迪南德采取强有力的措施。

王室对此非常关注。他们访问了涉及到的省区，并亲自了解情况。伊莎贝拉 起初并不相信，但费迪南德相信这些说法，并最终说服了伊莎贝拉。于是，国王和王后向教皇西斯科特四世求助。

托马斯·托奎麦达画像。他天生就是一个管理者，把宗教法庭治理得井井有条

教皇西斯科特四世在1478年11月1日颁布了一项教皇诏书，授权西班牙设立宗教法庭。当然，这并不是第一次设立宗教法庭。历史上还出现过其他宗教法庭。追溯到12世纪时，当阿尔派异端邪说在法国根深蒂固时，宗教法庭就有设立。但是，西班牙宗教法庭将成为最有名的宗教法庭。这需要两年的准备时间。当万事俱备的时候，宗教法庭的烈焰就开始熊熊燃烧。

“公开烧死”

1481年2月6日，那七个新皈依者被押送到一片开阔地。法庭审讯者把它称为“舞台”。不久，那里就变成火刑实施场所了。开阔地中间插上很多木桩 。熙熙攘攘跟在后面的人就是来观看新皈依者被执行火刑的。

处决之前，会有布道。牧师不是别人，正是修道士阿隆索·侯杰达。在塞维利亚，他对七个被判处火刑的新皈依者进行的布道可谓夸大其词，充满了对虔诚的基督教教徒的劝诫，告诫他们去寻找并残害偶像崇拜者。这位虔诚的修道士还引经据典，从圣彼得的某些来路不明的布道中引述了不少例证，为听众描绘了一幅异教徒“舌头被吊起来……身下是熊熊燃烧的烈焰”的图画。阿隆索·侯杰达讲完后，一个世俗的地方执政官宣读对七个人的指控：一个犯人吃过未经发酵的面包和符合犹太教规的食物；另一个人参加了一个犹太教的秘密集会等等。

接下来，修道士阿隆索·侯杰达和他的多明戈会成员要求那七个犯人跪下，要他们祈求忏悔的机会。虽然这样做并不能救他们的命，却可以让他们获得一个恩典，即在被火烧之前先被闷死。很快，塞维利亚宗

弗兰西斯科·戈雅的《审讯图》（1816），描绘了这一“死亡之舞”和宗教迫害的荒谬本质

教法庭的第一批受害者就进行了忏悔，并得到了那个小小的恩典。

感到满意的多明戈会会员下令，把这七个新皈依者锁到行刑柱上。忠实的天主教徒走上前来，把木柴高高堆在七个人身旁。这七个人应该为此感谢他们。多明戈会成员保证过，更多烈焰可以帮助被受刑者更好地赎罪。接着，行刑者头戴面具走过去，用一根长长的皮绳干脆利索地勒死了那七个人。最后，火焰被点燃，公开进行的火刑就这样开始了。

大审讯官

一个星期之后，塞维利亚第二次对异教徒判处火刑。但修道士阿

隆索·侯杰达并没有出席。那天，他做完激情洋溢的布道之后，就病倒了。他得的是恶性鼠疫。对异教徒实施的第二次火刑之前，他就死了。那些教徒认为，这是上帝对他的召唤。不久，他就被人遗忘了。另一个审讯官将在西班牙获得拥戴，并驱动了西班牙宗教法庭的发展。他就是多明戈会员托马斯·托奎麦达。

托马斯·托奎麦达出生于1420年，是一位有名望的红衣主教级别的神学家的外甥。他长相比较奇特：身材高大，眉毛浓重，长着一个扁平的鼻子。他看上去像是某个拳击手的陪练。显然，他并非明星拳击手，却意志顽强，坚韧不拔。

从1452年开始，身为塞维利亚圣克鲁兹的小修道院院长的托马斯·托奎麦达，就成了伊莎贝尔和费迪南德的忏悔牧师。国王和王后非常敬仰他的圣洁。他从来不穿鞋，每天都睡在光秃秃的木头床上，穿着非常不舒服的粗布衣服，而且拒绝吃肉。他的谦逊令他婉言谢绝了教会提供的大主教一职。但到了1483年，有人提议，让他出任西班牙宗教法庭的大审讯官时，他并没有拒绝。他的这一举动令人很感兴趣。因为大多数历史学家都知道，托马斯·托奎麦达的外祖母就是一个新皈依者。

历史上，托马斯·托奎麦达被当成一个嗜血的狂热分子。但这并不能准确描述他。其实，他就是阿道夫·艾希曼——在纳粹德国针对犹太人的"最终方案"背后，推动官僚政治车轮的人。托奎麦达是宗教法庭各种活动的组织者，也是各种程序的制定者，从而确保在异教徒被送上行刑柱前所有一切都井然有序。在托奎麦达的领导下，宗教法庭遍及西班牙。它从一个塞维利亚的教会办公室，变成全国设有近二十四个机构的大法庭。

如此多的人等待裁决

1481年2月后，即宗教法庭设立的第一年，它的严酷令教皇西斯科特都感到震惊。教皇对于让异教徒嫌疑人认罪而实施的"酷刑"，感到极其震惊和恐惧。1483年10月，托奎麦达上任前，教皇在一份简报中就明确谴责了宗教法庭。不仅如此，他还对负责实施宗教法庭的费迪南德和伊莎贝拉进行了谴责。接着，在同年4月颁布的诏书中，教皇又进一步提出，要像对待其他犯罪嫌疑人那样，公正地对待新皈依者。比如，他们应该享有辩护的权利、同控告者对质的权利以及上诉的权利。

但是，教皇西斯科特1484年去世后，人们出于各种意图和目的，并没有理会这份诏书。教皇的继任者伊诺森特八世受到了来自西班牙外交使节的压力。西班牙外交使节提出，宗教法庭是西班牙当局自己的事情。

1483年初，费迪南德告诉托奎麦达，他和伊莎贝拉现在希望把犹太人从西班牙王国驱赶出去。于是，托奎麦达开始为他的重要任务做准备。1484年底，在塞维利亚，他召集了亲自任命的所有审讯官，对即将实施的一系列程序进行指导。他指出，在异教徒被捕、审讯、送入监狱或被处决的过程中，要严格执行这些程序。

就像纳粹将普通手段归为"邪恶的陈词滥调"，便预示着要采取大屠杀行径一样，托奎麦达进行的指导就是要求审讯更快捷、高效。如果异教徒嫌疑人能够迅速认罪，所有程序就会更加简单，更加省钱 。如果嫌疑人三十天内不认罪，就可以用刑了。宗教法庭不允许嫌疑人同指控者对质。如果审讯官——通常是多明戈会的神职人员组成的小组，认定新皈依者做了"部分"忏悔，那么严刑拷打就可以使用。这些审讯官甚至创造了令人心惊胆寒的术语：被用刑或投入监狱之后，同意坚持"一个真正的信仰"就叫"获得了'调解'"，而被烧死的人叫作"得到了'解脱'"。

他们特别喜欢使用三种酷刑。第一种酷刑是，将嫌疑人倒吊在一个梯子上，用一块布蒙住脸，然后往喉咙里灌水，直到嫌疑人昏死过去。第二种酷刑是，嫌疑人被用一根绳子捆住手腕，并在脚上绑上重物。然后，嫌疑人被拉起来，再被突然扔下去。最后一种酷刑是，将囚犯绑在一个支架上，手腕和脚踝在上面被拉伸、扭曲。

此外，托奎麦达还为收缴嫌疑人的财产制定了一系列程序。嫌疑人的财产不是用来资助宗教法庭，就是直接送交王室。王室收下缴没财产及物品的三分之一，再将部分财物分发给富裕贵族。因此，有历史学家认为，西班牙宗教法庭是"从富裕、有声望的地主手中大规模地劫掠土地"。

黑色传奇

直到1834年最后一个宗教事务所消失，西班牙宗教法庭才正式结束。在协助费迪南德和伊莎贝拉制定《爱尔汉布拉法令》之后，托马斯·托奎麦达于1498年死去。1492年3月，《爱尔汉布拉法令》颁布。它宣布，三个月之内，将犹太人和穆斯林驱逐出西班牙。在宗教法庭多年来无情的打击下，原来西班牙犹太人口的一半或近四万人迁移到了葡萄牙、北非或奥特曼帝国，特别是君士坦丁堡或希腊。在这些地方，他们居住在西班牙犹太教系居住区，继续说着犹太—西班牙语，并遵守着古老的犹太教规，一直到今天。另外一部分人为保住家园和财产，选择在规定的三个月内接受洗礼，并继而成为宗教法庭打击的新目标。

总之，在1480年到1530年期间，可能大约有两千名异教徒，其中主要是新皈依者，在火刑柱上“得到解脱”。近些年来，很多天主教学者发起一个修正主义运动。他们宣称，西班牙宗教法庭并没有很多人想像的那么糟糕；宗教法庭只不过是一些新教徒作家在宗教改革后杜撰的“黑色传奇”。这些修正主义分子指出，死亡的人数并没有那么多，而且用刑也不是那么频繁；应该由费迪南德和伊莎贝拉而不是教会，来承担主要责任。这些观点也并非一无是处。同样不无道理的还有，托奎麦达才是宗教法庭的管理者，而那些施刑者并不是管理者。但是，对于费迪南德和伊莎贝拉迫害并驱逐犹太人的做法，天主教会（至少是这样）所持的默许态度被历史学家约瑟夫·皮亚兹称为，“对于宗教纯洁的隐匿性偏见的发展”。而这种偏见后来从西班牙开始向外扩散。

无论教会的影响是否如人们起初相信的那样，宗教法庭确实加剧了教会和犹太教的紧张局势。教皇皮尔斯七世没有在大屠杀中援救犹太人这一事实，导致了这一紧张局势的进一步恶化。西班牙宗教法庭不仅成为声名显赫的伊莎贝拉和费迪南德的一大污点，也是已经显得非常残酷、狭隘的教会的一大污点。

哥伦布到达美洲
（1492年）

一个寻找战争期间贸易商路的举动，
联结了两个世界

对于哥伦布的相貌，没有任何官方记录，就连塞巴斯提亚诺·德尔皮奥姆堡创作的著名的哥伦布画像，可能也是基于想象

（我们）8月3日，星期五日落前半小时起航，向陛下的加纳利群岛航行。然后继续航行，直到我们到达印度群岛，并向当地的公主表达您的外交致辞……我的计划包括这些对于航行和艰苦工作的关注。考虑到这一切，我将不得不放弃睡眠。

摘自克里斯托弗·哥伦布航海日记的这一段文字，显然是写给他的资助者——西班牙国王费迪南德和王后伊莎贝拉的。里面充斥着可能会对一位现代中层管理者留下深刻印象的献媚之辞。

尽管如此，这个声音仍然响彻历史。

哥伦布正在起航，去进行一个迄今为止最为重要的航行。在那之前和以后的世界历史上，都没有哪个对于未知领域的探索可与之媲美。那些居住在欧洲大陆的人，眼光仅仅注视着内部，或者东方。这时候，他们突然发现，有一块富饶的新大陆可以建立国家。短短几年之内，西班牙、法国、英国、葡萄牙和荷兰都卷入了激烈的角逐，对美洲的土地竭尽所能地加以掠夺。于是，欧洲的权势平衡被永久打破了。

然而，对于居住在美洲的人们来说，哥伦布的登陆可以被视为一种灾难。大批的美洲土著人不仅被欧洲人的钢铁，也被欧洲人的疾病夺走了生命。幸存下来的美洲人的生活，则被彻底毁灭了。

找到一条通往东方的路

当然，两个世界并不是从来没有接触过的。古代中国人就可能到过中美洲。北欧海盗曾多次跨越大西洋 ，航行到拉布拉多和纽芬兰，并且可能在1000—1300年期间，一直向南航行。但除了纽芬兰的短暂停留，其他航行都只是去采集木材或寻找良好的打鱼环境，并没有同这些未知世界进行过深入接触。

哥伦布那次异常复杂的航行起源于欧洲国家，尤其是葡萄牙和西班牙的一种欲望——要找到一条通往亚洲的海路，特别是通往印度和中国的路。

当时，人们只知道东方的印度和中国。从欧洲首先找到一条这样的路，把可以获利的商品从东方运回来，而不需要长途跋涉，历尽千难万险地途经中亚——这样的航行一定能够带来财富。

1492年8月3日，哥伦布与他的船队从西班牙的帕罗斯起航，正在接受神父的祝福

神话传说中的水手和葡萄牙人都曾经试图通过一直向非洲和好望角航行，到达印度。但是，随着“地球是圆的”这一观点被更多受教育人群的接受，“通过向西航行能否到达印度”这一想法便开始受到广泛关注。

早在13世纪晚期，人们就有过这样的尝试。但出发的水手如烈士，一去不复返。人人都知道，那是危机四伏的航行。

皇家许可

开始这次传奇式航行时，哥伦布大约四十来岁。

他出生于意大利的热那亚——一个长期以来拥有海上航行和商业传统的城市。大概十岁的时候，他就出海了。后来，为意大利的城邦工作，在地中海不断往返航行。此后，他为葡萄牙人和葡萄牙国王——约翰二世工作。

哥伦布向约翰国王毛遂自荐，他可以跨越西海，然后到达印度。但约翰二世否决了哥伦布的这个提议。在约翰二世看来，从葡萄牙出发，途经非洲，才是通往东方的路。

于是，哥伦布怀揣自己的想法，找到了费迪南德和伊莎贝拉。费迪南德和伊莎贝拉是刚刚驱逐了摩尔人、统一西班牙的国王和王后。他们同意哥伦布的想法，决定支持他。

哥伦布是个奇怪而又自相矛盾的人。一方面，他傲慢，喜欢孤独；另一方面，他也是个恳求者。他是个坚信自己想法的理想主义者；同时，也是个要成为“大海洋将军”的机会主义分子。哥伦布曾请求西班牙国王和王后为他命名。当然，无可否认的是，他还是一个勇敢而杰出的海员。根据他丰富的海上航行经验，他知道，大西洋上有两种风力系统在运行。东北季风将推动他从加纳利群岛跨越大洋；而西南季风则会一直向北吹，把他推向相反的方向。问题是，这些季风是否强大到能够把他再带回家呢?

秘密航行

8月3日从西班牙的帕罗斯启航时，哥伦布一共拥有三艘船：“尼娜号”、“宾娜号”和“圣玛利亚号”。船队水手多达九十人。这些船都是两桅或三桅轻快帆船。尽管“圣玛利亚号”可能更大、更重——因为它是哥伦布的旗舰船，却总是落后于其他两艘船。

海上航行开始的时候，也就是他们向加纳利群岛南行之际，哥伦布的航海日志并没有什么重要内容。他只记录了良好的航行天气、强有力的西风、蓝蓝的天空、飞鱼跃出水面等等。“早上的感觉尤其让人快乐！”哥伦布的传记作家巴特隆梅·德拉卡萨斯写道。他编辑整理了哥伦布航海日志 。

船员获得了一年的生活用品。但按哥伦布的实际估算，他们这次行程只需要几个星期的时间。因为他查阅的地理资料表明，位于欧洲和印度群岛之间的“大海洋”所在的纬度跨距最为狭小。而哥伦布从加纳利群岛出发时，就是沿着这一区间航行的。航行的前十天里，季风推着他的船队走了一千一百六十海里 。速度最快的时候，他可以一天航行一百七十四海里。

这么快的速度真是让人喜忧参半。哥伦布一直希望，印度群岛的外岛会随时出现在船队前方的地平线。但他的希望落空了。考虑到前程渺茫可能会引发船员的恐慌，对于每天航行的里程，他没有如实相告。他跟船员说及的航行距离，要比实际的短很多。

疯狂和沉静

9月的第三个星期，哥伦布的船只遇到了一种奇怪的现象——马尾藻海。

它们看上去就像一大片黄色、绿色的草地。马尾藻海实际上由一种厚厚的、名叫马尾藻的海藻形成。尽管对于船只，马尾藻并不会产生什么危害，但欧洲人从来没有在这样的海域航行过，并不知道是怎么回事。他们非常恐慌。他们曾以为这些海草预示着陆地，然而视野中却全然不见陆地。

与此同时，季风似乎也停止了。不断变换方向寻找微风的船只行进更加缓慢了。五天里，他们只航行了四百海里。此时，大海如此平静，以至于三艘船上的船员彼此可以招呼，甚至跳进水里游泳。

9月25日，“宾娜号”上的瞭望员喊道：“陆地！陆地！”那个时候，所有人都相信，他们看见了远处的高山。哥伦布甚至跪倒在地，感谢上帝的恩典。但后来证明，他们见到的所谓陆地，不过是海市蜃楼。

绝望之后是欣喜

尽管哥伦布在日志中的记载是，“大海像一条河流”，而空气“可爱而温柔”，船员们却越来越疑虑满怀。在这些水手看来，哥伦布不过是一个外国人，一个热那亚人，并不很招人喜欢。

船只向着未知的世界，愈行愈远，却总也见不到陆地的踪影。水手开始公开发起了牢骚。哥伦布试着安抚他们，但对每天实际的航行距离，他还是不敢实话实说。

到了10月10日，当船只距离现在的巴哈马还有三百二十公里时，他向水手们表示，如果接下来几天还看不到陆地，他同意船队返航。他在日志中写道，“现在，水手们再也忍受不了了。他们抱怨行程太长了”。

因为执意要发现陆地，哥伦布命令，船只夜间继续前行。要知道，如果陆地就在眼前的话，未知水域的夜航将是十分危险的。因此，所有水手行进时，莫不万分机警地向远处瞭望，以确保航行安全。

10月11日，大约晚上10时，哥伦布以为，他看到了远处闪烁的灯光。但他无法十分肯定。没人知道那会是什么光。因为这个时候，他离陆地还很远，根本不可能看见火光。

但是，到了10月12日凌晨两点左右，罗德里格·德特里亚正在“宾娜号”上负责瞭望时，却发现了远处的白沙悬崖或是闪着微光的海滩。这次，轮到他大喊道：“陆地！陆地！”

这次的惊喜好像并不虚假。航速较慢的“圣玛利亚号”迅速跟了上来。哥伦布估摸了船队同这一可爱的目标的距离——只有十公里。船只在大海里来来回回地变换着方向，等待着黎明的到来。

从加纳利群岛出发的航行持续了五个星期。依靠天文导航和航海推算等手段，穿过未经标注的水域，哥伦布成功地找到了一条通往美洲的最佳路线。接下来的几个世纪，西班牙船只都沿着这条航线航行。

这是马德里海军博物馆藏的复原作品，描绘了哥伦布和船员在西印度群岛登陆的情形，当地印第安人用礼物欢迎他们

一次重要的会面

哥伦布带领着他的水手，来到了巴哈马群岛的外岛。可能也就是瓦特林岛吧，尽管人们对此仍有争议。这个岛屿后来被哥伦布命名为圣萨尔瓦多，是一片低矮的陆地，大约十二公里长，十公里宽，被一片珊瑚礁包围着。

天色一亮，哥伦布就和水手把船只驶向珊瑚礁的开口处，并进入了一片浅海湾。船只在蔚蓝的水面上荡漾。不远处，海滩上的沙子闪着微光。水手们却突然间看见了一群赤裸着身体的人跑到了海边，惊愕地看着他们的西班牙船只。

“圣玛利亚号”上的哥伦布命令将一艘长船放到海里，他和一部分武装水手划向了岸边。其他船只的船长也都照着做了。哥伦布举着皇家旗帜。其他人则扛着绣着绿色十字架和字母“F”及“Y”的旗帜。这两个字母是西班牙国王和王后姓名的首字母缩写。一登上岸，他们就跪倒在地，感谢上帝的恩典。

哥伦布没有理会正在向他们走近的赤身裸体的当地人，而是以西班牙的名义占领了这个岛屿。然后，他才开始注意到岛上的这些居民。这些人友善温和，可能是泰诺人或者阿拉瓦印第安人。尽管这些印第安人从来没有见过哥伦布这样的人，也从来没有见过这么大的船只，却并没

哥伦布在哪里登陆

很多历史学家认为，巴哈马的瓦特林岛很符合哥伦布对圣萨尔瓦多的描述——他初次踏上美洲土地的那个岛屿，大小和地理位置都很吻合。岛上有个内陆湖。对此，哥伦布也有所描述。有历史学家却有不同意见。这其中包括那些受“国家地理协会”雇用的历史学家。他们进行了为期五年的研究提出，小小的萨马纳凯岛同瓦特林岛有相似特征。它更有可能直接存在于哥伦布的航线上。另外，还有一些历史学家认为，萨马纳凯岛太小，太贫瘠了，不可能保证哥伦布描述的那个欧洲定居点的供给，尽管最近的考古发现似乎找到了哥伦布航行时期岛上有人居住的迹象。然而，争论仍将会持续下去。现在，更多的人认为，瓦特林岛就是哥伦布登陆的岛屿。

有感到害怕。据哥伦布说，有些人把西班牙人当成了神，并双臂伸直，趴在了地上。

哥伦布在他的航海日志中不惜笔墨，来描述这群人。相比之下，对这座岛屿的描述，就要少得多了。岛屿可能令他感到失望，因为它并不像他想象中的印度群岛那样苍翠繁茂。

泰诺人长长的刘海常常会遮住了眉毛，脑后的头发则会把后背遮一个严严实实。他们的身体和脸都画上了白色、黑色或者红色，而皮肤则既非黑色，也非白色。他们让哥伦布想起了加纳利群岛上喜欢往脸上涂满颜色的印第安人。

这是一个不祥的联想。因为爱在脸上涂满颜色的印第安人正在被西班牙人四处抓捕。

哥伦布向这群人分发珠子和“红帽子”，并接受了他们回赠的鹦鹉、棉花线球和标枪。

这些印第安人看上去很穷，但有一件事引起了哥伦布的兴趣——很多人的鼻饰和耳饰都是黄金做的。他询问了这些装饰的意义后得知，这些黄金产自南边的一个岛屿。那里有一个伟大的国王。

于是，在圣萨尔瓦多岛逗留了三天之后，哥伦布决定离开这里，去寻找印第安人提及的那个岛屿。他带了七名印第安人做向导。事实上，这些人别无选择。这样，征服美洲的模式就建立了起来——被奴役的印第安人陪同欧洲人，踏上他们一心想要寻找黄金的征途。

短暂的荣耀，永恒的美名

哥伦布在这些岛屿继续探索了三个月，希望发现黄金和传说中的印度群岛，或者日本。在他看来，它们应该位于这个纬度之上。

乍看之下，这好像是一场不会有收获的探险。“宾娜号”的船长马丁·宾佐离开哥伦布，上了岸，独自寻找黄金去了。

“圣玛利亚号”在西斯潘纽拉岛绕行一周，最后被哥伦布船队弃置。不过，他还是在岛上发现了黄金，甚至还在那里留下一个定居点。

1493年1月，哥伦布向北航行，找到了西南季风，并顺着风向，返航西班牙。途中，哥伦布和已经找到黄金的宾佐会合了。

回到西班牙时，哥伦布获得的荣耀远远超过他的想象。他被授予了“大海洋将军”的官衔，并被任命为所有他发现的那些岛屿的总督。他还将要进行另外三次到加勒比海的航行。

不过，他从来没有放弃过他的信念。他认为，他见到的那些美洲人就是印度人。尽管越来越多的证据证明，他是错误的。然而，哥伦布始终都抱定这个明显错误的观点，不放弃。

西班牙政府拒绝了他提出的请求：新大陆上发现的黄金的十分之一属于他。为此，哥伦布感到很愤怒。1506年，五十五岁的哥伦布充满怨恨地孤独死去。

与此同时，特别是在贺南·柯迪斯1519年登陆墨西哥之后，西班牙成为哥伦布重大发现的受益者。财富潮水般地流进了国库。西班牙变得国富民强，拥有了比以往更为重要的地位。也就是在这个时候，西班牙成为欧洲一个重要强国。

哥伦布不仅没有发现印度，也没有发现一个新世界。事实上，正如历史学家约翰·帕约指出的那样，他“建立了两个古老的世界之间的联系”。从那时起，现代世界——一个不同文化之间充分交流的世界诞生了！

现代早期：1500－1900年

击败西班牙无敌舰队
（1588年）

一场拯救了英国的海战，
开启了英国海上称霸的进程，
并重新书写了海战制胜的法则

西班牙的菲利普二世。他自认为是天主教的保护者，并决心在英国重振天主教

1588年春天和夏天，天气异常寒冷。一时间，狂风暴雨横扫英国，英吉利海峡波涛汹涌，风浪滔天。7月29日，这里迎来了又一个灰蒙蒙的天空。海面上笼罩着一层薄雾，急风暴雨激起了层层海浪。尽管如此，驻扎在英国西南端康沃尔蜥蜴角的哨兵仍然恪尽职守，注视着远方。

那天早上，一个通过望远镜瞭望的卫兵在远处的海面上发现了几十艘轮船的黑影。这正是他们一直在等待的。几分钟之后，火把点燃了早已准备好、浸满了树脂的干柴。一个接一个的信号被点燃，直到在英国的南部海岸线串成一个闪闪发光的火链。这条火链从康沃尔一直延伸到朴利茅斯。而英国的战舰就驻扎在朴利茅斯的港口。

火焰就是警报，报告着西班牙无敌舰队的到来。这场侵略早就已经在英国人的意料之中了。他们知道，西班牙是几个世纪以来，英国面临的最大威胁。

在西班牙“幸运舰队”上的人能够看到火焰发出的光芒，猜得到这意味着什么。西班牙高级指挥官派出一个会讲英语的上校，乘着一艘小船前去侦察。

当天晚上，他就回来了，船上拖着四个惊魂未定的英国渔夫。据他们介绍，英国舰队由查尔斯·霍华德将军及副指挥官弗兰西斯·德瑞克爵士率领，即将迎战西班牙舰队。查尔斯·霍华德将军是爱芬汉姆·霍华德家的第二个贵族，而弗朗西斯· 德瑞克爵士同样赫赫有名。

接下来的海战将成为英国民间传奇。

很久以来，听到无敌舰队逼近的消息时，德瑞克爵士如何镇定自若，继续进行他的滚木球游戏，英国上下如何英勇地做好迎战准备等故事，被人们广为传颂。这场战役对于随后发生的一系列事件，同样起着重要作用。尽管最终，更多的西班牙战舰并不是在英国的炮火下沉没，而是沉没于狂风暴雨之中，但英国的胜利不仅开启了一段海上称霸的进程，还标志着海战策略的重大转变，即由高准确性的近距离作战变成了远距离的炮火攻击。

巨大分歧

长期的分歧和连续的争议最终导致了英国和西班牙之间这场非比寻

常的战役。从某种意义上说，这两个国家和他们之间的分歧体现在各自的统治者身上：英国的伊丽莎白一世女王和西班牙的菲利普二世国王。

伊丽莎白是国王亨利八世的女儿，是一个清教徒。而菲利普是个坚定的天主教徒，曾经和英国有过很紧密的联系。他曾经和伊丽莎白的前辈、信奉天主教的玛丽·都铎结婚。在一个旨在把伊丽莎白推上王位，从而取代玛丽的清教徒阴谋败坏之后，菲利普曾经加以干涉，从玛丽手中救下了伊丽莎白的性命。

但是，1588年玛丽死去、伊丽莎白登基之后，这两位君主和他们的国家却变成了敌人。部分原因是各自的宗教信仰不同；部分原因是由于英国开始在海上小试身手。而这引起了当时欧洲最强大的海上霸主西班牙的不满。弗朗西斯·德瑞克等英国海军攻击西班牙船只，却并没有受到女王的惩罚。伊丽莎白对于这种伤害西班牙的骄傲和财富的事情，表面上视而不见，背地里却从中受益。

非同寻常的舰队

1588年7月29日，进入英吉利海峡的西班牙舰队一共有一百二十五

艘战舰、三万名士兵。大约四分之一的战舰都是威力巨大、作战用巨型帆船，其余船只包括全副武装的商船、运输船和在大船之间快逗搜索、传送消息的小船。

无敌舰队由梅迪纳·西德尼亚公爵坐镇指挥。他乘坐的旗舰船名叫“葡萄牙的圣马丁号”。菲利普任命梅迪纳·西德尼亚公爵担任总指挥。此前，西德尼亚公爵的前任马科斯·桑塔克鲁兹死于非命。在西班牙，梅迪纳·西德尼亚公爵享有很高的社会地位。尽管梅迪纳·西德尼亚公爵拥有强大的智囊团，尽管他是一位才华横溢的管理者，但他并不是一个经验丰富的海战将军。

当西班牙舰队驶过之后，英国舰队才离开朴利茅斯，并有意落在无敌舰队的后面。这样，当无敌舰队掉过船头作战的时候，英国舰队就可以借助身后的风势，占据有利位置。豪沃德将军乘坐在旗舰“皇家方舟号”上，而德瑞克乘坐的那艘战舰是“报复号”。他们的舰队更轻巧敏捷，包括三十四艘皇家战船和其他近两百艘船只。但是，大多数船只都是配备了轻型装备的私家小船。事实上，尽管英国人的舰队具有一定规模，但它们的地位却令人绝望。因为“无敌舰队”可不是寻常的战斗舰队，而是专门用来瞄准英国的最强大的侵略武装。“无敌舰队”上有

这幅有关西班牙与英国舰队之间激战的作品描绘了战斗的混乱，尽管完全出于作者的想象

三万人，只有七千人是水手，其余都是士兵。这些战舰装载着强大的陆地大炮，用于围攻的设备，可供六个月使用的粮食、酒和成吨的军火弹药。然而此时此刻，西班牙“无敌舰队”的首要目标并不是迎战英国舰队，而是继续向北航行，同西班牙的第二支队伍在荷兰会师。

“显然是上帝的安排”

荷兰是菲利普国王、伊丽莎白女王各自统治的两个封建国度所拥有的迥异的文化、宗教相互碰撞的地方。荷兰曾经遭受西班牙的统治。从那时起，荷兰的清教徒就一直受到迫害，并被迫成为二等公民。在奥兰治亲王威廉领导下，北部各省奋起反叛。1579年，南部各省通过签订《阿拉斯联盟》，宣布效忠西班牙国王菲利普。而几个星期之后，北部其他七个省区签署了《乌德勒支联盟》，并宣布独立。人们认为，这份文件为一个现代荷兰奠定了基础。

菲利普国王对此作出了回应。他派人在1584年暗杀了奥兰治亲王威廉。这样，西班牙对于这一地区的控制加强了。但是第二年，对于西班牙如此接近她的北部海岸，伊丽莎白女王感到忧虑。于是，在多年来暗中支持荷兰反叛力量之后，她终于公开派出一支军队，进入荷兰。这一招令荷兰反叛力量和帕玛公爵的军事力量形成了僵局。这可惹怒了菲利普国王。

接着，在1587年，伊丽莎白女王处决了她的表亲——信奉天主教的苏格兰女王——玛丽。因为玛丽那时正阴谋对抗伊丽莎白女王。而这又令英国与西班牙之间的政治、宗教等方面的紧张局势进一步加剧。在玛丽女王的遗嘱中，她把英国王位的继承权留给了菲利普——她以前的姐夫。从那以后，菲利普和他的顾问们都坚信，西班牙的安全取决于能否推翻伊丽莎白的统治、恢复天主教在英国的国教地位。对此，甚至连教皇本人都表示同意。正如一位西班牙贵族所说的那样，让西班牙统治英国，“显然是上帝的安排”。

为入侵做准备

入侵的战略由两个独立的计划合并而成。更激进的、在战略上更有韬略的帕玛公爵提出，部署三万人，乘坐大型平底船到达荷兰，然后横跨英吉利海峡，突袭英国。指挥菲利普国王的大西洋舰队的马科斯·桑塔克鲁兹却提出，要发动大规模入侵。如此一来，他就要从西班牙调集大约五万五千名士兵，并在英国或爱尔兰北部登陆作战。

最后，菲利普决定将两个计划合二为一。无敌舰队即将载着部分侵略部队，跨越英吉利。舰队到达弗朗德斯时，将掩护帕玛的部队抵达肯特，再让所有船上的士兵登陆。总之，共有将近五万名全副武装的西班牙士兵在英国登陆。

这可是伊丽莎白女王的军队难以抵抗的力量。很多菲利普王宫的人都设想着，即将对英国人进行的杀戮将是何等模样。一些西班牙将军甚至把上好的瓷器也带在身边，做好了将在英国的城堡里舒舒服服住下来的准备。

唯一的问题在于，大规模建造的“无敌舰队”在欧洲很难成为秘密。英国人已在此前一年将行动延期过。那时候，德瑞克爵士在西班

“无敌舰队”逼近时，木球还要打吗

7月29日午后，弗朗西斯·德瑞克爵士听到西班牙“无敌舰队”逼近的消息时，是否真如人们长期以来津津乐道的那样，正在朴利茅斯玩英国人的草地木球呢？而且，他是否真的说过，“我们还有足够的时间玩完这场球，并打败西班牙”？

可能吧。尽管可能性并不大。和当时大多数英国绅士一样，德瑞克确实喜欢玩木球。而且，朴利茅斯港口的空地草坪也是玩这个游戏的理想场地。那番话听上去，也很像德瑞克所说。因为他的傲慢无礼是出了名的。但他说的这番话，当时并没有任何记载。第一份记录发生在四十年以后。

无论怎样，直到今天，每一个英国水手都知道，不利的浪潮阻拦了皇家舰队离开朴利茅斯港口。所以，直到晚上10点，舰队才启航。因此，那就为德瑞克再玩几局木球而非一局，留出了足够时间。因此，如果德瑞克真的说了那番名言，那么它仅仅反映了当时“无敌舰队”逆风航行的现实，而非自夸。

牙的加迪斯进行了大破坏。1588年夏天，德瑞克爵士还在西班牙的海岸上，两次袭击了西班牙舰队，最后因为暴风雨，不得不撤了回来。

当西班牙舰队驶离朴利茅斯时，英国舰队早就对一切了如指掌，并在港口整装待发。他们还清楚，如不能在“无敌舰队”达到荷兰前阻止它，那么一场对于英国的侵略就无可避免了。

全新的作战法则

西班牙舰队一看到出来应战的英国舰队，立刻以惊人的准确度摆出了一个月牙形阵容。显然，他们之前经过了演习。拥有重型武器的船只位于月牙形阵线的两端，而速度较慢的船只排在阵线中央。

就在朴利茅斯不远处，在7月31日早晨9点左右，英国舰队发起了进攻。英国舰队分成两组，一组由霍华德爵士率领，另一组由德瑞克指挥。他们排成一个纵列，远距离发射炮火，袭击西班牙舰队的两翼。

可以说，这些火力打响了现代海战的第一炮。传统海战战术是，敌对双方的船只尽量接近，利用钩爪进入敌人的船只，然后进行小股步兵的海上战斗。但在激进的海战思想家约翰·霍金斯的影响下，英国人近来已全面改进了作战战略。他们改装了船只，让速度变得更快，并将大炮调整得更加准确。英国的一项发明此时起到了重要作用——用可移动的炮架替代固定炮架。这样，就可以更快捷地往大炮里填充弹药。

然而，7月31日战斗开始之初，大炮却并没有起到什么作用。英国人显得有些胆怯了。可能是看上去像一座非比寻常、可称为海上现代城市的西班牙舰队让他们感到恐惧了。一艘大型西班牙帆船充满嘲弄地一马当先，开了出来，向三艘英国战舰发起挑战。

这三艘战舰分别是德瑞克乘坐的“报复号”、马丁·弗洛比舍乘坐的“凯旋号”和约翰·霍金斯乘坐的“胜利号”。因为距离太近，英国人无法迎战。于是，他们拒绝了这一“邀请”。他们更愿意远距离发射炮火。

随着战斗的继续，西班牙舰队用战略制住了霍华德和德瑞克的力量，控制了战局。8月6日，经过一个星期的战斗之后，梅迪纳·西德尼亚公爵将船停在加莱港，等候帕玛公爵那边送来准备入侵的消息。几乎用光了弹药的英国人在岸上等候，同时策划着第二次行动方案。与此同时，需要鼓动人们的伊丽莎白女王实施了一次著名的行动：她出现在驻扎在蒂尔布利的英军面前，告诉他们："我知道，我拥有的不过是一个羸弱无力的女人躯体，但我有一个国王的心胸，一个英国国王的心胸！我想，我的心鄙视西班牙或者帕玛，还有任何一个欧洲的王子，要是他们胆敢侵略我的王国！"

赶走敌人

不幸的是，虽然经过数月的准备，帕玛公爵在调集自己的侵略人马方面动作迟缓。因为他的两万人正被荷兰反叛力量围困在弗朗德斯港口。令局面更为糟糕的是，弗朗德斯沿岸水域十分浅，因此深吃水的西班牙"无敌舰队"无法靠近海岸，以解除反叛势力的围攻。而西班牙计划制订者早该预见到这一情况。

大约8月7日至8日午夜时分，正当梅迪纳·西德尼亚公爵思考下一步的行动计划时，英国人派出了八艘"火船"，驶入抛锚停泊的西班牙舰队。这八艘小船可不是装满了沥青、焦油，随波荡漾的旧船，而是装满弹药、全速前进的船只。船上勇敢的船员随时准备将弹药点燃。在最出人意料的时刻，英国人发动了自杀式袭击。两艘英国"火船"突破了西班牙的反击，给他们造成了巨大破坏。为了顺利逃脱，西班牙船只被迫砍断锚缆，逃到了一片开阔的水域。而这正是英国人想让他们前往的目的地。

格瑞夫林之战

8月9日，英国舰队靠近西班牙舰队，计划在西班牙控制的荷兰西南端小镇格瑞夫林，进行一场决定性的激战。

战斗持续了八个小时，英国和西班牙互相进行激烈的炮火攻击。在那片浅水域，他们的舰队来来回回，不停掉转船的方向。最后，英军炮火的威力让困惑的、被打散了的西班牙舰队遭受了重创。四艘战舰在英军的炮火中失去了踪影，整个舰队几乎在弗朗德斯沙滩上搁浅了。

当海风转为西风时，船被推离了沙滩。此时，梅迪纳·西德尼亚公爵面临选择——是单枪匹马入侵英国，穿过英吉利海峡返回南部，还是向围绕不列颠群岛的西方和北方进发？因为风势对他不利，所以，他选择了后者。不幸的是，对于一个西班牙人来说，梅迪纳·西德尼亚公爵并不了解两个情况：第一，霍华德的英国舰队已没有了弹药，无法继续抵抗西班牙的进攻；第二，在爱尔兰和苏格兰的西部海岸，西班牙舰队将面临强劲大风。

在漫长的返航途中，几千名西班牙士兵在暴风雨中淹死了。还有几百名士兵被不列颠海岸线上的食腐动物夺去了生命。当他们终于返回西班牙的时候，"无敌舰队"损失了近半船只，以及一万四千名士兵和水手。这次战役中，英国仅仅损失了七艘战船。

一个爱国主义神话

短期来看，这次胜利拯救了英国，使之免于遭受西班牙入侵，避免了一个罗马天主教教徒登上君主的宝座。而且，它还有助于维护荷兰的独立。

在两个敌对的君主中，伊丽莎白将活得更久。她一直到1604年，才离开人世。而菲利普，因为白内障双目失明，还有一只胳膊无法活动——可能是因为中风，在1598年便死去了。

最终，击败西班牙"无敌舰队"被视为一场标志着英国开始海上霸主地位的战役。1805年，内尔森将军在特拉法加尔取得的胜利让英国的海上霸主地位达到了顶峰。此外，这次胜利还标志着西班牙作为一个海上强国的完结。但是最近，历史学家们认为，西班牙的海上霸权直到下个世纪中期的"三十年战争"末期才结束，而英国则在很久以后才获得北部海域的优势。那个时候，他们拯救的荷兰人获得了那片海域的控制权。

无论怎样，战胜西班牙"无敌舰队"给英国人提供了一个持久的爱国主义神话——就像华盛顿在特伦顿取得的胜利，或法国巴士底狱风暴一样。

当国家危难来临之际，这样的神话将会一遍又一遍地被公众重温。

伦敦大火
（1666年）

伦敦城如何在特大火灾后重建辉煌

《伦敦大火》。荷兰画家李维·维斯舒（1630-1686）画，表现了居民逃离时城中大火已经失去了控制的场景

17世纪中期的伦敦有大约五十万人口，是一座伟大而繁荣的大都市，也是世界上最重要的城市中心之一。然而，当时的伦敦占地面积却很小。在如今伦敦城市的地图上，它只能代表一个小小的半圆。旧伦敦——主要是中世纪的伦敦——被十米高的围墙包围着。那些围墙，就是远处的强盗经常袭击这座城市而留下的遗迹。

围墙之内，富人和穷人虽然毗邻而居，却泾渭分明。穷人居住在木头搭成、摇摇欲坠的小阁楼里，而跨过一条街道，住着的却是有钱有势的银行家。还有近二十五万人，居住在围墙之外的郊区。他们往往住在简陋的棚屋里。大多数穷人都只能吃面包或谷物，或者任何他们能够偷到的食物。有钱人却每天都在大摆盛宴。他们的宴席几乎超出了我们的想象——从野鸡的舌头到用精心挑选的鲜花做成的沙拉，以及大块牛肉或猪肋骨肉，应有尽有。

然而，最伟大的平等主义者是伦敦的街道。

伦敦的街道非常狭窄，房子之间几乎彼此依靠，令房屋之间的便道显得异常黑暗。这并不是一座经过规划的城市。这里没有广场、公园，也没有区域分隔。相反，这是一座杂乱无章的城市。街道边的小路延伸到无名的死胡同里。道路中间，就是露天下水道。城市里没有人行道。行人不仅需要注意疾驰而来的马匹和马车，还要时刻保持警惕，以防头上的窗户突然敞开，满满一壶“夜晚之油”倒在头顶上。整个街道臭气熏天。很多人都要在鞋底安装一个小小的铁托。这样，进入家门之前，

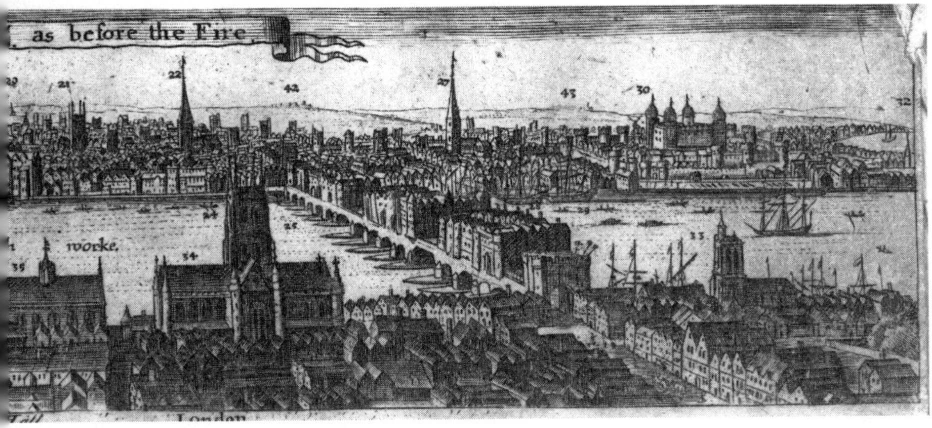

大火之前的伦敦。古老的圣保罗大教堂在北岸高高耸立，伦敦桥和伦敦塔位于右侧

他便可以把铁托取下来。

1664年，一个名叫约翰·伊夫林的作家出版了《防烟》，以献给国王查理二世。在这本小册子中，他警告说，在这样一个“木制的……早已挤满房屋的地方”，点燃这么多露天的火焰和炉子，会是多么危险！几天之后，1666年9月2日，当一场大火从一个面包师的炉子上熊熊燃起，给伦敦造成毁灭性打击时，伊夫林看到，他的警告居然这么快就应验了。

上天的警告

事实上，伦敦大火之前一年，就已经出现过其他预兆。据说，一些天体事件就预兆着重大事件的发生。1664年12月和1665年3月，伦敦夜空都可以看到流星。

对于流星的意义，人们争论不休。萨缪尔·佩皮斯是当时著名的日记作家，也是当时的皇家海军部长。一天晚上，他出去观看那些“天外来客”时就注意到，它们距离伦敦屋顶很近。于是，他在日记中写道：“它把某个非常特别的东西带给了这座城市。”

对于清教徒和支持奥利弗·克伦威尔的人来说，这些流星代表着上帝对斯图尔特王朝回归的不满。而查理二世国王就属于斯图尔特王朝。但对于大多数星相学家来说，这些流星预示着一场瘟疫的到来，一场自14世纪的黑死病之后会间或出现在伦敦的瘟疫。最近一次瘟疫发生在

1625年。星相学家说，每次发生瘟疫，流星都能预见到，并会现身，以相告于世人。

当然，这都是无稽之谈。但不管怎么样，瘟疫真的卷土重来了。从大约1665年4月开始，伦敦经受了一次可怕的打击。淋巴腺肿瘟疫爆发了。这次瘟疫夺去了七万五千人到十万人的生命。它让人们遭受了难以忍受的痛苦。有钱有势的人，包括国会议员和国王，都逃离了这座城市。穷人成群死去。他们的尸体被拖到马车上，运送到一个地方，集中掩埋。在疾病的最后阶段，人们被折磨得理智全无。他们会走上大街，故意和人搭讪，试图传染给有幸未被感染的人们。

直到1665—1666年，瘟疫一直在伦敦肆虐，然后才渐渐平息。到了1666年夏天，瘟疫死亡人数平均每月还有三十例，但死亡人口似乎仅限于伦敦郊区。商人们回来了，仓库又重新装满了货物，商业又重新开始兴隆。到了1666年9月，伦敦终于长吁了一口气。

就在那个时候，国王的面包师却忘记将炉子用水泼灭了。

面包师的房子

国王查理二世的面包师托马斯·法雷诺通常会在晚上睡觉前，把炉子里的火用水泼灭。但9月1日这天是星期六，他显然忘记了履行这一基本职责。

深夜大约两点钟时，他被大火惊醒了。大火已经吞噬了他家房子的一层。他反应非常迅速，赶紧拉着女儿汉娜和一个男仆，爬到房顶。他的女仆因为恐高症，拒绝和他们一起上到房顶。于是，她就成为那场大火的第一个受害者。

法雷诺住在朴丁街，离托马斯街大约三十米。托马斯街是一条两旁布满了仓库的主干道，一直延伸到了河边的码头。在伦敦几百条小巷中，朴丁街非常典型。

据一个现代观察家的描述，朴丁街是一条非常狭窄的街道，仅能容纳一辆手推车通过。路边的房屋都是木头建造的，刷上了沥青，以遮风挡雨。整个夏天里，气候一直都非常炎热、干燥。因此，没用多少时间，火势就蔓延开来了。法雷诺和他的伙伴们在房顶上爬行，最终得以逃脱。但是，当一阵风刮起来的时候，火焰吞噬了他们身后的房屋。西边的那条街名叫鱼街山。当一家旅店院子里堆放的干草被燃着的时候，那条街很快就变成了火海。

布拉德铸成大错

大约凌晨4点钟的时候，水桶灭火的方式显然无济于事。

伦敦治安官把市长托马斯·布拉德沃斯（那些不喜欢他的人多将其称为“布拉德”）从睡梦中叫醒。治安官警告市长，一场大火正在蔓延。显然，布拉德前一天晚上喝得太多了。接到警报后，他很不情愿地从床上起来，去到火灾现场。对于他来说，那不过是一场伦敦发生的火灾而已。

对朴丁街四周，他很快扫了一眼，然后醉醺醺地说：“呸，女人撒泡尿都能把火浇灭！”就是这句话，令他从此臭名昭著，在世界历史上享有特殊的名声。

接着，他竟然上床睡觉去了。到了星期天早上7点钟，萨缪尔·佩皮斯为了看得更清楚，亲自爬上了伦敦塔。他亲眼看到，一阵东风，也就是他描绘中的“大风”把火焰卷起，一场令人哀伤的大火灾肆虐而为。凶猛的火舌吞噬了朴丁街、鱼街山和那些装满了油、沥青和焦油的仓库，以及一堆堆的煤炭和木材。

当火焰淹没了古老的圣麦格纳斯烈士教堂时，还发生了多场连续的爆炸。

伦敦风格的救火行动

17世纪中期，伦敦已经有救火车了。但它们都是非常初级和原始的。这些救火车，实际上，不过是在马车上安装一个较大的水泵，能够喷射相对强劲的水柱。此外，伦敦并没有消防队。相反，救火车并非由政府购置的公益设施，却都是当地教民私有或资助的。

一片混乱中，联系救火车的所有者以获得水泵的使用许可已是不可能了。而且，当人们好不容易取到水泵时，却发现一大群在街上徘徊的人们成了他们行动的严重障碍。而那些街头游荡者却被成堆的家具拦住了去路。那些家具是人们仓促之下从失火的房子里拽出来的。突如其来的大火之下，绝望的人们希望能从大火中留下点儿什么。

伦敦通常使用的灭火策略是，制造一个火焰隔离带——没有可燃物，火焰将会消失在开阔地。为此，人们大量使用火钩——连接在长杆或绳子上的巨大的铁钩——把很多建筑拆毁掉。

这些火钩通常保存在公共建筑里。救火工人会尽全力，用火钩勾住房屋最高处的房梁，将其拉倒。如此，整个房子就倒塌下来。下一步就是清理废墟，形成一片裸露的空地。

不幸的是，当布拉德沃斯最后下令拆毁建筑以尽快形成隔离带的时候，却发现他下令拆毁的建筑离火焰太近了。火焰早已蔓延到了正在被拆除的房屋或还没来得及清理的废墟上。结果，就像萨缪尔·佩皮斯看到的那样，“一场无边无际的大火”迅速向伦敦桥蔓延。

古老的伦敦桥

这场举世闻名的大火灾发生的时候，横跨泰晤士河两岸的伦敦桥作为著名建筑，非同凡响。桥两旁布满了房屋和商店。中间只有一条几米宽的通道，将这些建筑分割开来。火焰贪婪地扑向伦敦桥，从一个屋顶窜到另一个屋顶。人们惊慌出逃。

围观者都认为，大桥会很快崩垮。事实上，大火似乎不曾因此停止，继续烧向泰晤士河南岸。之后，却因为一块空地，难得地放慢了脚步。只有一些火星溅到了河的南岸，使得两三座房屋着了火。幸运的是，火势最终在那里被止住了。

看到火焰冲过伦敦桥，佩皮斯利用自己高级海军军官的身份，命令一个围观者去向国王报告火灾的严重情形。

火焰当时正穿过伦敦，冲向北部和西部。它蹿上天空，吸走了空气中的氧气。佩皮斯甚至注意到，很多鸽子还没来得及飞走，就被烧死了，就像煤矿里的金丝雀。

查理国王让佩皮斯命令伦敦市长，不遗余力地拆毁城市的巨大建筑，以阻止火势的蔓延。然而，当佩皮斯找到布拉德沃斯的时候，这位市长早已变得歇斯底里，毫无用处了。

到了星期天的傍晚，载着各色居民和物品的船只，蜂拥到了泰晤士河的南岸。岸边站满了火灾围观者。就像一个围观者评论的那样，这可真像“一个世纪末日的预演”啊！

火焰吞噬了整座城市

星期一的早上，炎热，干燥，天气晴朗。强劲的东风把火焰带过伦敦，房屋、教堂和各种建筑物都陷入了火海中。由于大风不断带来氧气，一个火风暴形成了。远在一百公里之外的牛津，就能看到伦敦上空升起的黑色烟云。

市民们不再试图扑灭火焰，转而拚命地四散奔逃。有钱人愿意给出大价钱，让穷人帮忙，将他们的物品搬上车。这一场景激发了约翰·德莱登后来创作的有关1666年大火的诗篇——《奇迹 年》。他写道：“富人变得慷慨；穷人变得骄傲！”

这就是一个人人只顾自己的时刻。没有人负责灭火——布拉德沃斯似乎早就逃之夭夭了。

查理国王不得不亲自介入。他任命他的兄弟——约克公爵负责灭火。在城市四周，他部署了很多灭火点。灭火点的人们通过拆毁房屋，来制造临时的火焰隔离带。无奈的是，火焰推进的速度简直太过疯狂了。最后，约克公爵只能命

《查理二世》。皮耶特·乃森（1612—1690）画室制作。当大火烧得最猛烈的时候，查理走上街头召集灭火人员

令大家，赶快用炸药来制造隔离带，以阻隔火势的漫天席卷。

那是一个与众不同的时刻。在这场意想不到的大火中，东印度公司一个装满香料的仓库爆炸起火。如此重灾之下，整个城市上空香雾弥漫。

国王带着随从，骑马穿过火焰四射的废墟。他们随身带着一袋银币，顺道分发给救火英雄们。

阴谋论

星期二，正当大火继续在伦敦肆虐的时候，关于有人纵火的谣言开始在城里散播。空气中的香味对某些人来说，证明了这次大火是天主教会点燃的。其他人则指责荷兰人，因为英国曾经和荷兰为夺取海上霸权进行过战争。还有人认为，这次大火是英国的宿敌法国人放的。“很多市民失去了房屋和所有的一切，他们怒火中烧”，一本编年史这样写道，“‘武装！’‘武装！’这个可怕的声音在田野和郊外回荡着”。暴民涌上街头，袭击任何看上去像荷兰人或法国人的过路者。国王查理派出武装部队去保护外国人免遭这样的袭击。之后，英国政府被迫对于这场特大火灾进行旷日持久的调查，仅仅为了证明这里面并没有阴谋。

最后，到了星期三，随着大风渐渐停歇，大火也熄灭了。两万名无家可归的伦敦人惊愕地发现，他们伟大的城市已经变成了一片灰烬和烧焦了的木头丛林。大约一万三千座房屋、八十七座教区的教堂、圣保罗大教堂、伦敦交易所、海关以及所有城区的监狱、邮局都被毁于一旦。

曾经试图挽救这个城市免于遭受火灾袭击的约翰·伊夫林走在被毁坏的街道上，注意到周围那些在恐惧中徘徊的人们，发现他们看上去“就像身处某个令人惊恐的沙漠中”。令人吃惊的是，官方的统计数字是只有四人死于这场火灾。然而，没有人会相信这个数字。你可以在闷燃的废墟中闻到死亡的气味，所以人们估计，一定有几千人在这场火灾中丧生。

一个新伦敦

如果说这场大火有什么让人感到欣慰的地方，那就是，从那以后，人们更多地开始关注用火安全的问题。1667年一项《重建法案》得以通过，伦敦人着手开始把自己的城市建造得熠熠生辉。在不到八年的时间里，一万座房屋被建造起来。根据法令，这些房屋全部都是由砖块建造的。以前那些令人讨厌的公共下水道不见了。街道更加宽阔，并且第一次设置了人行道。在火灾中损失惨重的保险公司现在意识到，雇用和训练有能力的消防员会让公司受益。当新伦敦城崛起的时候，它远不仅仅是一座更加美丽的城市——伟大的建筑师克里斯托弗·雷恩爵士设计了四十九座崭新的教堂以及一座新的圣保罗大教堂——而且是一座更加安全的城市。

有些人相信，抛弃了过去的木屋同时还有助于摆脱瘟疫。而瘟疫在那个时候确实不见了踪影。更有可能的是，老鼠因为被困在火灾中而大面积死亡，因此减少了疾病的传播。尽管有上述这些好处，伦敦大火仍然是一个令人恐惧、几乎是世界末日景象的事件。这个事件验证了此前的预言："所有星相学家过去都说过，罗马将会结束，然后在1666年，反基督者将会到来。"神秘主义者安东尼·艾伍德说，"但这个预言在伦敦应验了"。

死亡统计

根据那个时候的官方数据，只有四人在这场特大火灾中丧生。这个数据能是真实的吗？这似乎是不可能的。但是很多年以来，这个数据一直就没有变化。一部分原因在于，正常情况下，派瑞士·克勒克公司会在每周发布一个"死亡名单"，列出伦敦死亡人数和死亡原因。这个公司的一幢大楼在大火中被烧毁。另外一个原因是火风暴之迅猛。它发出巨大的热量，不仅融化了甲板上的钢铁，甚至融化了城门的铁锁。鉴于这样的高温（可能达到了1500摄氏度），城市里不可能有尸体留下来，甚至也不可能留下任何骨头碎片。

一个更为实际的火灾死亡统计可能有两三千人丧生，但没有人能够确切知道它是否准确。

魁北克战役
（1759年）

一场粉碎了法国人建立新帝国的希望，
给英国带来北美控制权的勇敢冒险

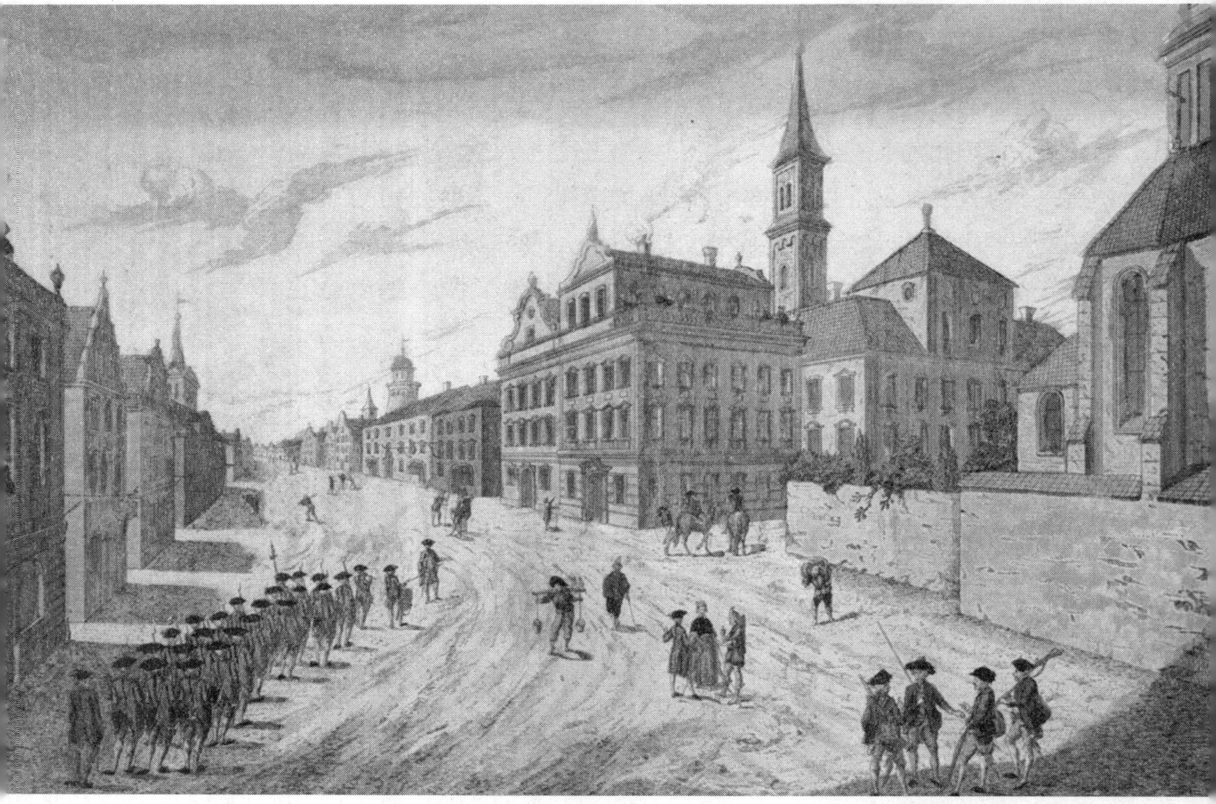

18世纪晚期魁北克的理想化图景。作为殖民地，魁北克被描绘成一个典型的欧洲城市

1759年9月12日夜晚，就在守卫魁北克护城要塞哨兵的眼皮底下，一支水上舰队装载着在加拿大驻扎的一支英军精锐部队，沿圣劳伦斯河悄然北上。大约晚上10点左右，一轮弯月升上天空，既为舰队夜间航行提供了足够的光亮，又不会让舰队被人发现。在魁北克高耸的悬崖下，英国人继续向西航行，到了一个名叫安斯奥福隆的浅湾停了下来，并在大约黎明到来前两小时之际登陆。从沙滩上望过去，可以看见一个大约五十米高的悬崖正面。悬崖上面有一条蜿蜒的小路。几周前，可能是一个法国逃兵给他们指出了这条路。

一支大约两百名轻步兵组成的先遣队迅速而又静悄悄地爬上了那条小路。当一个法国哨兵询问他们的时候，一个会讲法语的苏格兰高地士兵高傲地告诉哨兵，他们是从河那边派来增援的。法国哨兵被骗了。就在这时，英国人爬上了悬崖顶部，制服了当天执勤的法国警卫。

和小分队一起登上悬崖的，是他们才华横溢、冷酷无情的指挥官詹姆斯·沃尔夫将军。为了这次军旅生涯中最重要的时刻，他特意穿上了一身新军装。饱受疾病折磨、脾气暴躁、心地冷酷的沃尔夫曾经确信，他一定会在这场即将打响的战斗中阵亡。而且，在把个人物品和未婚妻的照片交给一个皇家海军军官时，他还做了很多关于他将战死的暗示。然而现在，在轻松夺取了法国哨位之后，几千名英国士兵也爬上了悬崖，沃尔夫可能会想到，他会从自己预见到的劫难中逃脱了。

关键时刻

拥有魁北克，就能够控制圣劳伦斯河。而这条河是通向北美大陆内陆以及利润丰厚的皮毛贸易的水上高速路。夺取魁北克的战役持续了三年。这三年恰恰是多年宿敌法国和英国为争夺国际霸权进行的“七年战争”的一部分。“七年战争”始于1753年，在两个战线分别进行。在西欧，大不列颠和普鲁士同法国、奥地利、俄罗斯和瑞典对决。而英国和法国之间继续在北美进行的战斗属于第二战线。因为法国人利用印第安盟友，这场战争也被人称为“法国人和印第安人的战争”。战场主要集中在即将成为纽约、新英格兰和加拿大的这一地区。

在沃尔夫到达安斯奥福隆之前，法国一直都占尽优势。在1755年，

法国将军蒙特卡蒙侯爵的著名行动：在威廉·亨利要塞试图阻止印第安人对英国战俘进行血腥屠杀

他们和胡隆及阿贝纳奇等印第安部落盟友一起，在宾夕法尼亚前线的杜奎斯耐要塞摧毁了布拉德奥克将军率领的部队。次年，他们入侵现在的北纽约州，占领了安大略要塞、乔治和奥茨威格。在1757年8月，他们占领了位于乔治湖上的威廉·亨利要塞。

率领法军在威廉·亨利要塞取得胜利的是蒙特卡蒙侯爵路易·约瑟夫。英军投降之后，他保证不伤害要塞内英军和平民的安全。但当英军被允许踏上返途时，阿贝纳奇等印第安部落袭击了他们，残忍地杀死了一百八十名士兵，并抓了大约五百名作为奴隶。蒙特卡蒙侯爵得知后，立刻骑马追出去主持公道。蒙特卡蒙侯爵勇敢、公正的行为是英国和美洲人之间丑陋插曲中唯一的闪光点。

亚伯拉罕平原上

在英国的先头部队登上悬崖、解除法国警卫武装之后，其他五千名英国士兵向着魁北克城西南方向的亚伯拉罕平原进发。这个平原并不是以《圣经》人物命名的，而是以一个叫亚伯拉罕·马丁的农夫命名的。亚伯拉罕·马丁在17世纪50年代获得了魁北克西部这片狭长的土地。9月13日，当太阳从平原上冉冉升起的时候，法国人看到了令人瞠目结舌的景象：成千穿着红色军装的士兵排成一条阵线，沿着一千米宽的平原黑压压地向前逼进，距离魁北克西墙之后只有五百米。英国士兵的右侧是大片玉米地和圣劳伦斯河上的悬崖峭壁，左侧是一片森林。

当法军指挥官从阵线策马冲出时，大吃一惊。他就是曾在威廉·亨利要塞试图阻止印第安人屠杀英国战俘的蒙特卡蒙侯爵。他一直注视着英国的七个阵营。据一位在场人士称，他就好像“知道自己大劫已到”一样。尽管加拿大的非正规兵和法国印第安人快速冲向玉米地和森林，并开始攻击英国士兵，蒙特卡蒙侯爵似乎被吓呆了。

在平原的另一头，他的对手沃尔夫将军毫不顾忌安危，好像要刻意挑战命运似的，在士兵后面不停地来回策马疾驰，他却命令士兵全都匍匐在地。

尽管可以肯定的是，蒙特卡蒙侯爵和沃尔夫谁也看不见对方，但他们的生死存亡在那一天交织在了一起。

在某种意义上，他们构成了一个截然不同的对立体。蒙特卡蒙侯

布甘维尔怎么了

路易·布甘维尔最后确实率部出现在战场，却在蒙特卡蒙受伤、法军被迫逃离之后。他的军队比英军数量更多，大约是英军的两倍。那时，英军掉过枪口，准备迎战他的部队。他却莫名其妙地选择放弃迎战，从战场上走开了。

后来，布甘维尔成为著名的探险家。1766—1769年期间，他成功环绕地球航行，探索了南太平洋（所罗门岛一个地方就是以他的名字命名的），并书写了很有影响力的著作《环游世界》，详细记载了冒险经历和自然观察。这本书把南太平洋人们描述为居住在人间天堂的“高贵的野蛮人”。但他在魁北克的表现依旧困扰着他。

他总是宣称，没有足够时间把军队带走并再次回到魁北克，从后面夹击沃尔夫的军队。大多数他的同时代人都反对这一说法，历史学家也不同意。历史学家斯塔西写道：“布甘维尔没有很好履行守卫魁北克的职责……他没有观察到当时发生的战事，没有及时赶去对抗沃尔夫的进攻……他的失职在很大程度上酿成了法国的灾难。”

本杰明·韦斯特的《沃尔夫将军之死》（1771）浪漫地描绘了这位英军指挥官的死亡，令这一事件名垂青史

爵是一个优雅的男人，虽然不是才华横溢的将军，却是一个健壮、智慧的人。他于1712年（比沃尔夫年长十五岁）生于一个富裕的法国王室家庭，接受过良好的教育。父亲去世的时候，他还很年轻。父亲留给他一大笔财产和令人遗憾的大量债务。朋友们安排年轻的侯爵同一位富裕的女继承人结婚。女子名叫安吉利克·路易·塔隆杜布雷。出人意料的是，权宜婚姻却成就了一桩美满姻缘。他们共同养育了十个子女，并倾注了十分的热爱。但大多数时间，蒙特卡蒙侯爵都离家在外征战。他受过几次伤，表现异常勇敢，因此被提升为少将。1756年，他到达北美洲，率领法国部队取得了一连串令人惊异的胜利。此后，他被派去负责驻守极其重要的要塞魁北克。

詹姆斯·沃尔夫少将却是一个更复杂、更麻烦的人，因此比蒙特卡蒙侯爵晋升的速度更快。三十二岁的他是一个名不见经传的将军的儿子。他的外表最容易引起人们注意：身材瘦长、脸颊瘦削，肤色苍白，长着一头蓬乱的红头发，并拒绝用假发加以遮盖。1746年在苏格兰对支持斯图尔特王朝的二月党人进行的血腥镇压让他在英军名声大振。他的残忍是出了名的。除了烧毁村庄、杀死平民之外，他什么都不想。冷酷、自负、不愿意交友、饱受疾病折磨的沃尔夫脾气暴躁，却是一个勇武的斗士。这一点在1758年，成功围困新斯科特省的法国要塞路易斯伯格时得到证实。那次胜利为英国皇家海军顺利夺取圣劳伦斯河铺平了道路。

尽管有竞争对手的反对——有些人认为沃尔夫是个疯子——但国王乔治二世仍然任命他率领攻打魁北克的军队。国王的名言是："他疯了吗？那么，我希望他会刺激我的将军们。"

双方进退两难

在此之前，沃尔夫围困魁北克长达三个月之久。他对士兵下令，"大肆烧杀，让乡村荒芜"。此外，他还封锁圣劳伦斯河，希望把法国守城部队饿死。但部队在这方面并非很得力。冬季到来之前，他做了最后一击：全力进攻魁北克。

无论是否疯狂，沃尔夫抓住了一个非同凡响的机会。当法国的加农炮对着他的阵线发动攻击时，他知道在他西面的某个地方，一支约三千人的法国部队在路易·布甘维尔率领下，正赶来增援魁北克的守卫部队。这个布甘维尔日后成为了法国历史上最杰出的探险家。如果他们赶到，英国军队将落入夹击中：将被迫面对无处可逃的悬崖、魁北克法军、丛林狙击手和布甘维尔从后面发起的袭击。为了避免陷入这样的困境，沃尔夫马上命令四千五百名士兵对魁北克防线进行迅速直接的进攻。

蒙特卡蒙侯爵呢，也有令人焦虑的事情。他的军队和沃尔夫的军队势均力敌，正规军却少了很多：法军更多依靠其实根本靠不住的民兵、童子军和印第安人。看上去，似乎退回到魁北克城墙以内、静候布甘维尔的援军是最好的策略，但这一战略面临着两个问题：第一，他们曾以为人能够爬上悬崖，所以魁北克的城防不够坚固。第二，布甘维尔在哪里呢？没人能够知道。蒙特卡蒙侯爵骑着马，不耐烦地在阵前来回踏步，他问助手："布甘维尔是否可能根本就没有听到这些声音呢？"

完美的射击

布甘维尔后来宣称，他根本没有接到任何让他召集部队进攻沃尔夫的通知。无论事实真相如何，到了早上10点钟，他仍旧没有露面。于是，蒙特卡蒙侯爵作出了虽然能让人理解、却显然错误的决定。他不仅没有退回城墙里，而且选择攻击沃尔夫的军队。

当蒙特卡蒙侯爵下令进攻时，法国军队欢呼着，向英国阵线冲去。但民兵缺乏纪律的特点此时显露了出来。这些民兵不是走在正规军前面，就是走在正规军后面。他们没有在几百米以外对着英国阵线连续射击，而是一有机会就跪下来发射单发子弹。英国正规部队直到法军距离他们三十米远处，才开始射击。据一位英国军官后来回忆道：那次射击简直就是"战场上最为完美的连续射击"。

连续射击对于法军来说是毁灭性的打击。英国军队继续前进，连续射击。这样的作战方式渐渐成了这次战斗的模式。逐渐地，法国人在近距离血腥射杀中退缩了，幸存下来的士兵拔腿逃跑了。英国人利用刺刀和射击追杀法国士兵，一直向魁北克逼近。

然而，魁北克暂时被约一千五百名民兵和印第安人拯救了。他们躲在丛林里向英军两翼发动猛烈攻击，迫使英军几次停了下来调整阵容。

这样，法国士兵得以暂时逃脱。他们逃向河上游一个要塞。魁北克的守卫仍然很坚固。然而，英国人慑于布甘维尔的威胁，并没有继续进攻魁北克。

双方指挥官血染沙场

就在英军开始射击的时候，沃尔夫继续毫无顾忌地暴露自己。可能就在这时，他被射中前胸流血身亡。临死前，他听到助手在喊叫："他们跑了！"沃尔夫问是谁跑了，助手回答："是敌人，先生。我的天！他们四处逃窜！"沃尔夫下令继续切断法军退路，然后他说："现在，赞美上帝！我可以安息了。"几分钟之后，他咽下了最后一口气。这一幕成为英国军事史上最为著名的临终时刻，令沃尔夫在文学、艺术领域名垂青史。其中最著名的是本杰明·韦斯特创作的名画——《沃尔夫将军之死》。

引人注目的是，就在沃尔夫被射中的同时，蒙特卡蒙侯爵也受到了致命的创伤，并被人搀扶着回到了魁北克城里。第二天，他就去世了，并被埋葬在修道院的院子里。他也同样成为了一个传奇，在无数法国画作中，他总在凝视天空。其中最有名的是让·瓦都创作的《蒙特卡蒙之死》。在画面上，这位将军战死沙场，而不是修道院的院子里，身边躺着印第安人。具有讽刺意味的是，尽管它是北美历史上最关键的战役，但对于其重要性，大众的想象却主要来自这些激动人心却并不准确的作品。

那一天，英军并没有进城，法军最终还是投降了。英国军队损失了六百五十人。虽然法军损失小一些，英国人却取得了更加伟大的胜利。尽管1760年法国人设法再次夺回魁北克，沃尔夫死后英国人的胜利却令法国在北美建立的帝国不复存在。沃尔夫在安斯奥福隆进行的伟大冒险达到了目的。现在，英国人已经完全控制了加拿大，不久将控制新英格兰和纽约。魁北克战役决定了北美洲将成为英国殖民地，而再不是法国殖民地了。

华盛顿横渡德拉瓦河
（1776年）

一个确保了美国独立的冒险策略

让·乌东雕刻的华盛顿半身像（雕像是在1785年乌东造访华盛顿居所期间所作铸件和素描基础上创作完成的）

1776年的圣诞节，华盛顿率兵横渡德拉瓦河，袭击了驻扎在特伦顿（位于今新泽西州）的英军，在美国历史上书写下了一段传奇。而伊曼纽尔·鲁兹于1850年所绘的《华盛顿横渡德拉瓦河》则是美国最负盛名的艺术作品之一。如今，它被悬挂在纽约大都会博物馆。

然而，在一些美国人看来，油画有不少失实之处。在鲁兹的描绘中，横渡德拉瓦河的行动发生在晨光熹微之时，而事实上，它发生在冻雨纷飞的漆黑午夜。画中，华盛顿站在一艘小划艇前端。的确，他多半是维持着一个站立的姿势，却应该站在一艘船舷较高、运送矿石的平底驳船之中。画中所绘的美国国旗也有问题——华盛顿率部横渡德拉瓦河时，星条旗尚未诞生。鲁兹甚至在对于冰的描画上也出现了错误：一些历史学家抱怨说，画中所绘的浮冰不像德拉瓦河中的平滑冰块，反而更像莱茵河中常见的棱角尖利的浮冰。而那里正是鲁兹的家乡。

然而，尽管这幅画存在着上述诸多——甚至可能更多——错误，为什么仍然能够享誉世界？这是因为，抛开细节不谈，鲁兹捕捉到了整个事件的精髓——船上的人们在驶向关乎他们命运一战时所体现出的坚定、决绝和自强不息的精神。如果华盛顿的渡河行动失败，整个美国独立战争很可能就此失败。

大陆军大撤退

在美国独立战争中，英国管辖下的十三个美国殖民地试图推翻宗主国的统治，获得自治。这场战争始于1775年春天。一群美国非正规军和波士顿附近驻地的英军发生了武装冲突。随后，便爆发了全面战争。纽约州成了关键的战场。

在1776年8月开始的一场战斗中，乔治·华盛顿率领的起义军，亦即大陆军，在英国将军威廉·豪爵士率领的英军进攻下，被迫撤出长岛和纽约。在往南撤退途中，还不断遭到袭击。他们首先到达新泽西州，又退至宾夕法尼亚州，接近费城的大本营。到了12月，华盛顿军中一半的人战死、负伤、被俘或被弃。他手下只有五千到六千的兵力，许多还有伤在身。

12月13日，英军俘虏了美军高级将领——查尔斯·李将军。他们认

伊曼纽尔·鲁兹所绘的《华盛顿横渡德拉瓦河》（1851）（尽管画中细节有误，但鲁兹准确地捕捉到了整个事件的精髓）

为，无论怎么看，查尔斯·李在军事思想和用兵策略方面，都比华盛顿更胜一筹。

当新泽西州和宾夕法尼亚州的边界河流——德拉瓦河的河水开始结冰时，威廉·豪将军打算一举消灭眼前疲惫不堪的敌军，进而轻易挥师渡河，攻占起义军首都。那样，战争就离结束不远了。此时，大陆会议的代表都已逃离费城。

华盛顿又面临另一个问题：他的志愿军中，大部分士兵的服役期限为一年。这就意味着，他们有权在12月31日，也就是一周以后离开战场。华盛顿要向英军发起进攻，就必须立即行动。对于这一点，不仅仅是华盛顿，他手下的士兵也很明白。因此，这场被鲁兹绘入画中的圣诞节行动的暗号就是：不胜则死！

带血的足迹

在横渡德拉瓦河之前，两千四百名冻得瑟瑟发抖的士兵在宾夕法尼亚州一侧的德拉瓦河岸边列队，准备接受华盛顿的视察。此地位于特伦顿上游十三公里处，就在麦康奇渡轮旅馆附近。

就在此时，一名来自费城的大陆军军官策马奔入营地，为华盛顿带来了一封信。当华盛顿问及他是如何找到的，军官回答说，很简单，只要顺着士兵在雪地上留下的带血足迹，就能找到。

带血的足迹似乎就能很好地概括华盛顿和大陆军当时的处境。率领部队登上船，横渡德拉瓦河之前，华盛顿派人给大陆军的医官送去一份通知，告诉他部队将会遭受重大伤亡。

6点时，天已经黑了，还下着纷纷扬扬的冻雨。河水涨得很高，水流湍急。士兵们站在河岸边，冻得瑟瑟发抖。即便如此，人们还是记住了其中一些轻松的时刻。一个士兵注意到，华盛顿的鼻子冻得通红。他后来留有文字说："（他的）鼻子在寒风中冻得通红……女士们可不会觉得他这种样子很英俊。"炮兵司令亨利·诺克斯上校重达一百四十公斤。他上船后费劲地坐下时，华盛顿跟他开玩笑道："诺克斯，换个方向坐！让船稳当些！"

德拉瓦河在此处只有三百米宽，但湍急的水流中满是浮冰（一些浮冰可能会有尖利的棱角。这可以成为鲁兹自我辩护的理由），不停地撞击着船只，而冻雨也狠狠地向着人们扑面而来。原定计划下，整个部队（包括马匹和十八门大炮）两千四百人要在午夜之前穿越德拉瓦河。尽管华盛顿将这一任务交给了来自马萨诸塞州的士兵（入伍前都是渔民），而他们也尽了最大努力，每一批部队的渡河时间仍然远远超出了预期。到了12月26日的凌晨3点，渡河行动仍然没有结束。

华盛顿站在位于新泽西州一侧的岸边指挥部队登陆，斗篷紧紧裹着身体。在人们眼中，他的神情极其坚定。此时，他也许想起了爱国作家托马斯·潘恩在《美国危机》中写下的话："这是考验灵魂的时刻。在这场危机中，那些只能同食甘饴而不能共患苦难的士兵、只能见阳光而不能见阴霾的爱国者将会退缩不前，抛弃为国尽忠的神圣职责。一往无前的人们理应获得人民的爱戴和感激。"就在两天之前，也就是12月23日那天，华盛顿才将渡河部队做了编排，并将不久之后就闻名于世的文字诵读给他们听。

在那个冰冷刺骨的夜晚，华盛顿军中没有出现不能共苦的士兵。尽管渡河行动非常冒险，但从军事策略来看，还是很高明的。

重要情报

在将华盛顿的军队追至宾夕法尼亚州后，英国军队形成了差不多一百三十公里的前哨防线，从新泽西州的柏林顿一直延伸到纽约的哈肯萨克河。但前哨防线越深入新泽西州，离他们位于纽约的补给基地就越远。

早在1776年秋天华盛顿首次穿越宾夕法尼亚州时，就利用间谍网和侦察兵，详细勘察了英军的位置。他们注意到，英军在特伦顿驻扎有一千五百名德国雇佣军，由约翰·洛尔上校指挥。这些雇佣军被称为黑森士兵。他们对自己的战斗力非常自信，甚至懒得挖壕沟或建防卫工事。华盛顿的间谍同时告诉他，尽管洛尔在以往战斗中有不凡记录，但他此时远离上级监督，整天沉溺于饮酒，部队纪律松散。华盛顿还注意到，即使是最近的英军前哨，离特伦顿也有至少半天的行军路程。这使它基本上处于孤立无援的境地。因此，除了自己率领的军队，他还计划派遣另外两支规模稍小的部队从下游渡河——其中一支负责进攻驻扎在波登镇的英军，以分散火力，阻止他们救援洛尔的部队；另一支负责阻挡黑森部队从特伦顿的撤退。

向特伦顿进发

正常情况下，十三公里的行军路程对于久经沙场的大陆军士兵来说，绝非难事。但在这个寒冷刺骨的夜晚，向着特伦顿的跋涉却极为艰难。士兵们冒着肆虐的冰雹，穿过一片黑橡树和胡桃树林，沿着一条被树根肆意分割的崎岖不平、纵横交错的小径前行。走在队伍最后面的是炮兵。他们在大炮的点火孔中插着小火把，用来照明。一名来自康涅狄格州的列兵后来回忆说，“火光在暴风雨肆虐的夜晚中摇曳闪烁”。传令兵一度从华盛顿的军官那里带来消息说，雨水和冻雨毁坏了他们的火药。对此，华盛顿仅仅回复说：“你们没有别的选择，只能继续前进！把刺刀用上吧！”

巧合的是，这个行军队伍里不少人后来都成了美国历史上举足轻重的人物。除了华盛顿，还包括詹姆斯·门罗——未来的美国总统；约翰·马歇尔——美国未来的首席大法官；阿伦·伯尔——未来的美国副总统；阿伦·伯尔后来在一场出名的决斗中杀死的亚历山大·汉密尔顿则是美国未来的财政部长。

到了大约8点，华盛顿的部队终于抵达特伦顿。此时，他已将部队分为两路纵队，并派遣一路从北面发起进攻。他发现，他已经比原计划晚了两小时——部队本该在凌晨前发起进攻。这个时候，风暴越来越猛烈，只有驻扎在镇子一公里外的小房子里的警戒哨兵在站岗。华盛顿士兵的步枪射击持续了一阵子，将哨兵压回镇子里——特伦顿战役打响了。

枪声和嘶吼声将洛尔将军从昏睡中惊醒。有人说，这是因为他喝醉了的缘故。这位好上校把圣诞节大半时间都花在了喝酒上，因此丧失了发现华盛顿计划的机会。一个效忠于英国国王的保守派农民曾在战争当晚来到洛尔驻地，要向他报告进攻的消息，但洛尔拒绝见他。沮丧之下，男子将他知道的都写在一张纸上，让卫兵转交洛尔。就像凯撒殉难

黑森部队

战争初期，英国人从德国请来了职业雇佣军协助攻打美国。最终，共有大约三万德国雇佣军参与了美国独立战争。他们被称为黑森士兵，因为大部分人都来自德国黑森-卡塞尔公国。尽管在欧洲，招募雇佣军作战是一种普遍的做法，但美国人还是对这一行为表示了愤慨。某种程度上缘于，他们认为这场战争类似家族纷争，英国国王却把外人牵扯进来。

对于在特伦顿俘获的黑森士兵，华盛顿的军队显示出了极大的好奇。他们对黑森士兵的描述是：身材矮小，身强力壮，脑袋后面拖着一条短辫，“直着翘起来，就像是煎锅的柄”。据一个大陆军列兵说，他们面色极度苍白，甚至泛着一种“蓝色的光泽”。而黑森士兵们则满怀戒心——因为指挥官告诉他们说，野蛮的美国人会将战俘杀了，然后吃掉。

日忽视了亲手交到他手里的救命字条那样，洛尔随手将字条塞入口袋里，随即将它抛诸脑后了。

现在，一切都为时晚矣。一些黑森士兵开始隔着营房的窗户，向外发射子弹。其他人则衣衫不整地冲向街道，却倒在大陆军训练有素的射击中。几百名士兵在军官的指挥下集结起来，开始在一座教堂附近组队。但亨利·诺克斯在国王街和皇后街上架起了六门大炮，给他们造成了毁灭性的打击。美军步兵要么在英军开炮前就将大部分大炮缴获了，要么在英军列队试图开火时将其击毙（亚历山大·汉密尔顿中尉领导了一次勇猛的进攻，摧毁了黑森部队的一门排炮）。

华盛顿的另一纵队从北面开始推进，对黑森士兵形成合围之势。洛尔大吼："所有掷弹兵，前进！"他试图率领恐慌的士兵发起一次进攻。但当他骑上战马，冲向大陆军阵线时，士兵却不愿从掩体出来。洛尔最终身中两枪，从马上摔落到特伦顿覆满白雪的街道上。伤势致命，他被人抬进教堂，放在一条长凳上。

被胜利惊呆

随处都可以见到，一群群黑森士兵被端着刺刀的大陆军团团包围，举手投降。

起初，华盛顿似乎要被这次胜利给惊呆了。他下令排炮部队向一处黑森士兵的阵地发起进攻，射击手向他汇报："长官，他们已经投降了。"

"投降？"华盛顿回答道，好像不确定这个词的意思。

"是的，他们已经把旗帜降下来了。"

最后，华盛顿终于明白了。他转头面对一个年轻军官——威尔金森少校，握着他的手说道："对我们的国家来说，这是一个荣耀的日子！"

大陆军收紧包围圈之前，有四百名黑森士兵逃脱了，却还有九百多人被俘，大约五十人被杀或负伤。与此同时，华盛顿部队的伤亡出人意料地稀少：三名士兵死亡（一名是行军中冻死的），六名士兵负伤。除了战俘，华盛顿还缴获了六门大炮、一千支急需的步枪和七辆货车的火药和弹药。华盛顿的这一壮举是在其他两路纵队未及支持的情况下完成的——他们当时正在河流下游吸引敌军火力。

洛尔上校死在战场附近的一座房子里。死前，华盛顿去看了他，并通过翻译和他进行了交谈。此时，洛尔看到了之前被他忽略的字条。他终于因此知道了，正是由于漫不经心，不仅失去了对部队的掌控，更丢掉了性命。

“不愉快的事件”

横渡德拉瓦河并在特伦顿击败黑森部队，让华盛顿和大陆军在美军士气处于低谷时获得了一次至关重要的胜利。接下来的日子里，英军分别于1月1日在特伦顿，1月2日和3日在附近的普林斯顿发起了反攻。但胜利仍然属于华盛顿。也是他，因此挽救了费城的局势。

亨利·诺克斯在给妻子的信中写道：“敌人之前距费城不到十五英里（二十四公里）。现在，他们远在六十英里（一百公里）之外了。”

最终，在另一场结束于1783年的血腥冲突后，美国人将英军彻底赶出了他们的国土，赢得了自治的权利。

尽管在特伦顿大捷后还有其他更伟大的战斗，它的胜利却极为关键。因为它发生在美国独立战争最为黑暗的时刻。华盛顿谦虚地将特伦顿进攻称为“一次幸运的出击”！气恼的英国国务大臣乔治·杰曼勋爵事后总结了英国人对于此次战役的观点：“特伦顿发生的这场不愉快的事件粉碎了我们所有的希望！”

巴士底狱风暴
（1789年）

这个暴政象征的垮台
引发了一场重大革命

一幅绘于1786年的路易十六国王的肖像。1791年逃离法国失败后，路易十六于1793年1月被送上断头台

1789年7月14日，著名的巴士底狱风暴爆发。在这场风暴中，人们攻克了一座象征着压迫的臭名昭著的监狱，解放了法国国王暴政下的许多牺牲品。因此，它被看作引发了法国大革命的一次英勇起义。但同法国大革命许多传奇和历史上的其他起义一样，巴士底狱风暴的事实与传说有些出入。此后紧接着发生的事件突出地说明了这一点。

当暴民攻破这座建于14世纪的臭名昭著的监狱大门后，守卫放弃了反抗，后被拖走杀死。最终，人们发现，这所监狱几乎空空如也。进攻者不知道的是，政府已计划拆除监狱。在它众多的牢房和密室中，只关押有六个囚犯（本该有七个，但它最著名的囚犯——马奎斯·萨德已在一周前被转往其他监狱）。六名犯人中，四名是伪造犯，另两名精神错乱。索拉格斯伯爵被家人以放荡和乱伦的罪名送上法庭；另一个精神错乱的爱尔兰人，历史记载只存有名字——梅杰·怀特。

六名囚犯当中，只有精神错乱的两人符合大多数人对巴士底狱囚犯的猜想——在国王的统治下，蒙冤的人们被扔进这所巨大监狱的地牢里终身囚禁。与其他囚犯不同，怀特已被关押很久了。他面容憔悴，头发花白，胡子长至腰际。因此，他被放进一辆马车，穿过街道聚集的人群进行游行，并作为受到法国国王压迫的完美象征为人们所欢呼。梅杰·怀特患有妄想症，自认为是尤里乌斯·凯撒。如此一来，游行场景完全符合他的心意。想着人群正在为罗马的独裁者鼓掌，他脸上绽放出了灿烂的笑容；不论被带到哪里，他都感激地挥手致谢。

不可避免，却难以预见

正如亚利西斯·托克维尔后来所写的那样，法国大革命“不可避免却完全难以预见”。法国当时的极度贫穷导致了大革命的发生。

尽管如此，法国大革命不仅改变了法国的面貌，还改变了整个欧洲。当革命者随后掌握了政权，建立了宪政民主并将之前高高在上的君主处决之后，这场革命在邻国引发了冲击。他们害怕这种进步思想会传入自己的国家。而且，它还不仅仅只是停留在思想的层面上。当法国大革命发展到失控的时候，成千上万的贵族和所谓反革命分子被处决。在外人看来，这种变革不可避免地伴随着暴力和流血事件。

之后，处于大革命中的法国将会与英国、荷兰、奥地利和意大利交战。而且，具有讽刺意味的是，法国在这些战争中的胜利最终导致了它的伟大将领拿破仑·波拿巴成为独裁者，从而颠覆了共和理念。但像大多数革命一样，法国大革命在最开始的时候，的确是怀着减少饥饿和不公的宗旨的。

饥饿的稻草人

1789年的早春，法国，一个有着大约两千六百万人口的国家，正在经历着极度的贫穷。其程度之严重，能令最麻木不仁的外国人感到恐惧。一位在法国农村旅游的英国作家将随处可见的饥饿农民描述为“饥饿的稻草人”。

造成这种极度贫困的原因是多方面的。其中，重税是最主要的原因。这些税赋基本都由农民和城市贫穷工人来承担，而不是由贵族（能够利用各种法律漏洞得到豁免）或强大富有的天主教教会来承担——他们占有了百分之十的土地，却从不缴税。巴黎的税赋尤其沉重，任何运进巴黎市的食物——干货、桶装酒、家禽家畜都要在“关卡”停留，而这些货物的所有人都必须缴纳货物税。

当时，法国的债务高达四千六百万里弗，税收基准含混无常，国内的情形相当糟糕。1774年路易十六国王登基时，面临的就是这样一个状况。对此，他却无能为力。尽管他在最初并不像后来那样冷酷无情，但他本是一个反复无常的君主，而且不倾向于理解普通民众的需求。

1789年之前，法国已经有了一次制宪会议。它由第一等级（僧侣）、第二等级（贵族）和第三等级（中产阶级和农民）组成。但这个会议从1614年起，就不曾召开过了。迫于压力，路易十六召开了“三级会议”，来应对每况愈下的经济形势和农民饥荒问题。第三等级呼吁改革。但他们的声音被僧侣和贵族压制了。

1789年6月17日，在一群激进的巴黎市民的领导下，民怨爆发——人们成立了国民大会，旨在创立一部法国宪法。此时，路易十六的权力已经日渐式微，被迫接受了这一变革。

不久之后，自由的气氛溢满巴黎，热烈的讨论在大街小巷如火如荼地展开。普通民众——商人、学生、农民——开始感受到，他们对自己的未来有了发言权。

拿起武器的市民

最终引发巴士底狱风暴的事件是，路易十六罢免财政部长雅克·内克尔。国王的保守派顾问要求他罢免内克尔，因为他对法国人民的苦难表示同情，并且赞同成立国民大会。6月11日，路易斯罢免了内克尔。

6月13日，民众抬着内克尔（当时已逃往比利时）的蜡制半身像，在巴黎市中心的街道上示威游行。有谣传说，路易十六将要动用瑞士和德国雇佣军来对付民众。因为他不信任法国军队能对同胞开枪。被这一消息激怒，同时又陶醉于突如其来的自由感觉，自称“平民部队”的示威者开始迫切地想拿起武器，自我保卫。7月14日星期二拂晓后不久，他们聚集在巴黎荣军院——既是军事建筑，又是医院——前面，要求得到武器。在卫兵们放任不理的情况下，平民们冲进地下室，抢走了两万八千多支步枪和十门大炮。

唯一的问题在于，他们只有很少的火药和炮弹。由于害怕弹药会为起义军所用，荣军院的将军派人将其贮存在巴士底狱坚固的堡垒中，特别保护了起来。这些弹药总共有九千公斤之多。

对于暴民来说，巴士底狱不仅代表火药和弹药的来源，同时也象征着长久以来的贵族式政治和社会体系，即所谓的旧制度。巴士底狱（源自法语词汇，意为“城堡”或“堡垒”）建于14世纪。当时，它是作为军事堡垒。其后，便成为国家监狱。这是一座巨大建筑，由八座圆形塔楼组成，围墙高达二十五米。直到革命前不久，监狱才因关押反对国王的政治犯——有些确有其罪，有些就未必了——而被人们认为是一个邪恶的地方。除了萨德侯爵，巴士底狱关押的著名犯人中还有大作家、大哲学家伏尔泰。关押者之一的记者西蒙·昂利1782年发表的文章对7月14聚集的暴民起到了煽动作用。还有一名关押者一直戴着天鹅绒面具，身份至今都是谜，尽管后来很多文学作品和电影都对他有所描写，并将其称为“戴铁面具的人”。

一幅对攻占巴士底狱场景描绘较为准确的图画。图中所绘监狱的巨大圆塔高达二十五米

惊慌的监狱长

当时，巴士底狱的监狱长是伯纳德·约旦，即洛奈侯爵。事实上，他就出生于这所监狱——他的父亲是前任监狱长。监狱全部正式武装就是八十二名退役士兵，或称荣军院士兵。他们就算占尽优势，也未必能打赢一场战斗。更何况，面对的“敌人”是他们的朋友或邻居？此外，洛奈还指挥着一支由三十二名瑞士职业军人组成的队伍。他们将会是防御行动中的核心力量。同时，他还有三十门左右大炮。许多都已经伸进了射击孔，瞄准了正在接近的人群。

通往巴士底狱的小门正对着一座外院，考尔代通道两旁挤满了店

铺。和平时期，囚犯被允许和亲人见面，在院子里走一走，抽支烟。通往监狱内庭的厚重大门坐落在吊桥的另一头。桥下是干涸的护城河。穿过大门，进攻者还要经过护城河上的另一座吊桥，才能真正到达监狱内部。

为了避免对抗，一些选举者——新的国家议会成员，大约早上10点时，赶在暴民前面，去同洛奈谈判。他们指出，架在发射口上的大炮会被当成挑衅，要求他撤下武器，洛奈同意了这一要求。然而，谈判正在进行时，大约一千人已到达巴士底狱外围，高喊：“我们要占领巴士底狱！军队出来投降！”

因为不耐烦监狱内缓慢的谈判节奏，一些示威者跳上了考尔代通道外面的商店屋顶，爬上了没有守卫的矮城墙，跳进了监狱内庭。然后，他们举起大锤，砸碎了拉起吊桥的铁链。吊桥倒塌下来，砸在了护城河里。一名未来得及躲开的闹事者被砸死，其余的人涌进内庭。

此刻，大约两点左右，有人开枪射击。没人能说出到底是哪一方首先开的火——一些不清楚吊桥是如何放下来的暴民确信，瑞士士兵故意放下吊桥，引诱他们进入院内，好将他们杀死。而瑞士军队后来坚称，是暴民先开的火，他们瞄准塔楼顶上的守卫开始射击。不管真实情形到底如何，子弹和炮弹都已经漫天乱飞，示威者向着院子的围墙四散奔逃。

一些选举者试图在炮弹声中呼吁人们停火，但没人听得到。临时做成的担架抬着伤员，从硝烟弥漫的院子冲到了大街上。围墙的另一边，洛奈几乎急得发疯。尽管监狱附近驻扎着大量的法国军队，却没有一支部队前来救援。这既是由于很多士兵同情起义军，也因为巴黎中心存在奇怪的权力真空使得这一地区几乎全部落入暴民手中。

攻克堡垒

最终，增援终于到来了——但不是来援助洛奈的。到了大约三点半，几百名“法兰西卫兵”，即起义军“新民兵部队”中的士兵也加入到了暴民队伍。其中不仅有弄到了枪支的平民，还有从路易十六的队伍中脱离的士兵。他们不仅带来了更多步枪，还带来了两门大炮。更具讽刺意义的是，他们还带来了暹罗国王送给路易十六的一支银枪。路易平时都把它当成玩具把玩。这把枪被人从皇家库房中抢了出来，就要被用来攻陷巴士底狱了。

在两名经验丰富的军官带领下，民兵在监狱内庭架起枪支，直接瞄准被拉起的吊桥底座（监狱围墙太厚，炮弹难以穿过）。而在大门另一边，洛奈也架起大炮。旧部队和新生部队隔着大约三十米对峙着。

很快，洛奈确信局势无可挽回，决定承认失败。起先，人们还不愿接受他的投降（尽管这样能够确保监狱中的囚犯安全出来），仍然继续射击。绝望中的洛奈只好派人将一张字条送到人群中。上面写道："我们有九千公斤的火药。如果你们不接受我们的投降，我们将会炸毁这座要塞和周围市区。"当率领起义部队的军官作势要向监狱大门开火时，洛奈选择了无条件投降。吊桥被放了下来，暴民涌入巴士底狱。

自由的象征

起义军解除了瑞士士兵的武装，把他们带到大街上，并向他们扔石头，大吼大叫。但这些士兵最后活了下来，而一些荣军院士兵却被误认为监狱看守而被吊死或打死。洛奈的下场也相当悲惨。他被暴民捅了数刀后，又遭枪击而亡。之后，暴民将他的脑袋割下，插在一把长矛上。

暴民中有八十三人死亡。但是，他们取得了巨大胜利。巴士底狱陷落的当晚，如潮的人群挤满巴黎大街小巷，高声喊叫，以示庆祝，并朝天鸣枪。之后，参加进攻的人们被授予"巴士底狱征服者"的称号。在这些人的有生之年，每年的这一天，他们都会上街游行。

国王路易十六宣布，将召回雅克·内克尔。为了表示对新政府的支持，他甚至戴上了标志革命的三色帽徽。然而，许多贵族都对这次暴力行动感到震惊（行动最终导致了国王和妻子玛丽·安托瓦内特的丧生），并开始纷纷逃往国外。

在接下来的十年当中，法国将会发生根本性的变革。愈演愈烈的群众暴动很快将这场革命变得面目狰狞。在始于1792年的恐怖统治时期，成千上万人因为被怀疑同情“反革命分子”而被杀死。这场恐怖统治预示着20世纪的俄国和中国在革命成功后随之而来的相似的流血事件，也永远玷污了大革命信奉的理念。不仅如此，恐怖统治使得本来可能对法国革命报以同情的国家（尤其是刚刚经历了成功的革命之后的美国）产生了反感之情。

但在1789年7月14日这一天，的确是普通民众，迈出了走向共和的第一步。从此以后，法国人民在每年的这一天，都会庆祝巴士底狱的攻陷。至少从象征意义上来说，法国人民在这一天赢得了自由。

拆除巴士底狱

巴士底狱守卫被处死后，监狱也没有存在多久。风暴之后，它立即成为了一个参观胜地。所有人都想看看那段逝去的岁月所留下的恐怖痕迹（可以找到一些旧骨头和锁链。大体说来，这座古老要塞的高墙内确实没什么惊世骇俗的东西）。1790年，一位名叫皮埃尔·帕洛依的法国企业家和演员竟买到了巴士底狱，获得了拆除它的权利。他们将拆下的一部分卖给热衷于收藏纪念品的人。他还亲自用镐敲下了监狱的第一块石头。之后，拆除工作继续进行，多达一千名工人参与其中。整个工程11月结束。帕洛依不仅卖掉了一大部分拆下来的建筑，还用剩下的建造了一个监狱的石造模型，并在废墟上举行纪念活动。今天，这所监狱遗址上建起了一个宽阔的广场——巴士底广场，以及巴士底歌剧院。

滑铁卢战役
（1815年）

拿破仑如何碰到了对手，欧洲又如何背弃了革命

拿破仑穿越阿尔卑斯山（1801）。法国艺术家雅克·路易·大卫所作此画像的五个版本之一

滑铁卢战役有可能是世界史上最著名的战役。的确，能够与这场战役相提并论的战斗寥寥无几：坎尼会战、葛底斯堡战役、索姆河会战、诺曼底战役。但在一天之内就决定整个战争成败的，世界历史上没有几场。而滑铁卢战役就是其中之一。如果反法联军没能在滑铁卢阻止拿破仑，欧洲的版图将会彻底重绘；拿破仑将很有可能统治一个横跨整个欧洲的法兰西帝国。在滑铁卢发生的这场巨大战役也使得未来几年中，指挥官都喜欢制定固定套路的大规模战术，期待能在一场大胆的行动中结束整个战斗。

到了今天，这场战役的名字已经成为人们在宏大目标受阻后经受一败涂地结局的代名词。但是，即使这场战役获胜的英国将军也承认，1815年6月比利时发生的一切可能完全朝着另一个方向发展。这样的话，我们今天的世界将会有很大的不同。

一个安静的早晨

6月18日清晨，距离比利时村庄滑铁卢几公里以外的地方，十四万人正在一片宽度三公里、纵深一公里的土地上对峙。在北面，沿着一条土地隆起带散开的是第七次反法联盟的部队，共有来自英国、荷兰、比利时和德国的士兵约六万七千人。他们的指挥官是威灵顿公爵。在他那一代人当中，他是英国最为成功的将军。距离他们不远处，驻扎着由陆军元帅格布哈特・布吕歇尔指挥的普鲁士同盟军。田野南面则驻扎着由拿破仑・波拿巴领导的七万三千名法国士兵。

由于前一天晚上下过大雨，因此，在滑铁卢附近的空旷田野里，双方部队都挨过了一个寒冷难熬的夜晚，隔开两军的田野也变成了一片烂泥地。拂晓之后，天空放晴，太阳升了起来。英军做好了战斗准备。因为他们确定，以极富攻击性而著称的拿破仑将会向他们的阵地发起进攻。但是之后……什么也没有发生。

几个小时过去了，法国军队还是没有任何行动。英国士兵开始松懈下来，有的在写信，有的抓紧时间打起了盹儿。而法国军中则有传言说，拿破仑在等待田野变干，以免烂泥减缓攻势，尤其对炮兵部队或骑兵部队来说。这是非常合理的设想，但不像拿破仑的作风。了解他的人们从未见过，他会因为泥地这种不便因素的影响而放缓进攻。而且，拖延越久，布吕歇尔元帅的普鲁士军队前来增援威灵顿的可能性就越大。而这是拿破仑最不愿意看到的。法国军队里的许多人开始疑惑，皇帝陛下到底怎么了？

对欧洲的威胁

比利时境内的这场对峙代表着欧洲长达二十年的纷争达到了顶峰。1789年法国大革命后，法国同许多欧洲国家之间都爆发了战争。这种敌对状态在1802年的时候有过短暂停止。但1799年拿破仑执掌了政权，并于1804年称帝之后，战争开始继续。大部分欧洲国家试图阻止波拿巴想要占领越来越多领土的野心。威灵顿后来说，“法国没有敌人。只有一个人是我们的敌人。”他这句话有一定道理——这场战争是针对拿破仑，而不是针对法国的。

威灵顿在与这位传奇将军的最初几次交锋中，获得了巨大成功。他在半岛战争中指挥英军、葡萄牙和西班牙军队，将拿破仑赶出了西班牙和葡萄牙。之后，在1814年，拿破仑指挥一支不到十万人的法军攻打俄国，但遭到惨败。反法联军随后攻占了巴黎，拿破仑被迫退位，并于4月11日无条件投降。根据《枫丹白露条约》，拿破仑被放逐到一个地中海小岛——厄尔巴岛上。拿破仑退位后，法国保皇党人攫取了权力。由于反法联盟希望在法国建立稳定的君主制，于是，路易十六的弟弟——路易十八在他们的扶持下，登上了皇位。这样一来，整个欧洲都舒了一口气，并解散了大部分军队。

但好景不长。1815年2月26日，拿破仑逃离厄尔巴岛。他踏上法国土地后，路易十八派遣一个团来追杀他。但这个团里的士兵从前隶属拿破仑军队第五团，现由他的老部下马歇尔·内伊领导。面对这一情形，拿破仑延续了自己一贯的作风。他翻身下马，走向这些士兵，高喊道：“第五团的兄弟们，你们不认识我了吗？如果有人想要打死你们的皇帝，现在就开枪吧！”士兵们纷纷自发加入拿破仑的行列，追随他，向着巴黎进发。路易十八闻风而逃，而拿破仑则用他将第五团重新招至麾下的非凡领导力又组建了一支军队。其中，许多都是他的旧部。

逃离厄尔巴岛

1814年，拿破仑被联军放逐到意大利海岸附近的厄尔巴岛上。从严格意义上来说，他并非囚犯。他手下有一支六百人左右的卫队，管辖着厄尔巴岛大约十二万人口，还被允许保留“皇帝”头衔——也许这对他来说很残忍。英国船只全天候看守着这座小岛。即便如此，拿破仑也并未与外界隔离。他收到几千封来自欧洲支持者的信件。这点燃了他仍未熄灭的雄心壮志。1815年2月26日子夜前后，拿破仑轻易避开看守厄尔巴岛的英国船只，登上一艘船，回到了法国，并最终站在了滑铁卢战场上。

欧洲反法同盟的国家在这段时间里惊恐不安。类似的感觉恐怕只有之后的20世纪30年代希特勒上台时，才会再现。许多人认为，拿破仑是个危险的自大狂。当大家都认为他将会永久流放时，他以闪电般的速度归来，还集结了一支十四万人的军队。要阻止这个人！而且要立刻阻止他！否则，整个欧洲的未来都将岌岌可危。

当这个事件发生时，英国、奥地利、普鲁士和俄国的代表正在维也纳开会。此时，传来了拿破仑逃脱的消息。这些国家快速作出反应，结成另一个同盟——这是为了抗击拿破仑而结成的第七次同盟——并在3月25日对法国宣战。第七次反法同盟旨在从所有方向包围法国，进军巴黎，彻底摧毁拿破仑。但当时唯一能够立即投入战斗的部队就是威灵顿领导的、驻扎在比利时的英国联军，尽管由布吕歇尔指挥的普鲁士军队很快前往增援英军。

与此同时，拿破仑决定攻打比利时，占领布鲁塞尔港口。他派遣部队沿法国边境行进，同时命令马歇尔·内伊攻打普鲁士军队。激战过后，法国军队迫使布吕歇尔的部队后撤，但并没有摧毁他们。而拿破仑则在6月17日晚上，率领军队到达了小村——滑铁卢。

承受病痛的折磨

战争开始的时候，拿破仑已经四十五岁了（只比威灵顿公爵小几

丹尼斯·迪顿的《1815年6月18日滑铁卢之战》描绘了深陷混乱与骚动之中的威灵顿公爵

个月）。战争发生的当天早上，他正处在一种奇怪的犹疑不决的状态中。前一天晚上，他住在一间农舍里。第二天非常早的时候就起床了，同将军们在地图上商议战术。“我们有九成的胜利把握。”他说，“不利的因素不到一成。告诉你们，威灵顿是个糟糕的将军！英国军队是一支糟糕的军队！整个事情将会像野餐一样简单！”

但他的行为却同这些自信的话语不符。视察完军队后，他没有下达任何出击的命令，对众位将军要求这样做的建议也置之不理。他给出的唯一理由就是，地面仍然太泥泞，不适合部队行动。最终，他叫副官带他到阵地后方一个小酒馆。他下了马，坐到了一把椅子里。他一度将手肘支在膝盖上，并把脸埋进手掌里。他的一个参谋后来写道：“他似乎处在一种恍惚的状态当中。”

拿破仑周围的人开始意识到他病了，尽管没人敢询问，他也从未提起过。他死后数年，他的弟弟热罗姆王子和他的私人医生拉瑞男爵透露说，当时皇帝正在承受一种令他羞于启齿的剧痛折磨——痔疮。如果痔疮患者长期坐在表面坚硬的物体，比如马鞍上，病情就可能恶化，患上令人极度痛苦的直肠脱垂。拿破仑可能还患有膀胱炎，即膀胱受到感染。这种疾病会在排尿时造成痛感，并引发高烧；寒冷潮湿的环境会让病情恶化。他之前就患过这种疾病，最为人知的一次是在博罗迪诺战役中。

拿破仑曾经体格适中，后来突然变得又矮又胖。历史学家猜测，这可能是因为他患上了垂体紊乱症。这种疾病会导致体重增加，犹豫不决以及思维混乱。不管到底出于什么原因，拿破仑直到上午11点半左右，才从浑浑噩噩的状态中清醒过来，下令炮兵出击。

轰鸣的大炮

一些联军后来宣称，战争终于爆发使他们得到了解脱。因为在这一刻，他们终于可以驱逐拿破仑了。对于一些年轻士兵来说，从童年时候起，拿破仑就令他们极度憎恶。他是保姆用来吓唬他们的邪恶化身。然而，当重达四公斤和六公斤的法国炮弹飞过他们的阵地并造成巨大伤亡时，这种终于可以采取行动的解脱感变成了恐惧。一个英国新兵亲眼看着他的军士长被一颗炮弹几乎炸成两半。

威灵顿公爵的深谋远虑在此时发挥了作用。他曾建议军队利用滑铁卢附近农田里的隆起带作为抗击法军的阵线。其中一个理由就是，隆起带的背面可以为士兵提供掩护。此时，他命令所有人都在斜坡后躺倒。而对于对面的法国士兵来说，以英军为中心的联军阵线一下子消失了。尽管这些大炮的攻击是许多老兵见过的最猛烈的攻击，但农田的隆起挽救了他们的性命。人们尽可能紧贴着隆起的斜面，大多数炮弹都从他们头顶上飞过，落到了远远的后边。而造成最大伤亡的就是那些落到隆起地带顶部、后又弹到仰卧的士兵中间的炮弹。

大约半小时后，密集的火炮攻击结束了。联军抬起了他们的头。

冲锋暂停

即使被枪声震得半聋的人也能分辨出冲锋的号令声。最开始的时候，能够听到砰砰的鼓声，然后是军号声、杂乱的吼声。最后听到的，是更为响亮、更为整齐的“皇帝万岁”的吼声。当联军重新杀回位于隆起带中间的阵线时，三个纵队的法国步兵正在冲向他们中心偏左的位置。每一纵队都有二十四列的纵深和一百五十人的列宽，侧翼都有骑兵护卫。这是法国大军最经典，也是最致命的队形！他们正是依靠这一队形，横扫了整个欧洲。靠着这些势不可挡的纵队，拿破仑可以快速攻破敌人防线，从而一举破坏敌军的凝聚力。

当法国士兵向着托马斯·皮克顿指挥的比利时部队前进的时候，一名英国军官赞叹道："就像接受检阅一样。"比利时军队在恐惧中掉头逃跑，使得联军阵线的中心出现了一个大缺口。震耳欲聋的喊杀声使得士兵难以听到统帅的命令。而当另一队英军开火时，法军纵队已经转向右侧行进，进入一列双层壕沟。驻守在那里的是皮克顿手下剩存的苏格兰步兵。正当他命令士兵发起进攻时，法国军队中射出的一颗子弹击中了他，当场毙命。

苏格兰部队从壕沟正面冲了出来，三千支步枪在极短距离内向法国纵队齐射。法国军队要比苏格兰军队的人数多好几倍，但他们的队形不允许携带同样数量的步枪还击。接下来，当两军短兵相接时，战争演变成了一场近身肉搏的混战。弥漫的烟尘中，人们用枪托、马刀、长矛和拳头互殴对方。然后，正当法国军队的阵线开始动摇的时候，惊人的一幕发生了！

苏格兰骑兵团率领的英国骑兵到了！他们像在障碍赛马中一样越过战壕，冲向法国军队，并彻底摧毁了法军的攻势。

逃跑途中

激烈的战斗正在三栋独立的农舍以及外屋中展开——乌古蒙、圣拉埃、帕佩洛特——这三栋农舍是现成的防守阵地。

大约下午3点，拿破仑派马歇尔·内伊去夺取圣拉埃。在一番浴血奋战之后，法国步兵成功地将这块阵地从英军手中夺走。他们就此驻扎在那里，正对着联军驻守的战壕。当内伊向拿破仑请求增援时，拿破仑回复说，他没有多余的兵力。因为此时，布吕歇尔率领的普鲁士军队已抵达法军右翼。这是威灵顿一直企盼着的援兵。拿破仑对它的出现大为震惊。在他的计划里，这支部队应该被他的将军格鲁希侯爵阻挡住了。但格鲁希侯爵在附近的瓦弗尔被另一支普鲁士军队的激战缠住，没能完成任务。布吕歇尔因而得以率兵前来援助威灵顿。

拿破仑指挥他的精英部队——禁卫军——向联军阵地发起了最后

一次猛烈进攻。但只有一部分军队成功突破敌人防线，其余队伍则被击败，四散奔逃。看到这支精英部队的溃败后，法军阵线在联军骑兵的追击下开始断裂。拿破仑的军队开始败退，而痛苦疲惫、身受病痛折磨的拿破仑也只好随部队撤回巴黎。

最后的流放

在那一晚的战斗中，有四万人死亡或重伤。而随后发生的洗劫后来成为一段传说。食尸鬼似的比利时农民剥光了成千上万的死亡士兵的衣服，而联军士兵则在夜晚出来游荡，有时甚至会抢劫并杀死自己队伍里的人。钱包鼓鼓囊囊，配着镀金剑的军官尤其成为掠夺目标。法国伤兵得不到任何救助，在极度缺水的情况下死去。

到了第二天，比利时的平民到战场去看热闹。那里难闻的气味迫使他们用手帕掩住口鼻。他们知道，在这里，拿破仑终于被击败了！而且，这一次败得彻彻底底——历史被改写了！

尽管受到了联军的追击，拿破仑仍然从战场逃脱了。看到失败不可避免，他宣布退位，并试图逃往美国，却被英军抓获。6月15日，他在一艘英国军舰上被迫投降。这位生病的将军又一次被流放了。这次的流放地更远，在一个叫圣赫勒拿的南大西洋小岛上。1821年，他在这座小岛上去世。有可能是被毒死的；也有可能死于从滑铁卢战役就开始折磨他的各种疾病。

整个欧洲得救了，而滑铁卢战役的政治影响也是深远的。由于害怕像拿破仑逃离厄尔巴岛并再次煽起战火的类似事件再次发生，欧洲国家的君主权力变得极其保守，任何旨在建立民主社会的变革或社会运动都会被很快扑灭。在整个欧洲，君主制都在复辟并得到加强，民族主义运动及共和运动受到镇压。

旧秩序的支持者很清楚地知道，他们曾离毁灭多么接近。正如威灵顿公爵对于滑铁卢战役的描述那样，“一生当中，很少能遇到这样成败就在一线间的事情”。

爱尔兰土豆大饥荒
（1845–1849年）

这场19世纪欧洲最大的灾难，是如何加速历史上最大规模的人口迁移，并促使爱尔兰民族主义运动兴起的

查尔斯·特里维廉爵士。他宣称，自己并不为饥饿的爱尔兰人所承受的苦难所动

在1846年凉爽湿润的夏天里，主要靠出售家畜和食用美国进口粮食熬过1845年秋天饥荒的爱尔兰农民，正焦急地盼望着全国农田和菜园的土豆能够获得丰收。这次，土豆肯定不会再歉收了！肯定不会像去年一样因为不知名的疾病而变黑，烂在藤蔓上了！

最开始的时候，庄稼看起来很健康，农民很高兴庄稼终于不会再死掉了。但到了9月份的时候，爱尔兰西部的土豆苗开始枯萎。之后，可怕的病害蔓延至全国。它一周能推进八十公里，没有任何一片土豆地能够幸免。一位教区的神父写道："很多地方，可怜的人们坐在正在枯萎的菜地旁的篱笆上，绞着双手，号啕大哭。"政府官员估计，爱尔兰全国剩存的土豆只能维持国内人们一个月的口粮。被爱尔兰人后来称作"黑暗的1847年"就要开始了。

巨大的影响

爱尔兰历史上所谓的"大饥荒"或是"大饥饿"的影响是难以估量的。下面的数据对它深远的影响算是有所体现。1845年，爱尔兰有大约八百万人口。六年之后，爱尔兰人口减少到五百五十万——大约一百万死于饥饿或疾病，另外一百五十万则迁移至其他国家——主要迁往英国、澳大利亚和美国。

这次的人口流失所带来的影响相当极端。之后整整几代的时间里，爱尔兰一直为贫穷困扰——的确，直到21世纪初期，复苏中的爱尔兰人口才恢复到1845年的水平。同时，它也开启了爱尔兰侨民团体在世界各国的崛起之路。尤其是在美国和澳大利亚。此外，它还引发了迅速增加的爱尔兰民族主义运动，如19世纪下半叶出现的芬尼兄弟会和土地同盟。后者尤其宣扬，唯一能够避免另一次可怕饥荒的方法就是，将爱尔兰从英国国王的腐败统治下解放出来。

土豆王

当爱尔兰人吃完贮存的最后一批土豆后，1846年的冬天来临了。人们开始吃荨麻、萝卜、腐烂的大白菜、海藻，甚至是草来果腹。住在西海岸附近的人们将目光投向了盛产鱼类的大海，却没有办法捕捞。因为他们的圆形渔船，或称小圆舟太单薄，无法驶入深海捕鱼。

很少有国家像爱尔兰一样，对于饥荒有着如此低下的抵御能力。土豆最初被种植在南美洲的秘鲁高原上，从16世纪90年代开始，当土豆这种养活人的神奇的块茎作物从南美进口到爱尔兰后，就成为爱尔兰人们赖以生存的唯一农作物。即使在爱尔兰寒冷潮湿的冬天，土豆仍然能够茁壮生长。的确，土豆在爱尔兰能够如此容易生长，又费不了多少人力，甚至于种植土豆的田地都被称为“懒床”。爱尔兰农田稀少，而一英亩土地每年能够产出十一吨土豆，能够轻易养活一个爱尔兰大家庭。

据估计，到了19世纪中期，有三百万的爱尔兰农民仅以土豆为食，也许再加上一点点大白菜和乳酪。一个爱尔兰成年人一般每天能吃掉多达六公斤土豆。土豆富含蛋白质、碳水化合物和维他命C——如果贫穷迫使你只能选择一种食物来果腹，土豆绝对不是最坏的选择。

不幸的是，爱尔兰人不仅只把土豆作为唯一的食物来源，他们种植的土豆还只有一种——蓝普斯土豆。这种土豆产量很高，但对枯萎病却完全没有抵抗力。由于基因单一，一种枯萎病就能使全部土豆灭绝。

这次枯萎病起源于1845年9月丰收时节产生的一种致命真菌，名为致病疫真菌。这种真菌通过船只，从美国带到英国，又随着恶风穿越爱尔兰海。它不仅能令土豆死亡，还使它们发黑腐烂。最后，土豆都会烂在地里，第二年还会卷土重来。

1846年的冬天是人们记忆中最可怕的一个冬天：寒冷彻骨，暴风雪和冰雹一场接着一场，完全不像爱尔兰向来温和的冬天。人们开始大量涌进政府救济院。但这种地方肮脏混乱、病菌滋生，令人绝望。在科克郡柏林的救济院，1846年下半年收容的孩子中，有一半都死去了。科克郡的行政官尼古拉斯·康明斯在参观一间救济院后，惊骇不已，写下了这段文字：“六具饿得奄奄一息、面色可怕的骨头架子挤在墙角一堆污秽的稻草上，看起来像是死了。他们身上的唯一遮盖就是一块看起来像是马鞍毯的破布。他们骨瘦如柴的双腿一直赤裸到膝盖以上，无力地晃动着。我满怀恐惧走近他们，从一声声微弱的呻吟中才发现，他们还活着。这些人正发着烧，有四个孩子，一个女人，还有一个已经不成样子的男人……在短短的几分钟内，我看到至少两百个这样的活死人……他们狂乱的吼叫仍回荡在我的耳边，那些可怕的景象也一直停留在我的脑海，不肯离去。在爱尔兰，像这样的故事持续了整整一年——现在，人们真的是成千上万地死去。为什么没有人想想办法，来做点儿什么？”

英国人带给我们饥荒

饥荒发生之前的两个世纪里，爱尔兰人在不断反抗侵略他们国家的英国人。就在1789年，一支爱尔兰农民军还在一个叫沃尔夫·托恩的英裔爱尔兰律师领导下，奋起反抗英国人。英军最终镇压了起义，四万爱尔兰人被杀。即使1801年合并法案将爱尔兰纳入大不列颠管辖后，爱尔兰人仍被视为英国人的穷表兄，信奉天主教的爱尔兰人仍处于信奉盎格鲁新教的地主阶级统治之下。后者拥有爱尔兰大片土地。这些土地又被掮客分割成小块，转租给佃农。据估计，1845年，爱尔兰有超过百分之九十的土地都被分割成约十二公顷或更小块的农田。这也就意味着，大约四十万爱尔兰农民仅靠两公顷或更小的土地维持生存。

爱尔兰人当中流传着一句话：“上帝带给我们土豆枯萎病！英国人带给我们饥荒！”当时，爱尔兰农民处在英国地主（很多人从来不去耕种土地）掌控下。后者普遍认为，农民的形象是迷信、狡猾、懒惰和奸诈。当饥荒来袭时，英国首相罗伯特·皮尔爵士试图帮助困境中的人们。他取消了玉米进口税，进口印第安玉米来减轻饥荒。同时，他还采取了许多其他措施。即便是这些杯水车薪的温和措施，在英国也遭到了反对，并导致皮尔在1846年的选举中下台。

冷酷偏执的回应

没有了皮尔的救济措施，爱尔兰的命运完全掌握在了英国财政大臣助理查尔斯·特里威廉手中。饥荒期间，他只到过一次爱尔兰，并宣称，这将会帮助他作出更明智的决断。与大多数亲眼见到饥荒惨象的人们不同，他并没有为这次经历触动。他的第一个决定就是叫停政府的运粮船，因为他害怕爱尔兰人会变得“习惯性地依靠政府”。这样一来，大部分灾民的唯一选择就是，依靠参加公共工程来获得救济。1864年冬

一幅19世纪的画作，描绘的是饥荒中最常见的图景——一个被神驱逐的爱尔兰家庭

天，七十万爱尔兰人——男人、女人，还有孩子——都在做这样的工作：用锤子敲碎石块，用筐把它们运走，铺路。但这份工作的报酬极其微薄，根本不够买到可以果腹的食物。因此，人们又因为饥饿引发的虚弱，而难以从事这样繁重的劳动了。

特里威廉和与他相似的人们残酷偏执的反应，极大地加深了人们承受的苦难。随着1847年的继续，在爱尔兰，尤其在爱尔兰西部，出现了可以与14世纪瘟疫横行时期相提并论的惨象。村庄荒无人烟，虚弱的幸存者没有力气埋葬死者。随处可见倒毙在路边的死尸。甚至还有人吃人

的记载。饥饿导致疾病暴发，如斑疹伤寒、痢疾和饥饿水肿（营养不良性水肿）。患了饥饿水肿的人四肢和身体都会变得肿胀，最后突然死亡。农民不是唯一受害者，仅在1847年，就有两百多位医生死亡。

当所有这一切发生的时候，爱尔兰人眼睁睁看着一船船粮食和牲畜被运往欧洲各地。一种作物歉收的时候，其他作物会获得丰收。英国政府需要利润，“因此，他们让爱尔兰人去承受痛苦”。一位爱尔兰政客写道，“让他们眼睁睁地看着食物被送到别人口中，而自己只有挨饿的份儿”。

科克郡的几个港口发生了粮食哄抢事件。暴民们试图冲击仓库，抢走粮食。在沃特福德县，守卫一艘运粮船的英国士兵遭到了石头袭击。他们向人群随意射击，造成了两人死亡，多人受伤，六个地主在夜行的路上遭枪击身亡。作为回应，英国派出更多士兵，驻扎在爱尔兰。

让人们活下去

1847年6月，英国政府迫于国内外的激愤情绪，不得不决定“让人们活下去”——这是特里威廉的原话。在没有提供任何直接救济措施的情况下，英国政府通过了《（爱尔兰）临时济贫法案》，也被称为《施粥场法案》。根据这一法案，全国各地建起了施粥场，免费向饥民发放。但这是通过一些国际团体的赞助，诸如贵格会或私人英国救济组

成功的故事和永远的伤痕

大饥荒期间，一百五十万爱尔兰人移居外国。他们到了美国，成为工人、警察和政治家；他们到了澳大利亚，成为金矿工人、农民和法官。维多利亚时期，到了1871年，四分之一的人口都是爱尔兰移民。作出转变并不容易。

爱尔兰移民到达其他国家时，状况很糟糕——营养不良，不会读写，常常年纪轻轻就没了牙齿（由于坏血病或饥饿造成的），很多人身患疾病。还有一些特征能够将他们同其他移民区分开来。爱尔兰人通常经由英国利物浦向国外移民。那里的海关工作人员在工作记录中，常常用“被动的”、“顺从的”、“受惊的”、“沉默的”等词语来描述他们。回望这一百五十多年，人们可以看到，这些男男女女承受着创伤后精神紧张症的折磨。尽管他们幸存了下来，心灵的创伤将会永远存在。

织，才得以实现的。

这些组织所能提供的粥完全不能满足饥民需要，但在1847年夏天，大约三百万人靠着这些接济，活了下来。他们每人每天能得到一斤玉米稀饭和一百克面包。与此同时，人们期待着新一茬土豆能够获得丰收。到了9月，土豆并没有显示出枯萎病的迹象。但很多农民上一年因为贫穷，而没能播下种子（或是因为忙着修建公共工程），这一年的土豆收成相对很低。因此，地主决定从其他地方赚钱——从小麦或牲畜上面。但这些生产需要大片土地。因此，他们不得不毁掉自己土地上的许多小农场和土豆地。但饥饿的爱尔兰农民全要靠这些土地，才能过活。

为了解决土地问题，地主以爱尔兰佃农拒付租金为由，将他们赶走。这就迫使大批农民露宿街头，或是投靠救济院。另一些地主则花钱雇这些农民坐船去北美。这些所谓的“棺材船”拥挤不堪，瘟疫横行。1847年的夏天，载有一万四千名爱尔兰人的十四艘船停靠在圣劳伦斯河边，在隔离中等待从魁北克省进入加拿大。船上有几百人死于斑疹伤寒。他们的尸体被直接扔下船，顺河漂下，映入惊恐的加拿大人的眼帘。

逃离与反抗

在“黑色的1847年”中，最终有大约十万爱尔兰人逃往加拿大。其中，一半人步行穿越国境线，到了美国（美国的移民制度更为严格，不允许携带疾病的船只进入）。在那里，他们为后来的爱尔兰人移民美国的高潮作了铺垫。在这次移民潮中，成千上万急于脱离英国统治的爱尔兰人在一个喧嚣的新国度找到了工作。到了19世纪80年代，爱尔兰移民控制了美国一些大城市的上层政治，包括纽约、波士顿和芝加哥。

“黑色的1847年”是饥荒情况最为严重的一年。在那之后，爱尔兰人仍然承受着不幸。1849年新一轮土豆歉收出现时，形势变得如此糟糕，以致一些爱尔兰年轻人情愿被捕。因为他们希望能够被送往澳大利亚。在那里，他们至少能够有东西吃。更多的人离开爱尔兰，前往美国。

人们在受够了英国的压迫统治和冷酷对待后，建议采取激烈的行动。在1848年的大饥荒中，一群反叛的年轻爱尔兰民族主义者组成了爱尔兰人联盟，图谋在1848年夏天反抗英国统治。但由于组织受到了英国秘密警察的严重渗透，再加上没有足够的武器，同时也看轻了疲惫不堪的民众的反抗意愿，几场小规模战斗后，反抗就被镇压了。反抗领袖遭到逮捕，并被流放至澳大利亚。然而，他们所写下的文字将会影响未来的爱尔兰和美国反叛者推翻英国统治的斗争。

在19世纪50年代里，土豆的收成比较正常。同时，也由于农作物的多元化、铁路运输粮食能力的提高和工人阶级的政治化，灾荒的程度逐渐减轻了。政治化导致了土地改革的兴起。19世纪70年代末的土地联盟运动使得爱尔兰人更加意识到掌控自己命运的重要性。从这个意义上讲，从大饥荒到1921年导致爱尔兰独立的事件，再到1949年爱尔兰共和国的建立，之间不无联系。

轻骑兵进击
（1854年）

这次军事上的惨败不仅激发了诗人创作不朽诗篇的灵感，还引发了英国军队的大改革

卡迪根七等伯爵。他仪表堂堂，头脑简单。他领导了轻骑兵旅灾难性的冲锋

他们不问因由，
只是去战去死；
进入死亡之谷，
六百骠骑向前。

——阿尔弗雷德·丁尼生勋爵《轻骑兵进击》

世上有数不清的丰碑，是为了纪念那些对战争胜利有着重大意义的阵亡士兵。但丁尼生在《轻骑兵进击》这首诗中气势磅礴的描写针对的是一场截然相反的战斗。在愚蠢的指挥官的命令下，几百个好男儿在一场徒劳无益的进攻中失去了生命。

今天，如果不是因为丁尼生的这首诗，大多数人会对轻骑兵进击一无所知。这首诗准确地捕捉到了“六百”这一数字——确切地说，是六百七十三名——英国轻骑兵旅的骑兵在策马驰入克里米亚半岛位于巴拉克拉瓦附近一个长约一公里半的山谷时，面对俄国人猛烈的炮火所表现出的无畏精神。即便如此，诗人也写道，“尽管战士知道，有人疏忽犯错”，却还是没有说出惨败的真实原因。

细细的红线

1853年初，克里米亚战争爆发。战争的双方是尼古拉斯一世统治下的沙皇俄国和英国、法国、奥斯曼帝国。后者意在阻止俄国在中东地带扩大势力范围。这场战争中的大多数战役都是在克里米亚半岛进行的。克里米亚半岛从俄罗斯帝国的乌克兰向南延伸，一直进到黑海。

1854年，英国、法国和土耳其联合远征军入侵克里米亚半岛，意在包围俄国的塞瓦斯托波尔港。10月25日，俄国人试图通过攻击巴拉克拉瓦附近的港口，来突破包围。因为那里是联军物资的供给地。由于英国陆军和骑兵的英勇抗击，这次进攻被击退了。九十三名苏格兰高地兵团士兵面对俄国军队的凶猛进攻，选择了坚守阵地。威廉·拉塞尔（常被人们认为是首位战地记者）在为《泰晤士日报》所做的现场报道中给他们起了一个著名的绰号——“细细的红线”。此外，在一次猛烈的上坡冲锋中，大约由五百名龙骑兵组成的所谓“重骑兵”部队向俄国一支三千人的骑兵部队发起了进攻，并和他们进行了激烈的肉搏战。

蠢得不可思议

当时，在这场孤注一掷的拉锯战场五百米外，站着一个著名的人物——詹姆斯·布鲁登诺尔，也就是卡迪根七等伯爵——轻骑兵旅的指挥官——之所以称他们为轻骑兵，是因为这个旅的成员是真正的骑兵，比重骑兵旅的装备更轻便。他转身对旁边的军官说道：“这些可恨的重骑兵今天该嘲笑我们了。”但他根本没想过要带着人马加入战斗。他之后解释说，这是因为他没有接到这样的命令。

这就是卡迪根的作风。1854年，他五十七岁，是个极其富有的贵族。英国历史学家塞西尔·史密斯对他的描述是，“高大、英俊，衣着光鲜，浑身高傲自大的气息，让人一看就生气”。他通常身穿因他流行起来的羊毛开衫——“蠢得不可思议……可悲的是，他体面的脑袋里空空如也。”

卡迪根在军队仕途坎坷（滑铁卢战役之后，英国军队就没再打过仗）。他曾因决斗和在复活节鞭笞手下士兵等过分行径，而受到人们的公开抨击。尽管有过这些出格的行为，他仍然通过完全合法的购买军职而一路稳获升迁，战争发生时已晋升为少将。每天战斗结束后，他都要回到自己停泊在黑海的私人游艇上喝香槟，并让人仔细熨烫他的军服。

他们是哪一边的

卡迪根骑在马上，对重骑兵和俄国军队的战斗评头论足，好像他正置身于一场体育比赛。

此时，六十六岁的拉格伦勋爵——菲茨罗伊·萨默塞特正从附近一处峭壁居高临下地观看激烈的战斗。作为联军将军，他是英军在克里米亚战役中的指挥官，他也的确经历过战争的洗礼——四十年前，在他心目中的英雄——威灵顿公爵的指挥下，他参与了滑铁卢战役，并在战斗中失去右臂。不幸的是，拉格伦的指挥经验极其贫乏，而且喜欢将法军称作“敌人”。他的属下不得不一再纠正他这令人尴尬的错误。

从拉格伦所在位置居高临下地看去，重骑兵旅已摧毁了俄国骑兵的意志，开始迫使他们后退。之后，俄国人沿着堤道高地，又杀了回来。这一高地是黑海海滩上一条低缓的隆起带。俄军在之前的进攻中，完全夺取了英军据点和那里的大炮。但是现在，拉格伦所看到的景象就是，俄国骑兵在撤退途中试图把大炮拆走。为了阻止俄国军队带着英国的大炮撤退，拉格伦命令英国骑兵师的指挥官鲁肯勋爵出击。

沉闷迂腐

鲁肯三等伯爵，五十四岁的乔治·宾汉姆是巴拉克拉瓦战役三个可悲无能的贵族军官之一。在参加克里米亚战争之前，鲁肯已退休将近二十年。他花费两万五千英镑，买到了一个上校头衔。而这些钱大部分都是从他爱尔兰大片土地上耕作的农民身上一分一厘搜刮而来的。鲁肯伯爵沉闷又迂腐，同卡迪根勋爵正好是两个极端。这两个人凑巧是连襟，但他们都对对方深恶痛绝，并且一恨就是三十年。

鲁肯的骑兵师驻扎在北谷的谷口。此地仅有一公里宽。他的右边就是堤道高地，俄国军队正在那里拆卸英军的大炮；他的左边坐落着费第欧金山，俄军在此部署了更多的大炮，一公里半之外的山谷尽头还屯驻着大批的俄国大炮和部队。鲁肯从拉格伦那里收到了一系列令人迷惑的命令。后者要求他的轻骑兵向俄国大炮发起进攻，但他不太理解这些命令，因此请求拉格伦作出解释——为什么拉格伦下令让轻骑兵在三面被俄军火力覆盖、长达一公里半的开阔地带发起进攻?

悲剧的混淆

答案就是，拉格伦并没有下令。他想让鲁肯向右侧出击，攻击堤道高地的大炮部署地。鲁肯不能像他那样能够俯瞰到整个战场的全貌，因此无法理解指挥官的意图。

在忍受了鲁肯无数次的拖延和解释命令的要求后，不耐烦的拉格伦最终派了一个军官，骑马去向鲁肯直接传令。这个人是整个事件中的关键人物——三十六岁的路易斯·诺兰上尉，一个深谙骑兵策略的副官。他对于卡迪根没能追击撤退的俄军感到非常愤怒，而且坚定地认为，这是卡迪根的指挥官——鲁肯的失误。飞驰到鲁肯的营地后，他的马已经累得口吐白沫了。他用带着几丝不耐烦的口吻传达了拉格伦要求鲁肯攻击俄军大炮阵地的命令。

鲁肯对于这个下级军官的傲慢态度感到很恼火，反问道："攻击吗，阁下？攻击什么？什么大炮，阁下？"诺兰没有指向堤道高地。相反，他把手臂挥向了驻扎在北谷谷底的俄军方向，"那里，阁下，就是你的敌人之所在。那里是你将要攻击的大炮！"

诺兰的话语和口气如此不恭，以至于鲁肯的手下认为，应该把他抓起来。直到今天，也没人知道诺兰当时所指的到底是什么。他当然知道，拉格伦并没打算让鲁肯指挥士兵杀向谷底。但当时在场的人们，包括鲁肯在内，都认为他表达的就是这个意思。

很有可能诺兰当时挥舞手臂不过是说话时顺带的手势，什么含义也没有。但地面上的人们看不到俄军在高地携带缴获的大炮撤退的景象，因此很容易理解他们为什么会认为诺兰指向的是北谷的谷底。

不管怎么说，鲁肯接受了这个相当于自杀式的进攻命令，并策马去见他所痛恨的连襟——卡迪根勋爵。

进入死亡谷

如果卡迪根和鲁肯的关系融洽一些的话，他们也许能够搞明白这些令人迷惑的命令。但现实情况正好相反。他们仅仅按军事程序生硬地交谈了一番。鲁肯将拉格伦的计划告知了卡迪根，要求他率领轻骑兵在前头冲锋，自己率领重骑兵旅随后跟上。卡迪根在惊愕中抗议道："当然，阁下！但请允许我指出，俄军在山谷里面朝我们部署了排炮，山谷两侧也部署了大炮和步枪手。"

鲁肯回复说："我知道。但这是拉格伦勋爵的意思。我们别无选择，只有执行。"

卡迪根行了个军礼，掉转马头，命令他的骑兵旅准备出击。一个副官听到他喃喃低语："啊，布鲁登诺尔家族的最后一个人也要去了。"

这幅浪漫化的插图展示了幸存的士兵到达俄国大炮阵地的那一刻

卡迪根接下来将骑兵旅中的六百七十三名战士分为两队。但鲁肯之后撤销了他的命令，要求士兵分成三队。当各队士兵准备就绪后，卡迪根策马向前，超出整个队伍大约五个马身长，举起了佩剑。他十分平静地说："骑兵旅前进！起步！快步！小跑！"

不曾回头

尽管人们有充分的理由来抨击卡迪根的才智和领导能力，但他的勇气却不容置疑。当时，他端坐在一匹漂亮的栗色母马上，身着一件红、蓝、金色相间的（刚刚熨烫过的）华丽制服，义无反顾地带领士兵，杀入了山谷，不曾回头。

炮弹开始在骑兵队列中爆炸，将他们连人带马，炸得粉碎。每当一个战士倒下后，周围的队列都会被撕裂开来，但很快又紧密地聚合在一起。俄军集结了五十门大炮，瞄准英国骑兵进行轰击。但他们惊讶地发现，进攻的英军并没有躲进山里，反而继续向着山谷冲来。

丁尼生和轻骑兵旅

1850年，阿尔弗雷德·丁尼生勋爵被任命为英国桂冠诗人。在这一阶段，他的作品风格已从早期描写美人的神话诗，如《夏洛特女郎》，转向了他认为对于英国意义更为重大的诗歌，不管是政治方面还是军事方面，比如《惠灵顿大公仙逝咏》（1852年）。《轻骑兵进击》也属于这一类型的诗作。

这首诗主要描写英国士兵的英勇无畏和高度使命感，同时也包含了对于战役指挥官的轻微责备。有趣的是，尽管这首诗1854年首次出版的时候，丁尼生写入了“尽管战士知道，有人疏忽犯错”的诗句，接下来的版本中却把它删除了。很显然，在当时的环境下，他对于指挥官的责备过于温和。这对于一位桂冠诗人来说，是不合适的。后来，在英国作家和评论家约翰·拉斯金的劝说下，他才将这一诗句恢复。

冲锋刚开始时，发生了一件令人费解的事情。拉格伦的副官——诺兰上尉策马冲到了卡迪根勋爵的前面 ，并驰过英军的进攻阵线，挥舞着佩剑，大喊着什么。他像愤怒的卡迪根勋爵所认为的那样，试图指挥这次进攻吗？还是他终于开始敦促英军转向右面，朝堤道高地发起进攻？

没人知道答案。因为在第一波的炮弹发射中，诺兰成为了这次进攻的第一个牺牲品——一枚滚烫的炮弹碎片扎进了他的心脏。在这个极其恐怖的场景中，他的剑掉落到了地上。但是他的马将他的尸体驮回了骑兵阵营，他的右手还保持着举起的姿势。死前，他发出了一声令人毛骨悚然、似乎永无止境的尖叫。这让总是喜欢设身处地的卡迪根感叹道：“想想吧，那个家伙在被击中时像个女人一样地尖叫！”

在烟雾中前行

尽管发生了这一令人分神的事件，卡迪根仍然率领士兵，继续前进。炮弹和子弹呼啸而过。尽管他奇怪地孤身一人，冲在所有人前面，却毫发无伤，而他的士兵正受到来自山谷谷底和两侧的子弹攻击。随着倒下的人越来越多，后面的骑兵不得不策马从他们的尸体上踏过，才能继续前行。对进攻者来说漫长得像永恒一样的八分钟之后，他们的第一阵线距离谷底的大炮只有八十米远。这时，卡迪根举起了剑，率领士兵发起了最后的进攻。之后，就在一瞬间，所有的大炮一齐发射，第一列轻骑兵就像消失了一般，倒了下去。

卡迪根后来宣称，他当时感到，炮弹的火焰烧焦了他的腿。不管怎么说，他在一片烟雾中从两门大炮的空隙间继续策马前行。之后，他发现自己冲到了俄军大炮的另一边，和一队哥萨克骑兵正面对峙。出于极其偶然的巧合，一位俄国军官曾在伦敦社交圈见过卡迪根，因此下令活捉伯爵，不要伤害他。卡迪根避开了他们，策马原路返回。返回途中，他经过正在跟俄军交战的士兵。然而，他们的阵线摇摇欲坠，不久就被迫撤退，从“死亡谷”的火与铁的血幕中返回。卡迪根似乎根本就没觉得自己有责任将手下士兵集结起来，或是带领他们返回。事实上，他比大部分零散士兵——只有一百九十五名士兵幸存——都回去得早。这直接导致了关于他根本就没有领导过这次著名冲锋的流言的传播。

不朽的冲锋

拉索尔在《泰晤士报》报道了这次战役。后来，其他报道也纷纷见诸报端。轻骑兵旅的冲锋引发了极大的争议，社会公众议论纷纷。当时，出现了各种各样的指责。有责备拉格伦勋爵发出的指令含混不清的；有责备鲁肯勋爵没有搞清楚命令的；也有责备卡迪根勋爵没有和指挥官进行沟通的。

但所有指责最终都落到了英国的军官制度上。因为这一制度允许不合格的贵族购买军队职务，使他们掌握了成千上万士兵的生命。事实上，这一制度在克里米亚战役结束后就被废除了。这是轻骑兵旅的惨败所导致的直接后果。而在人们关注高级指挥官的愚蠢无能的同时，轻骑兵旅的士兵所表现出的勇敢无畏也得到了人们的认可。英国公众开始要求在食物、医疗和护理方面提高军队待遇。因此，这场被认为是历史上最有名的军事灾难之一的战役最后终于产生了一些好的结果。

林肯之葛底斯堡演说
（1863年）

林肯将合众国团结在了一起，并向全世界定义了为获得和维护民主需要作出的牺牲

亚伯拉罕·林肯总统。他在葛底斯堡的演讲已被证明是历史上最具影响力的演讲之一

整篇演讲总共只有二百七十二个单词（英文）——总共十句话——亚伯拉罕·林肯最多只用了三分钟就讲完了。但它却成为了，并且仍然是团结了所有美国人的战斗口号，是历史上对于自由和民主的价值所作的最雄辩、最强大、最具影响力的表述。

事件发生在1863年11月19日，一个叫作葛底斯堡、曾经十分沉闷的小村庄里。它地处美国东北部，坐落在宾夕法尼亚州南部绵延的农田之中。大约有两万三千人参加了这次集会。但只有一万五千人是生者，其余的则是7月间发生在葛底斯堡的惨烈战斗中牺牲的战士。他们的墓碑正要从这个战时匆匆建造的坟地迁往更适合的场所。美国总统正在为此而发表致辞。

等待了好几个小时后，林肯坐到了新墓地的讲台上。他上衣里边的口袋里塞了两张纸。纸上的内容将成为预言。林肯发表葛底斯堡演说时，眼前展望到的是一个从鲜血和灰烬中浴火重生的国家。这个国家将不会再是一个由迥然不同的各州组成的联盟，而是一个民族。但在1863年夏天，没人能够保证这个国家最终会成立——事实上，很有可能会出现相反的情况。很多人都认为，联邦会分崩离析。这样一个结果将会对世界历史和国际力量的平衡产生巨大影响，甚至会影响到今天的局势。

“一个崭新的国家”

葛底斯堡战役发生在炎热漫长的夏天。进攻部队是由罗伯特·李将军率领的南方军团，总数大约在七万人；防守一方是总数大约九万人的北方联邦军，由新任命的乔治·米德将军领导。他也是亚伯拉罕·林肯在日趋危急的情势下新近任命的将军之一。这场战争始于1860年。此前，南、北方的冲突已经持续了几十年。

1776年，美国最初的十三个州推翻了英国的统治，并在独立宣言中宣称，人人——包括美国自17世纪以来就存在的奴隶——生而平等，每个人都应该是自由的。在工业化的北方，人们热烈拥护这一理念。但是， 在以农业为主的南方，棉花是主要作物，大部分工作都要由遭受奴役的非洲人完成，因此，奴隶制度被保留了下来，并且一直受到保护。

葛底斯堡的战场上，南军阵亡士兵的尸体因天热而膨胀，旁边站着北军士兵和旁观者

在北方，反对奴隶制度的呼声越来越高涨。当美国人在19世纪50年代向西部开拓的时候，这件事情就到了非解决不可的地步了。在新开拓的疆土上建立的州到底应该是“自由”的州，还是实行奴隶制的州？在这个问题上，南、北方无法达成一致。于是，美国南方各州就从联邦中脱离出来，成立了美利坚联盟国。不久，战争打响了。

“一场伟大的内战”

1863年5月，在弗吉尼亚州的昌塞洛斯维尔，李将军在兵力远远少于敌人的不利情况下，击败了联邦军。之后，他率兵入侵宾夕法尼亚州，计划一举攻下宾州首府哈里斯堡，甚至费城的市中心。费城距联邦首都华盛顿特区仅仅二百四十公里。如果费城被攻克，李将军就能够切断北军的供给线，甚至包围华盛顿，进而一举结束战争。

毫无退路的联邦军在葛底斯堡挡住了李将军的进攻。在三天的激战中，他们不顾一切地英勇抗击。最终，给南军造成了两万三千人的惨重伤亡。尽管米德将军的部队损失更惨重，但对于李将军来说，在南军人数本就占劣势的情况下损失这么多兵力，是他无法承受的。因此，他被迫于7月4日撤退。尽管过于谨慎的米德将军没有乘胜追击，进而将对手彻底消灭，因此丧失了一次绝佳的机会，但北军仍然取得了巨大胜利。

“一片伟大的战场”

当米德将军终于要挥师南下，追击李将军的部队时，他告诉林肯：“我要清理战场的废墟。这件事情不能耽搁。”战场上当时的确是废墟一片，八千个士兵和三千匹马的尸体仍然躺在那里，没有掩埋。这使得葛底斯堡的田野一片狼藉，臭气熏天。掩埋尸体的人是匆匆招募来的平民和南军俘虏。人手极其有限，时间又紧迫，因此，他们不过就是在尸体上覆上薄薄的一层土。马的尸体被集中到镇子南边，焚烧掉了。不久，北军士兵的亲属开始在这些埋得很浅的坟墓中寻找亲人，或者期望至少能找到一些纪念品。在这个过程当中，一些尸体又被刨了出来，有的尸体的胳膊、腿，甚至脑袋都露出了地面，沦为了猪、乌鸦以及大群苍蝇的食物。

很显然，这种情况需要改变。即使在当时，人们也知道，葛底斯堡战役是巨大的转折点——像《纽约时报》描述的，是一次“滑铁卢战役”。人们不应该让北军英雄的遗体被四处丢弃，得不到体面的安葬。

因此，一个州际委员会成立起来，并且购买了十七英亩的土地来作为公墓。墓地建筑师威廉·桑德斯受邀，来设计墓地。一项耗时的工程开始了。人们将死者挖了出来，找出他们生前所在的州，将他们放进联邦政府提供的数千口棺材中。南军阵亡的士兵仍然被埋在这块土地上。直到差不多十年以后，南方各州才派人将他们的遗体运回故乡。

“我们在此致敬”

因此，当主要演讲人在11月19日登上讲台时，他的目光所及，就是一片景色宜人的墓地。在对葛底斯堡战士国家公墓 的设计中，桑德斯将烈士的墓地按半圆形排列，环绕着矗立在中心、为纪念士兵英勇斗争而建造的一座纪念碑。重新下葬的过程仍在继续，直到次年春天才完成。

然而，那天的主要演讲人并不是亚伯拉罕·林肯，而是前参议员、内阁成员和哈佛大学校长爱德华·埃弗雷特。的确，他不仅是迁墓仪式主要的演讲人，而且还被允许发表了长达三万字的两个小时演讲。他在这次事件当中的醒目地位又激起了许多关于葛底斯堡的传言。有人说当时的组织者是民主党——亚伯拉罕·林肯的反对党，因此，他们故意怠慢林肯。事实上，在当时，总统很少参与各州事务。这次事件的组织者甚至不确定，林肯是否会参加这个由州政府举办的仪式。

不论如何，埃弗雷特都是一个著名的演讲者，尤其擅长战地题材的演讲。他曾为莱克星顿、康克德和邦克山等独立战争期间的战役所建立的纪念碑有过致辞。历史学家盖瑞·威尔斯称，埃弗雷特在葛底斯堡的演说有点儿像一部“纪录片”——在某种程度上，他将战场上发生的一切又重新展现在了大家面前。为此，他还特意仔细研究了发生在7月的战争。他的演说在当时，反响很不错。当他终于结束演讲后，亚伯拉罕·林肯站了起来。

极其适当

林肯也许是被随意邀请过来，像仪式组织者说的那样，做一些“适当的评论”。但他不会让这次机会白白溜走。就在这里，军队终于在他的政府的领导下，打了一场大胜仗。他当然要好好利用这次机会来达到宣传的目的。美国人民和欧洲人民需要被提醒一下，联邦军才是最终会获胜的那一方。除了这个直接的政治影响，林肯字斟句酌地写下这篇短短的演讲词，也是为了向人们诠释：黑暗过后，美国将会拥有一个光明的未来！

林肯写就葛底斯堡演说时的用心和严谨使另一个传言不攻自破——从华盛顿到宾夕法尼亚的火车上，林肯在一张信封的背面匆匆写就了这篇演讲。从任何角度来说，这都是不可能的。林肯是一个细致的组织者。他比美国之前以及后来的任何一位总统都更明白文字所蕴含的力量。把这么重要的工作留到最后一刻才去做，对于他来说，简直不可能！他更不可能把演讲稿留待旅途去完成。在车上，他还要参加会议，还要问候同时前往葛底斯堡的政客和民众。

最有力的证据就是，林肯出发前就在白宫为这次演讲准备了好几天。为了起草这篇讲稿，他进行了广泛但并不是专门的学习。林肯不像爱德华·埃弗雷特那样接受过大学教育，他受教育的程度要低很多。他可能在肯塔基州、印第安纳州和伊利诺伊州的几个农场上干活的时候，

葛底斯堡公墓致辞仪式上的人群的照片。到了最后，聚集的人群多达一万五千人

断断续续地上过语法学校。但总共加起来，也不过是一年的时间，其他知识基本都靠自学。但他涉猎广泛，包括《圣经》和莎士比亚的大量作品，历史、文学和法律。

林肯在演讲的前一天晚上抵达葛底斯堡，借住在大卫·威尔士家中。后者是这次迁墓仪式和致辞活动的主要促成者。在那里，他也许对讲稿做了最后的润色。

“八十七年前”

另一个关于葛底斯堡演说的传闻就是，林肯演讲的时候语速很快，口齿不清，在场没有几个人听清了他的话。事实上，林肯很善于使用嗓子。诚然，他没有埃弗雷特那样洪亮的嗓音——林肯的嗓音很尖，还操着带有鼻音和拖腔的肯塔基州乡下口音，但可以肯定的是，他的声音传到了人群中每一个人的耳中。

尽管埃弗雷特的演讲文风优美，紧扣主题，但他立足于当下的事件。而林肯的演讲则放眼未来。他以回望八十七年前来作为演讲的开端——故意使用了《圣经》中的措辞来为他的说法营造一种不受时间限

永垂青史的二百七十二个单词（英文）

没人知道林肯在葛底斯堡演说中到底用的是哪一份稿子。现存的林肯手稿至少有五份，相互之间都有微小的差异。然而，以下这个版本是最常为人们接受和使用的。因为这是林肯在1864年亲笔写就的最后一版手稿，并将之付诸印刷和销售，目的是为一项慈善事业筹集资金。

八十七年前，我们的先辈在这个大陆上创立了一个新国家。它孕育于自由之中，奉行所有人生来平等的原则。现在，我们正从事一场伟大的内战，以考验这个国家，或者任何一个孕育于自由和奉行上述原则的国家是否能够长久存在下去。我们在这场战争中的一个伟大战场上集会。烈士们为使这个国家能够生存下去而献出了自己的生命！我们来到这里，是要把这个战场的一部分奉献给他们作为最后的安息之所。我们这样做，是完全应该而且是非常恰当的。

从更广泛的意义上来说，这块土地我们不能够奉献，不能够圣化，不能够神化。那些曾在这里战斗过的勇士们，活着的和去世的，已经把这块土地圣化了。这远不是我们微薄的力量所能增减的。我们今天在这里所说的话，全世界不大会注意，也不会长久地记住。但勇士们在这里做过的事，全世界却永远不会忘记。毋宁说，倒是我们这些还活着的人，应该在这里把自己奉献于勇士们已经如此崇高地向前推进但尚未完成的事业。倒是我们，应该在这里把自己奉献于仍然留在我们面前的伟大任务——我们要从这些光荣的死者身上汲取更多的献身精神，来完成他们已经完全彻底为之献身的事业！我们要在这里下定最大的决心，不让这些死者白白牺牲！我们要使国家在上帝福佑下得到自由的新生，要使这个民有、民治、民享的政府永世长存！

制的重要氛围——重提当年美国诞生时，在《独立宣言》里庄严宣告的“人人生而平等”的立国信念。接着，林肯进一步指出，这个基本信念不仅之于美国有着重要的意义，而且对于任何一个向往自由的国家都极其重要，但是这个信念正经历着一场考验。正是由于葛底斯堡战役中烈士们的伟大献身，美国的信念才得到了捍卫。如果生者没有为了“自由的新生”而继续作出必要的牺牲，建立起一个“民有、民治、民享”的统一国家，那么，这场葬礼致辞，这块神圣的土地，就都失去了意义。

林肯在致辞中总结了这个国家从斗争中艰难诞生的历史，展望了它在未来的重生，每一个字都极尽推敲，意义深远。

“伟大的任务”

关于葛底斯堡演说的另一个奇怪的传闻就是，当林肯走下讲台时，他对自己的演讲和观众的反应都感到失望。这个传闻部分来源于他的朋友兼保镖——沃德·拉蒙。他声称，林肯之后曾对他说，这次演讲是一个“绝对的失败”，“让观众很扫兴”。事实上，大多数历史学家都认为，喜欢夸张的拉蒙的记忆值得怀疑。当时的新闻报道表明，林肯短短三分钟的演讲被观众的掌声打断了五次，而且这些报道基本上都是溢美之词——《芝加哥论坛报》报道说，“林肯总统的致辞将永垂青史”。确实，爱德华·埃弗雷德在第二天给林肯的信中写道：“如果我想恭维自己，那么很高兴你用了两分钟表述出了这次事件的意义，而我只用了两个小时就表达了同样的意思。”

埃弗雷德是完全正确的。林肯的预言性的演讲不仅关注的是当时美国人民对于这次可怕战争的目的的思考，而且令后来的美国人一遍又一遍回味，试图找出这场战争的意义之所在。葛底斯堡演说不久就在世界范围内成为了自由和平等的象征。早在1865年，当卡尔·马克思在一场国际工人大会上讲话的时候，就赞扬葛底斯堡演说和亚伯拉罕·林肯是战胜南方“奴隶主”的原因。1941年12月26日——就在美国向德国和日本宣战后不久，温斯顿·丘吉尔在美国国会的一次特殊会议的讲话中说：“我穷尽一生，投身于大西洋两岸国家反对特权和垄断的斗争之中，而且满怀信心地朝着葛底斯堡演说中所倡导的‘民有、民治、民享之政府’这一理念而奋斗。”即使在今天，被翻译成三十多种语言的葛底斯堡演说仍在激励着全世界的人们。

卡斯特与印第安人的最后对决
（1876年）

这场大屠杀造就了一位不可思议的殉难者
也掀开了美国印第安人遭到灭绝的篇章

乔治·卡斯特的这一姿势显得
既自信又自负，而他也以此而出名

哦，多么惨烈的屠杀！这场可怕的灾难让多少房屋遭到废弃。

他们中有的被剥去头皮；有的肢体残缺不全。

但倒下的将军脸上却挂着一丝微笑。

——托马斯·科尔曼（美国军队第七骑兵团B连队）

这个故事发生在一百三十年前一个烈日炎炎、尘土飞扬的星期日早晨，美国西部一片偏僻的土地上一条寂寂无名的河边——但我们至今仍然无法忘怀卡斯特的最后抵抗。

这是为什么？也许是因为这个故事的命名——“最后的抵抗”。这个名字本身就带有史诗般的色彩。尽管很多人认为，它暗示着卡斯特是整个战场最后一个人。但事实绝非如此。也许这是因为，战争一方——乔治·卡斯特和他的第七骑兵团二百一十名士兵——都被屠杀殆尽。一场失败方无人幸存的战役总是会激发人们无限的想象。只有一半的故事为人们所知，另一半则随着这些亡灵进入了坟墓。如果卡斯特仅仅是被打败，大部分士兵都存活下来的话，我们还会像现在一样对于小巨角战役如此印象深刻吗？

几乎可以肯定，这场战争之所以如此出名，和一个事实是分不开的——它标志着那天包围卡斯特的数千名苏族武士的灭亡的开始。这次失败之后，愤怒的美国公众将卡斯特描述为殉难者。他的血不能白流。之后，一支庞大的美国军队锲而不舍地追捕苏族首领坐牛和他的族人。当坐牛带领一小支族人逃往加拿大时，大多数苏族人都被迫投降，并被限制在印第安人居留地之内。卡斯特死后不到十五年，这场战役变成了一个传奇。

向西迁徙

19世纪60年代末期，美国对西部地区的开拓在真正意义上开始了。此前，美国内战（1861-1865）极大地延缓了这一进程。这项新的西进热潮受到了科罗拉多和蒙大拿州金矿开采推波助澜的影响，但它同时也是由于贫穷的白人开拓者对北美大平原肥沃农田的向往——大平原从密西西比河，一直延伸到洛基山脉的山脚。

大平原的北部坐落着名为拉科塔族的部落。但白人和部落敌人将他们称之为苏族。这是一个源自奥吉布瓦语的词，意为“蛇”或“敌人”。苏族是一个团结的游牧部落，放牧水牛群，信奉名为“神力”的神灵。然而，到了19世纪60年代，一个强大的敌人涌入了苏族的土地——白人，苏族人称之为“Wasichus”。从字面上理解，意为“无法消灭的人”。印第安人觉得，这些人就是听不清他们说的话。因此，他们要强调，在这片他们试图保留的土地上，白人是不受欢迎的——为了让白人明白这一点，他们杀死采矿者和其他开拓者，有时甚至把他们放在火上烤。

1868年，美国政府和苏族签订了《拉勒米堡第二条约》：苏族族人停止对白人攻击。作为交换，美国政府将向他们出让达科他州西南部和怀俄明州东部的大部分土地，并让开拓者和采矿者远离苏族神圣的“黑山”。然而，到了1876年，黑山的金矿被发现后，一万五千名白人采矿者涌入了苏族领地。格兰特总统领导下的美国政府以苏族人攻击开拓者为借口，向这一地区派遣军队，命令他们将印第安部落赶往西边。这使得苏族同乔治·卡斯特的部队发生了冲突。后者是美国历史上最有争议的军事人物之一。

勇猛潇洒

在1876年6月，乔治·卡斯特中校的第七骑兵团分为三路远征队开拔，前往寻找苏族部落。有传言说，他们居住在小巨角河沿岸。此地位于今天的蒙大拿州。乔治·克鲁克准将的队伍将从南面进发；约翰·吉本的部队将从西面逼近；阿尔弗雷德·特里所率领的包括三十一名军官和五百六十六名士兵的部队将从东面出击。

克鲁克的行动在一场和苏族的战争中被拖延了。到了6月底，只有特里和吉本到达了集结地点。他们决定派卡斯特和他的部队沿蔷薇花河顺流而下，自己则率部沿巨角河和小巨角河行进，希望能够将苏族人困在两支队伍之间。

在第七骑兵团策马而去之前，燕尾形的旗帜在微风中飘扬。吉本冲卡斯特大声开着玩笑："卡斯特，别太贪心了！等着我们！"卡斯特调转马头，向他挥手，也开玩笑地回答说："不，我不会的！"

这样的对话体现出了乔治·卡斯特的性格特点。他于1839年出生在俄亥俄州一个小镇上。父亲是铁匠，家里还有四个兄弟姐妹。1861年，卡斯特以班上最后一名的成绩从西点军校毕业。当时美国内战开始了，部队急需人手。因此，他作为没有经验的年轻骑兵军官，被匆匆派往战场。尽管卡斯特学业糟糕，战场上的表现却出乎所有人意料。他很快就在北军中赢得了作战勇猛的名声。从布尔溪的第一场战役到葛底斯堡战役，再到阿波马托克斯最后的战役，他在击退敌军的过程中可谓功不可没。在战争中，他从一名中尉被提拔为准将，也是北军中最年轻的准将——这样的越级提拔，之前从没有听说过。

卡斯特不仅作战勇猛，而且风度翩翩。他有一头卷曲金黄的长发，面庞白皙年轻，常常引得一些士兵窃笑："这个孩子是谁？他的保姆哪儿去了？"卡斯特根本不在乎这些人的嘲讽。他甚至还自己设计军服，用黑色天鹅绒做成，脖子上还系了一条鲜红的围巾。这一切，让关于他的争议更盛了。

卡斯特对危险的无视也引来了很多争议。即使跟内战中惨重的伤亡标准相比，他的骑兵部队的伤亡率仍然高得吓人。他总是率兵向极其危险的境地冲锋。类似情形下，其他将军肯定会更慎重地考虑一下。尽管如此，内战结束后，他仍被委任为新成立的密歇根第七骑兵团中校。

追踪苏族

在黄石河同其他队伍分头行进后，卡斯特率领第七骑兵团沿着蔷薇花河向巨角山进发，同时派出侦察兵搜索印第安部落的踪迹。所有迹象都指向一个方向——小巨角河山谷。印第安人将此地称为"油腻的草原"。卡斯特推断，那里会有一个村落，但不知道这个村落到底有多大。

6月25日清晨——一个明亮、炎热、晴朗的周日——卡斯特率领部队跨过豺狼山，进入小巨角山谷。此地距离印第安人部落大约二十五公里。因为卡斯特并不完全确定村落的具体位置，就将部队分为三部分，

在这幅有些想象成分的19世纪的石版画中，卡斯特正用两把手枪不断射击

由他和两名军官分别率领——一位是马库斯·里诺，一个紧张易怒的人；另一位是弗雷德里克·本廷上尉，大家公认的勇猛战士，却极其厌恶卡斯特。他觉得卡斯特虚荣又做作。

卡斯特分给里诺三个连队，大约一百四十人；本廷三个连队；自己率领五个连队，共有士兵二百一十人。作战计划具体为：卡斯特从北面接近村子；里诺从南面出击；本廷连同负载弹药的骡子队伍殿

后，需要时对两支部队进行增援。

卡斯特不知道的是，苏族首领决定将族人集结在一起，来对抗白人士兵。他们在这个地区已经聚集了数月有余。现在，大批印第安人聚集在小巨角河西岸一个平原上。其中，大约两千人是武士。他们知道卡斯特正在向他们逼近。

最开始的接触战

里诺的士兵分成三长列纵队行进。穿过小巨角河合成一列后，开始策马飞驰。接近村子时，眼前的景象让他们惊恐万分。他们面对的根本不是一个村落，而是沿着河岸集结的绵延五公里长的印第安人的帐篷——总共有六个村子，形成一个巨大的连环。

立刻，一大群印第安武士向着他们冲了过来。里诺立刻带领惊恐的士兵撤回河对岸，退到河岸一面陡坡上。事实上，他那天的行为后来引发了许多猜测，以及一次正式调查。他的队伍最后退到了坡顶，形成了防御战线。后来，本廷的分部也加入了他的阵线。两支部队合成一股，一起在陡坡上抵抗印第安人。

与此同时，卡斯特领导他的五支连队，到达了一处与村子平行的地点，并从那里渡河，抵达将隆起的岸边分隔开来的一片洼地中。村子里的印第安人一开始看不到他的人马，只能看到一片烟尘在河面上弥漫开来。当卡斯特的人马转向左边，面向河流，他们就看到了里诺同印第安人的第一场接触战，也听到了枪声。新招募的士兵开始大喊大叫，高声喝彩。他们中大部分人都是缺乏训练的德国或爱尔兰移民，并非出于爱国热情参战，只是为了每月十三美元的军饷、一张床和一日三餐。

彻底被歼灭

关于卡斯特的确切行动，现在仍存有疑问。但是种种情形表明，当卡斯特派出一名传令兵请本廷前来增援后，就率领部队穿过河流，向着更北边进发。最后，他停在村庄上方一个山脊上，距离正在战斗的里诺和本廷大约六公里。越来越多的印第安人朝着卡斯特的方向涌来。据一位苏族人之后的描述，他们就像“一大群倾巢而出的蜜蜂”。他们向骑兵团冲杀过去，射出的箭像雨点儿一般纷纷落下。大部分骑兵都已翻身下马，射死自己的马匹用来掩护。灰色烟尘和黑色火药弥漫了战场，而冲锋的印第安人渐渐分裂了卡斯特的部队。人影在烟尘里左冲右突，士兵似乎身处人为的黑夜里。昏暗中，他们只能看得到枪支发射的黄色火焰。

第七骑兵团的队伍在敌人的猛攻下，很快瓦解了。在不同的山头上，大概六七个人坚持到了“最后的抵抗”。印第安武士就像烟尘中的幽灵，杀死了一个又一个士兵。参加这场战斗的印第安武士后来回忆说，很多美国士兵似乎都不知道怎么打仗，一些新兵甚至对自己人开枪。

从战斗开始到卡斯特的部队被完全歼灭，只用了大约不到两个小时。著名的“疯马”酋长率领发起了最后一波印第安人的进攻，横扫了整个战场。最后一批士兵要么中弹身亡，要么被长矛刺死，或遭棒击而死。在那之后，战场上只剩下一片死寂和飘荡的烟尘。

在陡坡上，里诺和本廷的部队继续进行着殊死搏斗。他们成功地顶住了苏族人后来发起的进攻，将战争拖到了6月26日星期一下午。苏族人害怕会有更多士兵攻上来，就收起帐篷，在漫天烟尘中向南边迁移了。

“该死的，就这样结束了！”

在6月27日星期二的早晨，特里准将所率骑兵团先锋队骑马小心翼翼地穿过小巨角的山谷。这支先锋队由一名中尉和印第安侦察兵组成。他们看到，一座遥远的山坡上布满了物体。起先，他们认为那是水牛的尸体和太阳下暴晒的牛皮。但不久，就惊恐地发现，那是卡斯特整个队伍的尸体。尸体和马儿都被剥去了皮。

在6月的骄阳下，空气中散发着可怕的恶臭。苏族女人在战争结束后不久就回到战场，将战死士兵的尸体弄得支离破碎。战死的五个连队的士兵共有二百一十人。里诺部队所进行的激烈战斗中，另有五十三名士兵死亡。卡斯特的尸体在山顶附近被发现。周围都是他的部下的尸体。他半坐着，倚靠在旁边两具战士的尸体上，心脏左侧和左太阳穴各中一枪。

弗雷德里克·本廷中尉从后来被命名为"里诺山"的山上策马驰下，检视他上级的尸体。他断定，卡斯特心口一枪是致命的。它从距离很远的步枪中射出。太阳穴上的致命一枪是后来苏族人射出的。尽管美国公众后来被告知，出于尊敬，印第安人并没有毁坏卡斯特的尸体。但事实上，卡斯特死后，左大腿上被砍了一道很深的口子；一只手指被切下；阴茎被箭射穿。1927年，一位当时在场、名叫凯特·比格海德的夏安族妇女告诉研究人员说，印第安妇女还用缝衣服的锥子刺穿了卡斯特的耳朵，好让他下次能够听清楚一些。

当然没有下次了。一个旁观者后来回忆说，本廷上尉从卡斯特斜躺的尸体旁站立起来，喊道："该死的，就这样结束了！他再也不会战斗了！"

卡斯特的支持者

是里诺少校和本廷上尉让自己的指挥官陷于失败吗？几乎可以肯定地说，是这样的。里诺在恐惧中撤退到了里诺山上，使得印第安人将他困在此地，并在之后集中力量消灭了卡斯特。尽管收到了卡斯特请求增援的紧急情报，本廷仍然决定不去增援。他后来宣称，这是因为他的阵地和卡斯特的阵地之间聚集了太多的敌军。他也许是对的。但是，作为从未对指挥官忠心过的下属，显然不大可能会愿意冒着生命危险去营救他。

在一些人看来，本廷在里诺山上的英勇表现弥补了他的过错。他置个人安危于不顾，勇猛地组织士兵同苏族士兵战斗。相反，里诺的表现则有些歇斯底里——有人认为他喝醉了——他之后被送上调查法庭。但最终，军队撤销了对他的一切指控。

战火纷飞的世界：1900－1950年

加里波利战役
（1915年）

协约国军队一次失败的侵略
造就了三个新兴国家的民族个性

在澳新军团湾少有的宁静一刻里，协约国士兵正在洗澡，其他人则在搬运武器，或研究战场上方的地形

1915年2月第一次世界大战中，协约国军队对于加里波利半岛的进攻在英国历史上，被视为一次耻辱的军事溃败。它之所以会让人们如此印象深刻，主要是由于这场战役险些葬送了年轻的丘吉尔的前程。

1915年5月，由于行动失败，丘吉尔被迫辞去英国海军大臣的职务，并从此在野多年。然而，对于澳大利亚、新西兰和土耳其的人们来说，尽管加里波利半岛在这场历时八个月的激战中引发了巨大伤亡，于他们却有着迥然不同、更正面、更重要的意义。因为正是这场战役，使这三个国家形成了自己的民族个性。

澳大利亚和新西兰的士兵在这场战役中起着关键性的作用。因此，对这两个国家，加里波利有着重要的意义——正是在这里，澳新军团的士兵第一次向世人展示了他们的勇气和精神。对于获得了胜利的土耳其人来说，他们在这场战役中保卫了自己的祖国——古老的奥斯曼帝国。而且，这场光荣的胜利激发了土耳其国内的民族主义热潮，并最终导致了八年后土耳其共和国的成立。

疯狂行动中的理性

尽管这场战役后来以疯狂而著称，但攻打加里波利的最初计划还是经过了合理论证的。

1915年初，始于1914年8月的第一次世界大战陷入了僵持阶段。战场从北海一直延伸到了瑞士的阿尔卑斯山。更甚的是，这场僵持十分惨烈。1914年11月，协约国军队伤亡将近一百万。为了停止这一史无前例的惨重伤亡，英国军事家，尤其是时年四十、担任海军大臣的丘吉尔试图找出能够减轻西线战场压力的方法。不久，他们将目光投向了小亚细亚，确切地说，是达达尼尔海峡——奥斯曼帝国的一部分。后者是德意志帝国、奥匈帝国组成的同盟国盟友。

达达尼尔海峡是连接爱琴海和黑海的一片狭长海域，流经马尔马拉海和博斯普鲁斯海峡。伊斯坦布尔（旧称君士坦丁堡）就坐落于此。英国战略家清楚地意识到，如果他们能够控制达达尼尔海峡，进而控制伊斯坦布尔，不仅能使得奥斯曼帝国成为中立国，而且能够向盟友俄国运送武器弹药。而这反过来又可以将德国军队从西线战场引开，使得协约

"克莱德河号"靠近V海岸时看到的景象。海岸上挤在一起的是英国士兵

国军队得以在那里取得决定性突破，从而获得最终胜利。

然而，他们仍然面临许多严峻的问题。达达尼尔海峡很窄，宽度在一公里到六公里之间，水流强劲湍急，令海军行动十分困难。同时，海峡守卫森严，土耳其人在海峡西岸靠近欧洲一侧的加里波利半岛和东岸靠近土耳其本土的"亚洲一侧"，都设置了堡垒，并在海峡布下了水雷。在通过达达尼尔海峡六十五公里的整个路途中，没有一处是土军炮火所不能及的。

海上进攻

1914年初冬，丘吉尔成功通过了一项只派遣海军沿达达尼尔海峡攻击土耳其堡垒的计划。像大多数英国战略家一样，丘吉尔认为，土耳其是弱小的对手。土军装备陈旧落伍，根本不足以同英军抗衡。1915年2月和3月，一支当时地中海地区最庞大的英法联军沿达达尼尔海峡而上，攻击土耳其守军，被击退了，并且伤亡惨重——七百人死亡，三艘战舰被击沉，还有三艘受损严重。

被"弱小的"土耳其军队击败后，英军撤回来重整旗鼓。负责此次海上袭击的舰队副司令向丘吉尔报告说，没有陆军进攻的协助，他无法攻下土军堡垒。就这样，经历一场难堪的失败后，加里波利战役打响了——许多其他灾难性的战争也是这么开始的。

战争资源重新配置

战争刚开始不久，英军对于战争资源的配置产生了争议。这场战役的英国指挥官伊恩·汉密尔顿将军向基钦纳勋爵要求一支十五万人的队伍。然而，基钦纳同时面临着在法国的英国将军索要兵力和补给的要求。因此，他只派给汉密尔顿要求的一半的兵力。同时，尽管他派遣富有作战经验的第二十九师参与战斗，但协约国部队多数士兵来自于澳大利亚和新西兰的志愿军，毫无作战经验。他们正在一千一百公里以外的埃及接受训练，以参加在法国进行的战斗。这些部队后来被编入澳大利亚和新西兰军团（澳新军团）。该军团由澳大利亚第一师及新西兰师组成。他们和英国皇家海军师、法国东方远征军一起，组成了地中海远征军。

英国第二十九师按计划，要在加里波利半岛尖端——海丽丝岬登陆，并从那里向内陆进发，攻击护卫达达尼尔海峡的土耳其战略要地。澳新军团的任务是在加里波利西北侧，即爱琴海海岸的伽巴帖培岬登陆，并向内陆进发，阻止预期中的土军撤退或阻止土军向半岛派出的增援部队，并协助英军对达达尼尔海峡的进攻。法军将会在达达尼尔海峡南端登陆，吸引土军火力并将他们牵制住。英国皇家海军师也会在加里波利半岛顶端的布莱尔发起佯攻。

引发灾难的因素

4月25日黎明前夕，协约国部队在黑暗中登上了加里波利半岛。当时，人们对于两栖登陆作战还很不了解，再加上加里波利大部分地区崎岖多山，可以从高处俯瞰海边浅短的沙砾滩。这一切，都成了引发灾难的因素。英军用了太长时间来计划这次进攻，使得指挥拥有八万四千土耳其部队的德国将军利蒙·桑德斯有充足的时间，指挥士兵掘壕驻守。

在赫勒斯，英军的登陆行动被拖延。直到8点天色大亮时，英国士兵才到达岸边。他们乘坐汽艇和一艘名为“克莱德河”的运兵船登上岸。运兵船被故意搁浅在岸边，好使两千名士兵从船体的特殊出口上岸。

英军在赫勒斯的登陆行动既混乱又血腥。土耳其军队从五十米开外，用猛烈的炮火向英军发起攻击，趁英军还在船里的时候，就将他们炸飞了。士兵走下“克莱德河号”的跳板时，成了极易攻击的目标。他

敌对双方间的友善

许多英联邦士兵参加到与土耳其的战争时，都对土军怀有强烈偏见。他们被称作懒惰无能的懦夫，战争一打响就会逃跑。但在接下来几个月的战斗中，坚定顽强的土耳其士兵在保卫加里波利半岛时承受了巨大伤亡。这种偏见也在渐渐消失。尤其在澳新军团湾，敌对双方彼此之间产生了敬意。新西兰和澳大利亚部队甚至拒绝戴防毒面具，坚称“土耳其人不会使用毒气，他们是讲道义的部队”。两军阵地间还出现了交易：协约国士兵用罐装牛肉和香烟换取糖果和葡萄。双方战士甚至给予对方最高的荣誉。有时候，两个士兵会私下决斗。他们用步枪互相射击，直到一人倒下，而其他人会在一旁观看。

们一个接一个地倒在土军的枪下。一名乘坐双翼飞机从上空视察的英国将军惊恐地看到，海岸周围五十米内原本清澈透明的海水“被血水染成红色”。第一批从“克莱德河号”登陆的两百名士兵中，只有二十一人最终登上了岸。

赫勒斯海角沿岸代号为X、Y和S登陆地点的英军运气要好一些，在这些地方基本没有遇到任何抵抗。到了夜幕降临的时候，三万士兵成功登陆。但V和W海岸上有土耳其军队重兵把守，战况激烈。九百五十名兰开夏燧枪手团成员在W阵地登陆，当天早晨就有五百名战士阵亡或负伤。在W和V阵地的战斗中，有六名士兵后来获得维多利亚十字勋章。赫勒斯海角登陆战役的士兵也表现出了大无畏的勇气。英军士兵最终伤亡总数达到两千，一天之内的伤亡极其惨重。登陆的协约国士兵所能做的，仅仅是拼命守住滩头阵地。

澳新军团神话的诞生地

澳大利亚和新西兰军队本该在伽巴帖培更宽阔的海滩上登陆，但由于他们是在破晓前的漆黑中发起进攻，船队错误登陆到目标以北一公里半的海滩。此地后来被人们称为澳新军团湾。到底是什么原因造成了这场失误，还存在争议。也许是人为失误造成的；也许是最后关头改变作战计划却没有妥善沟通造成的。这片海滩的上方，绵延着莎丽拜尔山脉，布满了没有出口的沟壑和陡峭的山涧。山上遍布茂密坚硬的植被，几乎无法穿行。即便如此，澳新军团还是向前推进了一千五百米。然而，他们的行动由于土耳其将军穆斯塔法·阿塔图尔克的果断回应而受阻。后者下令发起反击，迫使澳新军团后退，并在持续不断的炮火攻击和太阳暴晒下而不得不在山体一侧掘壕驻守。在这里，协约国部队也遭受了重大伤亡，两千士兵当天阵亡或负伤。

土耳其高级军官在后方一处山脊制高点，观察加里波利的战斗

为了防御英国海军的炮火，土耳其军队在紧邻澳新军团战线的地方建造了战壕。有的战壕就在澳新军团战线十米开外。把脑袋伸过胸墙，简直就是自杀行为。因此，双方大部分时候都只是在互扔手榴弹。对此，唯一的防御方式就是在手榴弹爆炸前再把它们扔回去。一些澳新军团的士兵后来对于这个，都非常在行。

崩溃边缘

随着夏天的到来，病菌开始滋生，水荒和物资匮乏的问题也产生了。没有一个地方不被大群苍蝇覆盖。它们就在随处可见的尸体上滋生繁衍——事实上，尸体被双方部队堆在壕沟上面做胸墙，成了建造防御工事的现成原料。土耳其军队发起了无数进攻。尽管每次都被击退并且伤亡严重，他们仍会卷土重来。

5月4日，最后一次进攻再次失败后，土军将澳新军团的阵地团团包围，挖壕防守。到了那个时候，土耳其军队已经损失了一万四千人，澳新军团损失了接近一万人。

距离英国五千公里之外，协约国部队的粮食供应即将耗尽。他们恐怕已经被人们遗忘。公众的注意力都被西线战场所吸引。同时，英国政府内部正在为这场战争的进程争执不休——它的两位策划者，包括温斯顿·丘吉尔在内，很快就会被迫下台。

在土耳其的情况正好相反。英军的威胁使得“青年土耳其党人”组成的政府更加紧密地团结在一起。这些人在1913年的一场政变中控制了濒临崩溃的奥斯曼帝国。对于土耳其人而言，维持僵持状态就算是胜利。但对于英军而言，随着补给线的延长，急需实现突破。而一场胜利则是再好不过的了。

八月进攻

8月6日，英国军队在加里波利半岛北边的苏弗拉湾登陆，为打破岛上愈发沉滞血腥的僵持状态作出最后一次尝试。两个步兵师在海滩登陆，让没有防备的土耳其人大吃一惊。然而，不幸的是，负责此次行动的弗雷德里克·斯托福德中将的行动过于缓慢，丧失了这个有利时机。土耳其增援部队赶到了高地。不论英军如何进攻，都无法将阵地夺过来。

在苏弗拉湾和澳新军团湾，每一座山头的争夺战都在肉搏和刺刀拼杀中展开。山上茂密的植被常常会被炮火引燃，将进攻的澳新军团和英军烧为灰烬。但土耳其人却在阿塔图尔克英勇的率领下，坚守半岛沿岸高地。随着僵持状态的继续，协约国部队的进攻基本停息了。但更惨烈的伤亡还在继续。

战略撤退

接下来的几个月里，消耗战仍在继续。9月初，有人建议将部队撤出来。伊恩·汉密尔顿将军拒绝了这一提议。但在10月份的时候，他被从将军位置上撤换下来。他的继任者查尔斯·门罗中将开始计划撤退。

11月份，一场四十年来最为猛烈的暴雨和暴雪天气袭击了加里波利。赫勒斯和澳新军团湾的士兵在挖得很深的战壕中还能获得某些庇护，而在苏弗拉湾这种开阔地带的士兵则非常悲惨——挖得很浅的壕沟在洪水中坍塌，许多士兵都被淹死了。这场灾难如此可怕，以致于双方几乎忘记了交战——土军和英军都拼命扒在胸墙上保命。当风暴最后平息下来，已有两百多人被淹死，数千人感染疾病或被冻伤。

这场自然灾害比战争更能体现出协约国的战线是多么摇摇欲坠。到了12月，大撤退开始了。协约国从加里波利的撤退是前所未有的杰作。撤退为英军从这次惨败中挽回了一些颜面——十万五千人成功地从土军的眼皮底下撤走。到了1916年1月9日，所有人都从混乱的战场撤了出来，无一人伤亡。

建国神话

加里波利战役极大地鼓舞了澳大利亚和新西兰人民，也以不同的方式鼓舞了土耳其人民。在土耳其，这场战役被称为恰那卡莱之战。它以阻止协约国部队海上入侵的港口命名。

加里波利战役被看成奥匈帝国，也是穆斯塔法·阿塔图尔克个人的一场胜利。在这场战役中的英勇表现让他一路升迁，且极大地扩大了他在军界和政界的影响力。“青年土耳其党”人战后逃往国外，他开始向权力的巅峰攀登。终于，在奥斯曼帝国崩溃和独立战争结束后，他成为1923年成立的土耳其现代国家的开国元勋。

对于澳大利亚人和新西兰人来说，这场战役的巨大影响还继续存在。他们的战士在这场战役中表现得如此英勇，强大的斗志在经历了这场战役之后更是无可争议。经历了加里波利半岛的血战之后，刚从母国脱离的前殖民地成长为新兴的民族国家。澳大利亚人和新西兰人从加里波利一役当中获得的自豪感和对于士兵的崇敬，在今天也表现得相当明显。在这两个国家，不仅每年4月25日登陆日都会举行庆祝澳新军团日的活动，而且近年来，在这场战役发生九十年以后，成千上万的澳大利亚人和新西兰人都会前往达达尼尔海峡朝圣。在那里，他们献上自己对于这片神圣土地的敬意。因为他们的英雄们在这里洒下了鲜血，即使只是为了一项注定失败的事业。

索姆河会战
（1916年）

英国历史上最血腥的一天
向这个困惑中的国家揭示了战争的真相

勋章累累的英国将军道格拉斯·黑格。他策划了索姆河损失惨重的进攻

从1916年6月24日到7月1日，一支三千人的英法联军沿着索姆河山谷，向德军阵线轰击。炮火之猛烈让朝西壕沟里的七十五万协约国部队确信，他们冲出战壕后是不会遇到任何抵抗的。

7月1日早上7:20，天气酷热难当。十颗埋在德军阵线下面的巨型地雷连续不断地爆炸。这些地雷所含的炸药高达数百吨。当时在场的诗人约翰·梅斯菲尔德写道："那个时刻就要降临（英国士兵）……看到我们的炮弹在炮膛里的闪光，炮手'停止射击'时在远处爆炸，他们知道，那一刻已经到来了！"

协约国的高级将领十分确定，德国人已被炸成碎片了，就下令英军在最后一轮炮火的掩护下，成波浪形走步前进——前方落下的炮火既为他们扫清了道路，又掩盖了他们向前推进的行动。士兵的工作只剩下肃清残敌。然后，英国骑兵就会突破敌人的防线，彻底击垮后撤的敌军。

之后的情形正如梅斯菲尔德所写，"传来了一声哨音和一声呼喊。第一波士兵在混乱和黑暗中爬上了胸墙，迎接他们的是死亡。他们告别了所有愉快的事物，向着无人地带进发"。

不过片刻之后，屠杀就开始了。但当屠杀真的发生后，就永远改变了英国历史和英国人的观念。

可怕的记录

索姆河会战从1916年7月1日持续到11月13日，是世界史上伤亡最惨重的战役。英军、法军和德军总共有一百二十六万五千名士兵阵亡或负伤。索姆河会战也是英军历史上一天之内（7月1日）伤亡最惨重的战役，人数多达五万七千四百五十人，其中两万人阵亡。

在索姆河一战中，由作战大臣基钦纳勋爵率领的新英国志愿军损失惨重。这支部队很大一部分由所谓"伙伴营"组成——这些志愿军都是从同一个橄榄球俱乐部、足球队或同一个地方招募来的。"伙伴营"的成员离开家乡，来到军队的乐团奏乐或做旗手。他们似乎并不是要上战场，而是要去参加一场盛大的游戏。夏洛克·福尔摩斯系列小说的作者柯南·道尔所说代表了许多英国爱国者的心声——"如果一个板球队员的准头不错，那就让他去扛步枪吧！""伙伴营"士兵的热情压倒一切，只有他们对于战争的无知才能堪与相比。而这一切，在索姆河会战打响后的第一天，就被击得粉碎。

索姆河会战绝不是第一次世界大战中第一场血腥的战役——毕竟这场战争已经持续两年，而可怕的凡尔登战役还在进行当中。但在这场战役的第一天，冲锋的英国士兵就像九柱戏中的木柱一样，一波接一波地倒在德国机枪的扫射下。一个德国士兵后来写道："这么多的人，我们甚至都不用瞄准。"所有看到这一景象的人都感到万分惊骇。当时参加了这一战役的人包括很多著名作家——梅斯菲尔德、齐格弗里德·沙逊、罗伯特·格拉夫、里德尔·哈特。历史学家哈特在这场战争中受到了毒气的伤害。后来，索姆河会战成为他一个很有影响力的观点的基础，即对于敌军阵地的正面攻击几乎从来都不会成功。

压倒性的兵力

索姆河是法国北部的一条河流。它的名字在凯尔特语中是"宁静"的意思。这条长约二百四十五公里的河流从西向东流淌，穿过一个平缓的山谷，从郁郁葱葱的埃纳河高地，流向英吉利海峡的索姆湾。

1916年，法国北部成为主战场。英军第四和第五集团军从索姆河北部，法军第六和第十集团军从索姆河南部，向德国第二集团军守军发起猛烈进攻。由于数量上占优势，法国陆军元帅约瑟夫·霞飞计划把德军拖入一场消耗战，通过迫使他们作战，来达到消耗德军预备役部队的目的。但在2月开始的凡尔登战役中，德军的大规模进攻拖住了大部分法国军队。因此，由道格拉斯·黑格爵士指挥的英军接手了这项计划，提供了大部分兵力。在法军的压力下，进攻的开始日期从8月1日提前到了7月1日，作战目标也变成了吸引德军兵力，以减轻法军在凡尔登战场的压力。

作战计划是令英军二十个师在索姆河北部向一道二十四公里长的防御面发起进攻，另外七个法军师在索姆河南部十六公里处向十六公里长的防御面发起冲锋。计划中的这次进攻非常有力，应该会彻底击垮数量占劣势的十六个德国师。但黑格和霞飞犯了一个致命的错误——他们过分依赖炮兵部队。这不仅毁掉了这次战役的奇袭性，而且对于德军也没有造成什么损伤。

进攻受阻

索姆河会战的第一天成为第一次世界大战这个残酷绞肉机的缩影。当炮兵部队猛烈的炮火接近尾声时，负荷沉重的英国士兵正抽着烟，在战壕里等待，还有人在握手闲暄。上刺刀的命令下达后，在大炮的轰鸣声和地雷的爆炸声中，阵线上下都响起了金属碰撞的声音。

军官吹响了哨子，士兵开始“齐步走”。英军以四到七列士兵为一组进行攻击，每组间隔大概一百米左右。队列中的士兵把步枪斜挎在身上，直立前进，几乎肩并肩。军官身着不一样的军服，只佩戴手枪。这让他们成了德国狙击手的最佳目标。一些“伙伴营”的士兵早晨上战场时，胸前还挂着人偶作为吉祥物。一个连长甚至建议士兵边行进边踢足球来丈量距离，把球踢过敌军阵线就算“进球得分”。

三十六岁的理查德·托尼中士入伍前是作家兼教师。他跟随英国军队的第一波冲锋队伍，走在绵延不绝的掩护炮火之后。刚开始的时候，事情似乎进展非常顺利。托尼和同伴穿过四道敌军战壕，没有遇到任何障碍。但“当翻过一道坡后，我们进入了敌军的机枪火力范围。整个阵线的人一齐倒下了”。这一瞬间看到的景象一直困扰着托尼的余生。“我的排长仰面朝天，倒在地上。他的脸和手苍白得像大理石。他的肺部像风箱一样在费力起伏，但灵魂已经飘远。他死了。一两分钟后，他进入了医生所谓的‘死亡’状态。”

托尼在那一天负伤两次，但幸存了下来。他所在的连队原有八百五十人，但到了7月3日，就只剩下二十四人了。德军本该被完全消灭的！到底发生了什么事?

完美的防御位置

在第一轮进攻当中，看到德军跳出战壕，在仍然冒着烟的弹坑中架起机枪时，英国士兵像托尼一样震惊。尽管之前进行的轰炸猛烈惊人，德军的战斗能力却丝毫没有被削弱。这主要是由于德军不仅在索姆河沿岸挖筑了壕沟，还用沙土和水泥修建了坚固的掩体。里面还通了电，安装了木地板等设施。地下还设有战地医院。德军预备役部队在战线后面的旧洞穴中等待。这些洞穴曾在数年间被法国人用来开采白垩。

此外，德国的防御位置堪称完美。他们的师排列在数公里长的山脉的一座山顶后。这一山脉还向着英军阵地延伸出去无数支脉。这些支脉通常都覆盖着森林，还遍布村庄。这些都为防守提供了有利地形。德军有两条前沿阵地防线和一条后备防线。防线之间有厚达二十米到三十米的带刺铁丝网相隔。由于德军占领的地势居高临下，可以轻易看到英军动向。而英军则无法看到德军的前沿阵地。

当然，这次进攻也绝对算不上突袭。炮击行动泄露了这次进攻。即使在那之前，法国报纸就在吹嘘这次即将到来的进攻，而德国间谍会仔细阅读法国报纸。而且，7月1日凌晨2点45分的时候，德军前线的潜听哨听到了第四集团军的英国将领预祝手下“好运”。德军此时完全确认，一场大的进攻就要展开了。

“通向永恒之路！”

在战线的有些部分，英军士兵得以在德军机枪开始扫射前就到达了托尼的位置。但大部分情况下，他们在离战壕只有几步远的时候就倒在了枪口下，滚落的尸体砸到了正在往上爬的士兵身上。因为成千上万

1916年7月1日，索姆河会战第一天，英军进入无人地带

的士兵正在前进，死伤的士兵都被踩踏在脚下。之后，英军的前沿阵线进入无人地带。一个营长描述说，“英国士兵的尸体在德军铁丝网前堆积成山，而活着的人还在有序地向前冲……人们就像收割机前的玉米秸秆一样，纷纷倒下。一个爱开玩笑的人在后面高喊：‘通向永恒之路！’”

诗人齐格弗里德·沙逊当天在预备军队伍里。他前一天刚刚因为一次英勇的行动，而获得了十字勋章。他坐在阵地后方一座山上，透过望远镜观察英军的推进。“我看到的是一个阳光下的地狱。”

到了下午3点，无人地带的整条阵线已没有人在移动了，除了在地上匍匐呻吟的伤员。他们仍然暴露在机关枪的扫射范围内——尤其是处在上方山头的火力下。在阳光的暴晒下，他们乞求着，想喝一口水。剩下的人中，大多数已阵亡或退回战壕中。

第三军团第八师——一支具有代表性的英军部队——冲锋前十分钟就伤亡了百分之八十。三百名军官中有二百一十八名阵亡，八千五百名士兵中有五千二百人阵亡。而对面的德国军队只损失了八名军官，二百七十三名士兵。

英军有几个连队最终抵达了德军阵地，但孤立无援，就像一个士兵描述的那样，在“和死神捉迷藏”，而且基本上无法守住阵地。第十五军是个例外。他们不仅成功向前推进一公里多，还占领了目标——迈莫兹小镇。但付出的代价也是巨大的——伤亡将近八千人。但在英国部队如此惨痛的一天里，他们的战果还是被视为巨大胜利。

血腥的僵持

7月1日傍晚，英军统帅意识到第一天的进攻以惨败告终。尽管包括黑格在内的英国军官拒绝为计划失败承担责任——大白天进攻防卫严密的敌军事先泄露了大量信息等，普通士兵还是意识到了事情的真相。沙逊在7月1日晚上的日记中简短记录了事态：“第三连队只剩下六名传令兵、两名担架兵、军士长、通信兵和巴顿的仆人。西边是漫天的硝烟，左边是密集的炮火。”

到了现在，大多数士兵都认为，进攻应该会被取消。但黑格不顾英军刚刚经历了历史上最惨重的单日伤亡事实，仍然决定继续推进。接下来两周左右，他下令对德军发起了十几场小规模的进攻，再次导致了两万五千人伤亡。

7月11日，英军终于突破德军第一道防线。此时，德国军队从凡尔登调来了增援部队。战争陷入了血腥的僵持状态，持续了四个多月——在这场惨烈的消耗战中，很多战斗都陷入了这样的状态。

到了11月，英军开始缓慢但稳定地向前推进。但之后的恶劣天气使得整个行动暂停下来。到了这个时候，双方伤亡总数已达到一百二十五万人。而从7月1日以来，英军占领的阵地有多长呢？仅仅只有十二公里。

辉煌不再

一方面，索姆河会战达到了目的——战场从凡尔登转移到了索姆河，德国人也损失了难以弥补的兵力。但这场战争也作为一场大杀戮永远留在了历史上。它向人们表明，僵硬古板的战术遇到速射的自动武器后会产生怎样的伤亡。

此外，索姆河代表着英国舆论在这场战争中的转折点。从此之后，普通民众看待英国政府，尤其是英国高级将领的眼光再也不会一样了。毕竟，在索姆河会战中，伤亡最大的来自劳动阶层的“伙伴营”。一半的英国民众都看过一部关于这场战争的无声纪录片。该片由（英国）作战办公室制作。本来是作为爱国宣传片来放映的，但最后产生的效果却截然相反。观众不明白，为什么这些劳动人民要牺牲在一场明显没有意义的杀戮中。战争的辉煌在哪里？从那之后，索姆河会战就成为麻木不仁的高级将领把无辜士兵送上战场做炮灰的代名词。

一名十九岁的英国中尉埃德温·沃恩写下的日记反映了英国军队和国内民众的情绪转变。他怀着光荣的梦想参加了这场战争，并在前线战斗了八个月。当索姆河会战发生时，他对于战争的态度完全改变了。“我坐在地板上，一瓶接一瓶地喝着威士忌，注视着一个黑暗空洞的未来。”

坦克的出现

9月15日，英国第四集团军在索姆河会战发起的一次进攻中，坦克第一次出现在战争中。英军共有五十辆坦克，属于最高机密武器。它们的外形并不像现代坦克，而呈椭圆形，安装着巨大的履带。每小时只能行进大约三公里，却能轻而易举轧过铁丝网、壕沟，穿过机枪火力网。震惊中的德国军队在这些金属制成的庞然大物的进攻下仓皇撤退。但不久就发现，它们对于大炮的攻击没有什么抵抗力，关键时刻还会发生故障。尽管英军坦克在后期战争中的确取得了辉煌的战果，尤其在1917年11月的康布雷战役的大规模进攻中，坦克部队在德军阵地上渗入了八公里，但它们在一战中并非决定因素。然而，差不多二十五年后，坦克战在相同参战方之间发生的另一场战争中，起到了至关重要的作用。

十月革命
（1917年）

在这场起义中
资本主义最强大的对手诞生了

弗拉基米尔·列宁在莫斯科向民众演讲。他著名的盟友莱昂·托洛茨基站在讲台右侧

1917年10月25日清晨，美国记者约翰·里德和妻子路易斯·布莱恩特正呆在彼得格勒的阿斯托利亚旅馆。他们10点醒来，窗外铃声大作，卡车从街道隆隆驶过。里德和布莱恩特穿好衣服，走下楼来。他们发现，这些卡车属于布尔什维克，一个由弗拉基米尔·列宁领导的左翼小革命党派。卡车载着士兵，每个街角都会停下来，张贴一张列宁撰写的宣言。上面的话振聋发聩："俄国的民众们！临时政府已被推翻。国家政权已移交到了工人与士兵代表的彼得格勒苏维埃机关手中……工农兵革命万岁！"

事实上，在温和派的亚历山大·克伦斯基领导下的临时政府根本没有垮台，总是急于行动的列宁认为，稍稍扭曲一下事实并没有什么关系。至少，他在一个重要的方面是对的。那个清晨，在彼得格勒，一场即将改变一个世纪面貌的革命真的发生了——里德在后来一本非常有名的书中写道，这场革命将会"撼动世界"。

这十天中发生的事件引发了一场翻天覆地的大变革。俄国大革命这场地震以这座古老的皇城为震中，建立了一个庞大的共产主义帝国。最终，它将会成为西方资本主义最强大的挑战——直到近几年，西方才战胜了这一挑战。

迟来的变革

20世纪初，会有人质疑俄国革命的必要性吗？尽管农奴制在1861年就被正式废除，但农民仍然一周六天、每天十二个小时地为少数富有地主劳作。在俄国，地主占有了大部分土地。数个世纪以来，这个国家一直由至高无上却良莠不齐的沙皇所统治，存在于一个腐败没落的官僚体制之下。普通民众的生活比牲畜好不到哪里去，成千上万的人们挣扎在饥饿的边缘。

俄国的"小父亲"——沙皇尼古拉斯二世比起其他沙皇来，更加专制保守。他于1894年开始掌权，并没有意识到俄国正处于一场变革之中。工业革命改变了这个国家的面貌。工厂将农民吸引到城市，让他们接触到激进理论。最具有吸引力的理论莫过于人人平等；每个人都有权享受世界的财富；任何人都不该受到剥削或压迫。

这个国家在1905年经历了一场巨大的动荡。成千上万俄国工人赤手空拳，扛着宗教的旗帜和沙皇的画像，向位于圣彼得堡的冬宫进发。他们要去向尼古拉斯请愿，向他诉说不平。等待他们的是沙皇士兵。他们向这个和平的请愿团开枪射击，死亡人数上千。接下来，发生了大规模罢工，铁路交通中断，生意停滞，尼古拉斯不得不发表《十月宣言》，承诺组建民主议会。但《十月宣言》不过是一个空洞承诺。因为沙皇后来几乎破坏了联合政府采取的所有实质措施。工人和激进分子渐渐意识到，他们应该采取更为激烈的行动。

布尔什维克和孟什维克

弗拉基米尔·列宁和莱昂·托洛茨基领导了1917年的革命。他们都因早年从事颠覆活动而被流放过。列宁出生于1870年。当时，他的名字还是弗拉基米尔·乌里扬诺夫。父亲是督学。列宁在圣彼得堡做过律师，加入一个马克思主义组织后成为激进主义者。1895年，由于从事颠覆活动被捕，被判监禁十四个月，并被流放到西伯利亚。1900年获释后，他在欧洲范围内传播社会主义。在此期间，他为自己起了这一革命者的化名——列宁。

在1903年伦敦举行的第二次社会民主党大会上，列宁试图建立社会主义政治党派。与会代表分裂成两派：占大多数的更激进的“布尔什维克”和更温和的“孟什维克”。孟什维克的代表人物就是莱昂·托洛茨基。他出生于乌克兰，曾用名列夫·布隆施泰因。学生时期就接触了马克思主义。1898年，他因从事颠覆活动被捕，被判监禁并流放西伯利亚。1902年，他逃往伦敦。之后，就在各国流亡。

布尔什维克和孟什维克都参与了1905年的起义，并自此逐渐在民众中获得了声望。不久之后，仅仅一场社会动荡就能煽起革命的战火——第一次世界大战恰好提供了这个催化剂。

失败引发起义

第一次世界大战中的杀戮成为了俄国革命的催化剂。为了从1904–

1905年的日俄战争惨败中挽回声望，并让日渐不满的民众被一场共同事业团结起来，沙皇尼古拉斯领导俄国参与了这场对抗德国的战争。但事与愿违，俄国军队遭受了上万伤亡。到了1917年，俄国损失的兵力达到数百万——不仅包括伤亡或被俘的士兵，还包括逃跑的士兵。这些不愿屈从沙皇统治的逃跑者回到家乡，开始从富人手中抢夺土地。

同时，整个国家都在经受粮食短缺的危机。在圣彼得堡，人们每周不得不排四十小时的队，仅仅为了得到一片面包。这样，人们开始了暴动。这一次，部队没有像1905年那样开枪射击，而是在刺刀上系上了红丝带，加入到起义者的阵营当中。由于战场上的节节败退，又完全丧失了政府与军队的支持，尼古拉斯二世被迫于1917年3月退位，结束了罗曼诺夫王朝三百年来的统治。他和家人被流放至西伯利亚。一个温和的临时政府接替了他的权力，并成立了立宪议会。这个政府由三十六岁的律师和政客——亚历山大·克伦斯基领导。

克伦斯基年轻、雄辩，又富有魅力，对于布尔什维克党这种更为激进的党派来说，是一个威胁。此时，布尔什维克党的领袖正在计划返回

美国人眼中的俄国革命

记者约翰·里德在1919年所著《震撼世界的十天》中，对俄国革命的初期做了著名的描写。他是那个时代极具争议性的人物。他于1887年出生在俄勒冈州一个富裕的牧师家庭，就读于哈佛大学。后来迁往纽约，成为社会主义者。1913年迁往墨西哥，见证了墨西哥革命。在一位富有的美国激进主义者的资助下，他和身为女权主义者的妻子路易斯·布莱恩特到了俄国，并在那里记录下了俄国革命。从他的文章可以清楚看出，他绝对不是客观的观察者——事实上，一些人认为，他是列宁和托洛茨基的一颗棋子。他们显然将他视作珍贵的宣传工具，将他们口中的革命版本宣扬给全世界。

之后，依据美国战时的反煽动法，里德被判叛国罪。因为他反对美国参加一战。受审前，他逃离美国，回到俄国。有证据显示，他后来对这场革命的极权主义感到失望。1920年他因斑疹伤寒病逝于俄国后，成为（仍然是）第一位被葬在克里姆林宫的美国人。

在这幅20世纪早期绘制的油画中，随着布尔什维克的靠近，“奥罗拉号”巡洋舰的探照灯照亮了冬宫

俄国。

4月初，列宁获得了德国政府发放的回国安全通行证，乘坐“密封”火车，从苏黎世横穿欧洲。当时，克伦斯基迫于英国和法国的压力，正准备向德国发起新一轮攻击。俄国的这次进攻将会以失败告终，并将损失惨重。德国人希望布尔什维克的叛乱能够使克伦斯基在出兵前下台，从而迫使俄国求和。

当列宁到达彼得格勒的芬兰火车站，迎接他的是欢呼的人群。之后，他开始策划一次革命。这场革命最终会建立起一个由工人阶级领导的政府，称为苏维埃政府。5月，莱昂·托洛茨基也返回了彼得格勒，代表孟什维克开始行动。

巷战

6月，因布尔什维克党左翼组织的抨击，走向了右翼的克伦斯基发动了对德国的进攻，但最终惨遭失败。随着夏天的流逝，前线形势每况愈下。叛乱的军队劫持了火车，强迫司机开往后方。回到农场后，士兵杀死地主，抢夺他们巨大的财富。像彼得格勒和莫斯科这样的大城市的工厂都渐渐陷入瘫痪。工人抛下机器，加入了布尔什维克党。在全国，粮食短缺的危机全面爆发了。

总的来说，克伦斯基在这场法律与秩序的崩溃中采取不了什么有效的应对措施。但在6月，当布尔什维克党人和无政府主义者在彼得格勒发起暴力的街头示威后，克伦斯基不仅平息了起义，还通过宣称列宁是德国间谍损害了他的声誉。结果，列宁被迫逃回芬兰。

现在，列宁声誉扫地，克伦斯基可以乘胜追击了。但到了8月，他承受了一个巨大的挫折。他的军队主帅科尔尼洛夫将军在彼得格勒领导了一次政变，克伦斯基被迫向布尔什维克党寻求帮助。科尔尼洛夫被击败了。之前，布尔什维克获得了大量武器和弹药。托洛茨基曾被政府短暂关押时，加入了布尔什维克党。他务实的领导作风同列宁偏重理论的风格完美地形成了互补。两人成为领导运动的强有力的搭档。而此时，运动已经显现出一股强大的动力。

革命开始

10月24日，克伦斯基为列宁和托洛茨基提供了他们想要的开场。为了将布尔什维克党的叛乱消灭在萌芽状态，克伦斯基切断了通往布尔什维克党总部的电话线，突袭了布尔什维克党党报——《真理报》的办公室，并派兵上街巡逻。之后，他参加了一个由特定人员组成的立宪会议，承诺要立即通过改革，比如向农民分发土地。同时，他还宣布，要保卫临时政府，直到最后一刻。

克伦斯基在会议中只获得了少数人的支持。感受到了克伦斯基政府实实在在的脆弱后，列宁在第二天发动了革命。

到了10月25日中午，克伦斯基认为，呆在彼得格勒太危险。布尔什维克占领了关键桥梁，他的部队大部分都是毫无经验的军校学生，还在不断逃跑。这样下去，他一定会被抓获，并被处决的。他在强行征用一辆汽车后，逃出城去，试图找到皇家军队来支持他。

"没有政府了"

10月25日，当约翰·里德和路易斯·布莱恩特走在大街上，试图搞清楚发生了什么事情时，身边挤满了激动的人群，四处都张贴着标语。"呼吁反对叛乱的标语一夜之间贴满了墙——对农民、前线士兵和彼得格勒工人发出的呼吁。"里德这样写道。他和妻子来到国家银行，询问门前站岗的士兵。

"你站在哪一边？"我问，"政府这一边的吗？"

"没有政府了。"一个士兵笑着回答，"荣耀归于上帝！"

克伦斯基忠实的部长们留在有一千五百个房间的冬宫里。那里已被布尔什维克的部队包围。接下来的包围是历史上最奇怪的事情之一，几乎有闹剧的意味在里头。里德和布莱恩特能够穿过松懈的布尔什维克包围圈，进入到宫殿里。那里正由克伦斯基的军校学生守卫着。布莱恩特将他们描述为"可怜、难受、愁苦的男孩"。那里也有一些从前的沙皇侍从，穿着蓝色的皇家制服。许多守卫都喝醉了。

下午，两个布尔什维克骑着自行车过来，要求部长们在晚上7点前投降。部长们拒绝了，认为克伦斯基也许会带着援兵回来。他们熄灭了灯光来隐蔽自己，然后坐下来，在黑暗中享用包含有汤、鱼和洋蓟的晚餐。

布尔什维克在涅瓦河上夺取了一艘名叫"奥罗拉号"的巡洋舰，并且收到了向冬宫开火的命令。虽然这只是一艘训练船，船上只装载了空炮弹，但"奥罗拉号"仍然向冬宫的守卫者发射了炮弹。军校学生开始时还用机枪还击，但后来意识到炮弹根本没什么威力，就停止了射击。到了晚上11点，布尔什维克从彼得堡要塞中弄到了枪支，并向宫殿开火。这个古老的要塞坐落在涅瓦河一个小岛上，建造于沙皇时代。然而，只有两发子弹打中了宫殿，其余的都射进了河里，没造成什么危害。莱昂·托洛茨基嫌恶地说，这些子弹也就“损伤了点儿墙上的灰泥”。

最终，凌晨1:30的时候，布尔什维克冲进冬宫。最先注意到他们的是冬宫的接线员。他打电话给龟缩在宫殿里的部长们说，“有一支三四百人的队伍正在接近”。布尔什维克冲进宫殿，逮捕了疲惫的军校学生和部长们，没有发生流血事件。

游戏结束

以后的革命都不会是这样平静了。掌权之后的列宁任命莱昂·托洛茨基和约瑟夫·斯大林一类人为部长。后者在列宁的支持下，从一个在《真理报》工作的格鲁吉亚小职员，一路升迁到了共产党内部的高层。列宁处决了沙皇和他的家人，以及其他显要的罗曼诺夫家族的人。他很快就同德国人讲和了。这样一来，他就可以将重心转移到席卷全国的内战中来。这场激烈的、你死我活的斗争双方分别是新成立的红军和“白军”。后者是沙皇的支持者和其他保守派组成的联盟，并且得到了英国、法国和美国政府的支持。因为这些国家非常担心一个由共产党统治的俄国会对他们的民主政权和皇权利益造成威胁。

到了1920年，正式更名为俄国共产党的布尔什维克获得了胜利。克伦斯基逃往法国，后来又辗转到了美国，并于1970年在那里去世。1924年，当列宁因中风去世后，苏联发生了激烈的权力争夺的斗争。被公认为列宁接班人的托洛茨基受到约瑟夫·斯大林的驱逐，被迫出逃，后来在莫斯科被刺身亡。

斯大林在之后的二十年中，成为了苏联的总理①，并对革命中上百万人的死亡负有责任。而这场革命的本意却是要将人们从压迫中解放出来。将俄国从残酷无能的沙皇统治下解放出来是很自然的想法，但不幸的是，结果却是一个同样残酷无能的政权替代了沙皇统治。

① 原文如此。应为苏共中央总书记、苏联部长会议主席。

华尔街金融危机
（1929年）

股价大跌
引发世界经济萧条

1929年10月24日，“黑色星期四”。焦虑的人们聚集在华尔街。10月29日发生了最后一次崩盘，即所谓的“黑色星期二”

一个人毒死了自己、妻子和两个年幼的孩子；一个人在他的股票经纪人办公室猝死；另一个住在北卡罗来纳州一个小镇上的人走进车库，开枪自杀，枪声在四周回荡。

不论富人还是穷人，都难逃厄运。从纽约一家豪华宾馆醒来的温斯顿·丘吉尔发现，窗外正在发生一场骚乱。他后来写道，“就在我的窗下，一个男人从十五层高的楼上跳下，摔得粉碎”。著名作曲家欧文·柏林对这一天的记忆则是另一番景象：“我本来有足够后半辈子生活的钱，但突然之间，它们就烟消云散了。”

这一天就是1929年10月29日，“黑色星期二”。那天清晨，纽约股票交易所刚开盘的三十分钟内，就交易了三百万股股票。而这通常需要五个小时才能完成。所有大公司——通用电气、克莱斯勒、标准石油——股价都在暴跌。渐渐地，人群挤满了交易所附近狭窄弯曲的小街。根据后来的估计，当时人数在一万人左右。尽管纽约警察局长在金融区街道上加派了警力，却没有发生任何暴动。《纽约时报》的几名记者将这一场景描述为“麻木的催眠状态”。交易所里面，一个经纪人向窗外望去，惊恐地觉得，自己正被一群犹如“鬼附身”的人们包围。

这仅仅是开端。随着股票暴跌，美国公司不是倒闭就是裁员，商品生产大幅度削减。人们失去工作后，不仅会花光积蓄，常常会失去住所。他们对于新车、新家具、新衣服的购买也减少了。这造成更多公司陷入破产。失去工业储蓄和个人储蓄，银行也开始倒闭。

这场股市大崩盘产生了国际影响。商业陷入困境后，美国政府开始对进口货物征收高额关税，希望能够通过这项措施刺激经济。这对于国际贸易产生了灾难性的影响。欧洲国家也在经历由于市场过度投机而引发的财政困难，而这一项关税政策使得它们的货物根本不可能在美国市场竞争。作为回应，这些国家也开始征收高额关税。国际贸易几近停滞。

喧嚣中走向灾难

在美国，人们认为，“喧嚣的20年代”和60年代是20世纪最典型的写照。这个名称让人们想起了禁酒令、黑帮、新潮女郎和怪异的时尚。

事实上，大多数模式化映像都有事实做基础。美国人喜欢追赶潮流。他们举行比赛，看谁能够在旗杆上坐的时间更长；他们参加舞蹈马拉松大赛；他们谈论新电影、马克思兄弟、百老汇上演的盛大音乐剧，喜欢偷偷溜到街角的“地下酒吧”喝上一小杯保税——至少老板这么说——加拿大威士忌。

这一切潮流的背后，是一个最大的潮流——炒股。在这个时代之前，股票交易只是富人的游戏。但到了20年代，一百万美国人——当时美国人口是一亿两千万——持有美国公司的三亿股份。这在很大程度上归功于广播、电视，尤其是电报机的发明——电报机是一种小型电子机器，能够在纸条上打出股票价格，使人们在看到每一“点（股票的上下波动）”时，就可以立刻进行股票的买卖交易。

当时流行“买空”股票，即只需支付股价的一部分，剩下的可以向股票经纪人借。这种做法在当时如此普遍，以至于不炒股的人都被视为疯子。这就像20世纪90年代网络公司热潮中充斥着普通人一夜暴富的故事——这些人可以是教堂牧师、老奶奶，也可以是希尔斯香水柜台后的安静女孩。用当时的话来说，如果你把钱存在银行，就是个笨蛋！

美国商业

在20世纪20年代中期，大多数美国人对于这样的状况都十分满意——对政府也很满意。1923年，经历了第一次世界大战的伤痛和沃伦·哈定领导的腐败政府后，凯文·柯立芝成为美国总统。“沉默的卡尔”给人的感觉就是一个乡巴佬——沉默寡言，说话尖刻，受不了油滑的城里人。大体上说来，选民赞同他的“普通人”治理方法，觉得这反映了他们对于自己和国家的感受。然而，柯立芝并不完全像他表现出来的那样。事实上，柯立芝最喜欢的事情就是同美国当时大公司的老板开怀共饮——这些人中有约翰·洛克菲勒、亨利·福特和安德鲁·梅隆。“美国的事业就是商业。”柯立芝说，“建立了一座工厂的人相当于建立了一座庙宇”。在他工人阶级的外表下，柯立芝的基本变革却倾向于造福富人阶层而非工人阶层——比如说，他任命梅隆为财政部长，并同意他为大企业和富人降低所得税税率。

柯立芝任总统期间，美国商业蓬勃发展。新技术和新工艺，比如福德汽车的生产线和改进的炼油工艺使得公司能够生产更多的铁、钢、汽油和化工产品。但不幸的是，尽管这个时期商业和生产欣欣向荣，但就业市场却没有显示出同样趋势。许多新的工业方法的目的都是减少人力。这是人们熟悉的故事——富人更富，穷人更穷。据历史学家记载，在20世纪20年代，美国百分之十三的人口控制着百分之九十的财富（今天，美国百分之十的人口控制着国家百分之七十的财富）。

的确，这个所谓繁荣的“新时代”很大程度上是一个幻影——梅隆的减税计划生效后，盈利不多的公司也有了更多的钱可供支配。他们便将这些钱投入股市——美国所有有钱的人都跟风做了。

1928年末，尽管美国失业人口达到四百万，“喧嚣的20年代”的增长势头仍然有增无减。但当时的情形已令一些清醒的投资者开始反省了。不仅越来越多的人在通过借入资金购买股票，而且到了1929年，只有三分之一的股票——纽约证券交易所上市的一千二百只股票中的四百只——自上年1月以来有所增值。人们还注意到庞大的“股票信托”——一些富有的投资者将资金联合起来购买股票——能够仅靠大量投资任何股票，来使它的价格攀升。

到了9月，一位非常有影响力的经济学家罗杰·巴布森在一次演讲中指出，未来股市将要崩盘，而且会引发股票抛售狂潮，程度之严重将超过股票交易所以往发生的任何一次。巴布森在之前一年左右都在谈论这个话题。但很少有人注意他的观点。然而，他的话在9月对应了很多人

离开尘世的首选

1929年之后发生的自杀事件真如传闻那样多吗？几乎可以肯定地说，不是。约翰·肯尼斯在他所著的《大崩盘》中研究了美国的死亡数据，发现从1929年到1932年，自杀人数事实上有所下降。在真正选择自杀的人当中，跳窗而死虽然非常引人注目，但无疑是最好的死亡方式。但据威廉·克林格曼在他所著的《1929：大崩盘之年》中所写的，开煤气自杀是人们离开尘世时的首选，紧随其后的是向心脏开枪。

心中埋藏的恐惧，股票抛售开始了。几天后，市场自动调节到了正常状态。但是在整个9月和10月初，股价如同过山车一样，忽高忽低，波动剧烈。

愈演愈烈的疯狂

股市最终在10月29日崩盘！这一天，成为美国金融史上最黑暗的一天，并作为“黑色星期二”永远停留在人们脑海中。早在五天前，也就是10月24日，股市就已经濒临崩盘。这一天被称作“黑色星期四”。10月初，一些著名的银行家为了安抚人心，发表言论，说市场仅仅是在自我调节。这使得股价稍稍有所反弹。但到了10月23日星期三下午，道琼斯平均指数大幅下跌。很多像巴布森一样的人们终于认定，股市要崩溃了。要求抛售股票的指令几乎要将股票经纪人淹没。即使在信息时代的今天，股市恐慌也具有很强的传染性，更不用去想那时候投资者就坐在你身边，满头大汗地高喊“卖出”的恐慌蔓延的情形了。

到了周三交易截止的时候，被换手的股票达到六百万股，造成的损失达四十亿美元。那天晚上，股票经纪人开始打电话给借钱买股票的人们。换句话说，股票经纪人正逼迫客户立刻清偿购买股票的借款。这就如同你向一家银行贷款买房，有一天它突然告诉你，你需要立刻付清全部贷款，否则银行就要卖掉你的房子。

周四股市开盘后不久，股价的跌落势头犹如一枚航天火箭坠落地球。华尔街和整个美国都处在恐慌之中，敦促经纪人和投机者快点儿抛售股票。当接到催款电话的人们无法付清欠款时，经纪人迅速卖掉股票，以最大程度弥补自己的损失。这是一次可怕的疯狂抛售。由于不堪负荷的发报机系统的崩溃，大部分股票价格在四十五分钟以后才能被大众知晓。这使情况更加糟糕。股票在这个间隙跌了二十点。但投机者和经纪人无从知晓真正的价格是多少，就开始盲目抛售。

到了下午两三点，股票价格跌落总额已达一百一十二亿五千万美元。使股市免于遭受另一个“黑色一天”的唯一原因就是，银行家财团迅速集合了大约两亿五千万美元，派人到纽约证券交易所大声喊出“买入”的指令，出价高于要价。因此，到了这天结束的时候，股市稳定下来了，股价仍然跌落了三十亿美元。

最黑暗的一天

1930年，股市大崩盘发生后一年，底特律一个街角，一位失业男子为得到工作而发出令人心酸的哀求

在华尔街悲剧结束前倒数第二天和“黑色星期二”之间，联邦储备局、有分量的银行家和总统赫伯特·胡佛都在疯狂忙碌着，试图重建公众信心。“这个国家最根本的商业……建立在合理繁荣的基石上。”胡佛如是说。对于美国人们来说，胡佛的这番评论不够理智，过于乐观。之后，当破产的医生和商人被迫在街头卖苹果维持生计时，胡佛告诉记者说：“许多人都辞掉了工作，去选择更挣钱的行当，比如卖苹果。”但很多人在“黑色星期四”这一天，就已经赔得血本无归了。那些没赔光的也在考虑是不是应该抛掉股票，保住所剩无几的积蓄。结果，到了10月28日星期一的时候，尽管有前边那些信誓旦旦的保证，股价的另一轮暴跌又开始了，而且差点儿使得股市再次濒临崩盘。

10月29日星期二，真正的破坏开始了。大清早，成千上万的人们就聚集到了华尔街，似乎需要亲身感受这具有历史意义的一刻。在证券交易所里，惊恐的人们眼睁睁地看着主要股票——那些支撑股市的关键股票——在他们面前暴跌。美国电话电报公司在早上短短几个小时内跌了一百零五点；美国无线电公司从一百一十点暴跌到二十六点。股票经纪人不断接到客户卖单，忙乱地给他们排序。短短两个小时，就有八百万股股票遭到抛售。一个经纪人显然被事情的疯狂节奏搞得精神崩溃，开始大喊大叫。他从交易所冲了出来，把挡在路上的每个人都打翻在地。

与此同时，催款电话几乎毁了所有借钱买股票的人们。随着时间的流逝，人们陷入了震惊之中。一位《纽约时报》的记者敏锐地注意到，“对于大多数股市中的人们来说，整个事件令人惊叹！因为他们只经历过牛市”。换句话说，这些普通投资者从未经历过华尔街可怕的熊市。

股市在3点的时候关闭。到了这一刻，交易已经进行了五个小时，交易的股票达到了一千六百万股，整个国家损失了大约一百五十亿美元。道琼斯指数从二百九十点跌到了二百六十点。这是继它在9月跌落了一百二十点以后的又一次下行。

自杀的消息开始传来——正如幽默作家威尔·罗杰斯讽刺地描述的那样，“你就是想要跳窗自杀，都得排队等着”。尽管像股市繁荣时期小职员一夜暴富的故事那样，这些故事有着些许的夸张，但的确有人因为破产而自杀。商业也开始变得萧条。第一批倒闭的就是投资公司，接着就是股市中过度投机的公司和银行。“喧嚣的20年代”就像一座纸牌搭建的房子一样，轰然倒塌，走向终结。

风险依旧

赫伯特·胡佛是在股市最繁荣的时候入主白宫的。当他在1932年的竞选中被富兰克林·罗斯福以压倒性的优势击败，离开白宫的时候，一大群民众围着他高喊：“我们要面包！”今天，历史学家不仅仅把经济大萧条归咎于1929年发生的股市大崩盘，也将责任归结到了胡佛政府身上。因为这一届政府的经济政策，包括抑制国际贸易的高关税和没有投放足够货币，导致了现金短缺，而且对于刺激经济的作用很小。

除了这次股市崩盘以外，还发生过其他崩盘——一次是在1987年10月，另一次是在2000年之后网络公司热潮的末期。但后两次股市崩盘对世界的影响远没有这一次严重。1929年大崩盘所带来的教训就是，必须对账户进行控制，政府必须向银行提供保险——备受推崇的“自由市场”从某种意义上来说，仍然需要监管。在今天，尽管股市是投资回报率最高的行当之一，仍然具有风险。大多数普通投资者都会定期检查自己所投资的基金和养老金。1929年跳楼自杀的人们的故事——尽管并不全是真的——依然是一个有益的警示。

不列颠之战
（1940年）

英勇的皇家空军飞行员
如何阻止了希特勒跨越海峡的入侵

英国皇家空军最有力的武器就是高速可靠的喷火战斗机。这一类型的飞机在1938年投入战斗，并在整个战争中获得稳步改进

1940年6月，大不列颠正处在生死存亡的紧要关头。在阿道夫·希特勒的统治下，德国征服了整个西欧，正准备侵略英国。这是继1588年西班牙“无敌舰队”入侵以来，英国面临的最严峻威胁。如果希特勒的装甲师穿过英吉利海峡，登陆到英国本土，几乎肯定会击垮疲惫的英国军队。

英国的新首相温斯顿·丘吉尔意识到，他的国家正面临着一场巨大的挑战。6月18日，他在下议院发表讲话：“为了法国而进行的战争已经结束了……为了不列颠而进行的战斗即将开始！英国人们的生命、我们源远流长的制度、我们整个帝国的命运皆系于此！敌人的全部火力很快就会转向我们！希特勒也知道，他要么在这座岛上摧毁我们，要么就输掉整场战争……因此，让我们勇敢地承担起我们的职责！如果千年以后，大英帝国和英联邦依然存在，人们将会说：‘这是他们最光荣的时刻！’”

这些话语荡气回肠，震撼人心——但对于英国的大多数人来说，现实是，这也是他们的祖国最黑暗的时刻。

海狮行动

“海狮行动”是纳粹为了侵略英国而制订的计划。丘吉尔清楚地知道，如果纳粹占领了英国，从而占领它的许多殖民地，整场战争就结束了。美国人还没有参与到战争中来。但到了那个时候，他们几乎肯定会被迫接受希特勒控制整个欧洲的既成事实。到那时，希特勒所宣扬的“千年帝国”也许会成为现实。

德国的战争策划者将入侵时间定在9月中旬。他们的想法是，先令两栖部队进攻英国南部海岸，同时派遣伞兵部队深入英国农村地区。德国军事家知道，英国有一项优势——它的海军非常强大。它拥有五十艘驱逐舰、数不清的战舰和巡洋舰，人数也超越了德国海军，能够在海上将任何来犯的舰队击垮。因此，将由纳粹德国空军负责消灭英吉利海峡上空的英国皇家空军。这样一来，它们就可以随心所欲地攻击皇家海军，并将其歼灭。一旦这项任务达成，对英国的入侵就开始了。

纳粹德国的帝国元帅赫尔曼·戈林认为，德国空军的胜利已是铁板钉钉。德国空军分为三个机群，分别驻扎在挪威、比利时和法国三处基地，共拥有两千六百七十架飞机，包括轰炸机和战斗机——相比之下，英国空军只有六百四十架飞机，由空军总元帅休·道丁指挥。

不列颠之战——史上第一次完全由空军参与的大规模战斗——即将展开。

接到德军飞机正从海岸起飞、全力发动进攻的警告后，英国飞行员朝战机飞奔而去

战略转变

这场史诗般的空战差不多从1940年7月一直持续到9月。作战共分三个阶段。这是德军调整后的战术。目的是为了彻底征服英国皇家空军。在第一阶段，德国空军将会从7月10起，向英国发起猛烈的空中打击，轰炸机和战斗机将会攻击英国南部的海运船只、护航舰队和港口。此外，他们将会追踪并摧毁英军的新防御武器——“无线电测向器”，也就是今天的雷达。因为它们会针对飞临英国海岸的德国飞机发出预警。

以上第一轮进攻意在摧毁英军抵抗入侵的能力，同时也有着更长远的目标——将皇家空军吸引到空中来，并一举歼灭它。按理说，德国人应该能够达成这一目的。德国空军不仅在数量上占优势，而且飞行员训练也更先进。德国飞行员——许多人都在西班牙内战中磨炼了飞行经验——平均训练时间至少六个月，通常要超出这一时间很多。同时，近期的胜利也让他们自信满满。

相比而言，大多数英国飞行员都没有作战经验。尽管英国飞行员的典型形象是毕业于最好公学的风度翩翩的年轻人，但事实上，参加不列颠之战的三千五百名飞行员当中，只有大约两百人接受过公学教育。相反，在防御最前线战斗的士兵来自各行各业，有银行家、教师、职员、工人和售货员等，唯一的共同点正如一名士兵所说，“你想要行动起来，因为你正年轻……你知道如何飞行，你也必须飞行！因为一场战争正在打响”。

鹰日

德国高级指挥官很快意识到，进攻计划第一阶段实施不畅。尽管英国飞行员没有作战经验，德国空军的实力又强大得多，英国皇家空军却完全能够与德军相抗衡。这大部分原因是由于英国战机更先进。德国人企图依靠梅塞施米特109单引擎战机和110双引擎战机来护卫轰炸机，并在近距离激战中消灭皇家空军。但110战机飞行速度慢，持久性方面相对于英军的飓风战斗机，尤其是超级马林喷火战斗机来说，非常有限。超级马林喷火战斗机后来也逐渐证明了它相对于109单引擎战机的优越性。

8月13日在德军中的代号为“鹰日”。这一天，他们进入进攻的第

德军对伦敦的一次空袭过后，火焰中的圣保罗大教堂和燃烧的建筑

多国部队

为了应对不列颠之战期间严重的人员短缺状况，英国皇家空军从整个英联邦积极招募飞行员，包括二十一名澳大利亚人及大约一百名新西兰人。飞行员中也有人来自波兰和美国。

帕特·休斯是英联邦最著名的王牌飞行员之一。他在1940年9月的一次空战中被击落。此前，他共击落十四架德国飞机。休斯在悉尼长大，是优秀运动员。1935年加入澳大利亚皇家空军，之后被调到英国皇家空军。他于1939年抵达英格兰，加入新成立的皇家空军234中队。开始时驻扎在东约克郡，后迁康沃尔郡。不列颠之战开始后，休斯以进攻战术而著称。1940年8月连续三天，他每天击落两架德国飞机。由于这一卓越战绩，他获得了飞行十字勋章。

帕特·休斯9月7日下午阵亡。据一位军官报告，他当时正在攻击一架德国轰炸机，但一大块碎片击中了他驾驶的喷火战斗机。地面目击者宣称，休斯事实上在主动撞击敌方轰炸机，好将它击落。

二阶段——用密集的投弹和俯冲轰炸攻击皇家空军机场。这部分反映了戈林的一个错误认识，即德军已经摧毁了英军的雷达系统，从而使它的空中防卫陷入盲区。

第二阶段的目标是迫使皇家空军放弃在英格兰南部的空军基地，并在四个星期之内彻底摧毁英国皇家空军。但在“鹰日”当天，德军就损失了四十五架飞机，而皇家空军只损失了十三架。更为重要的是，皇家空军被击落的飞机中，近一半飞行员都存活了下来，并继续参加战斗。他们跳伞，降落到了友方领土内。而幸存下来的德国飞行员则通常被抓获。这对德意志帝国造成了损失。

空战

在不列颠之战中，这一阶段的战斗最常被搬上荧屏。在电影里，勇敢的飞行员放下茶杯，冲向飞机，或是从伦敦某个晚会赶往基地。事实上，这些场景是有一些现实基础的。在英国几十个空军基地上，尤其是英格兰东南部的战斗机司令部第十一部，飞行员等待敌机过后紧急起飞。有一个飞行员说，他的飞行服下穿着的就是睡衣，需要的时候能很快打个盹儿，然后就来了命令——“多佛，两万六千（英尺），五十个强盗从东南方向来”——之后，他就朝飞机飞奔而去。

在天空中，交战双方都有不同策略。德国飞机的队形是四架战机依次排开，或是四组战机大范围散开。这样，就不会容易被攻击。起初，英国空军的战斗队形呆板密集，极易受到队形更加灵活的德国空军的攻击。因此，他们改变策略，派出几架飞机担任“穿行者”，在机群之外自由飞行，寻找“强盗”的踪迹。

空战的经历既美好又极度残酷。一位名叫理查德·比克斯的飞行员写道：“我们力争在最短的时间内升上天空，并渐渐穿过伦敦上空常年覆盖的毯子一样的肮脏雾霭。突然间，在大约一万两千英尺的高空，我们冲破烟雾的屏障，震惊于眼前出现的一个完全不同的世界，洒满阳光，清澈透明。”

这个晶莹的世界中杀机四伏，不存一丝怜悯。一个飞行员描述了他和驾驶ME-109的德国飞行员狭路相逢的经历。“我们几乎同时开火。我的喷火战斗机的机身立即被射入一串子弹。”之后，德国战机在被击中的情况下，仍直接撞到了英国战机上，并使其坠毁。英国飞行员勉强捡回一条命。

瞄准平民

尽管英军在德国这一轮进攻中获得了最初几场胜利，皇家空军的战斗力在人员和战机的损失下被削弱。到了8月底，道丁和下属制订好了应急计划，将最重要的机场北迁，在那里迎接不可避免的入侵。然而，对于英军来说，幸运的是，德国人并没有意识到英国皇家空军正处在如此严峻的困境中。之后，又发生了再次改变战况的事件。

德国空军之前都没有轰炸过英国平民，但在8月中旬，德国轰炸机偶然在伦敦南部扔下一串炸弹。作为报复，愤怒的英国政府命令空军于8月25日轰炸了柏林。德国政府曾向人们承诺，战争期间他们会很安全。震惊之余，德军决定报复英国平民。这同时也是由于，他们认定，直接攻击皇家空军没有效果。

接下来发生的是不列颠之战最后阶段的战役。战斗开始于9月7日。这个晚上，二百架德国轰炸机攻击了伦敦。他们使用的燃烧弹在伦敦引发火灾，还使用了高性能炸弹来摧毁建筑。到了9月15日，两波大规模的德国轰炸机群向英格兰发起了攻击。这是攻击过英国的最大机群。但它们被愤怒的皇家空军击退了。德军共有六十架飞机被击落，皇家空军只损失了二十六架战斗机。另一波轰炸机的进攻发生在两天后。也被英军击退了。它的直接影响就是，令希特勒推迟了入侵英国的计划，并在12月最终放弃了这一计划。

从6月到9月，英军共损失了九百一十五架战斗机，死亡或失踪人数达四百八十一人（四百二十二人受伤）。备受吹捧的德国空军损失了一千七百三十三架战机，尽管英国人宣称，这一数字事实上接近两千六百架。

入侵的威胁已经解除，尽管英国人当时还没有意识到，因为轰炸还在继续。在10月15日那个可怕的夜晚，将近五百架德军飞机在伦敦扔下了三百五十吨高性能炸药和一万七千颗燃烧弹。在此期间，突袭造成了四万三千英国平民丧生，受伤人数是这一数字的五倍。1940−1941年冬天，德军的闪电战尤其令人恐惧。他们的飞机继续在英国上空盘旋，直到来年春天才结束。在1941年5月10日对伦敦进行的一次燃烧弹空袭中，共有三千人死亡或受伤。但这是最后一次大规模的攻击。五周以后，希特勒开始侵略苏联。因此，大西洋沿岸的大部分德国空军编队都被派往东方，执行作战任务。

英国人们没有被击垮！不列颠之战确实成为这个国家“最光荣的时刻”！许多因素促成了同盟国在二战中的最终胜利，包括美国在1941年12月份最终参加到战争中来。但如果没有英国皇家空军艰苦卓绝的胜利，这场战争在1940年就几乎肯定会输掉。

偷袭珍珠港

（1941年）

将美国卷入第二次世界大战的偷袭

空袭珍珠港前，“飞龙号”航空母舰的
地勤人员正在为日本零号战斗机起飞做准备

1941年11月26日，日军空军运输主力载体战斗群——“机动编队”悄然驶离千岛群岛，在北太平洋狂风吹拂的波涛上航行。“机动编队”由六艘航空母舰和多艘给养船组成。这支舰队是迄今为止太平洋上最大的舰队，而且也是拥有运输舰最多的舰队。舰队不被发现是最为重要的。因此在舰队前面，一支由潜水艇和护航飞机组成的军事力量分头行动，以确保没有其他船只阻碍舰队的航行。

舰队指挥是副将军南云忠一。他得到了这项日本历史上最重要的海军使命——摧毁驻扎在夏威夷瓦胡岛珍珠港的美国舰队。珍珠港距离千岛群岛三千公里之遥。当时的日本急于恢复自己在东方建立的帝国，却受到试图夺取紧缺资源的美国阻挠。日本人认为，对于西方列强发动战争是他们唯一的选择。日本希望这次袭击能够有力地打击美国的海军力量，从而保证自己的军事力量得以在亚洲继续入侵其他国家。尽管这次战役对美国确实造成了军事和心理上的巨大打击，也终将成为日本人的灾难。因为日本并没有彻底摧毁美国海军。不仅如此，美国海军迅速重整旗鼓，并将日本武装力量打回了太平洋对岸的老家。

遏制日本

从1905年开始，日本作为主要角色，登上了20世纪的历史舞台。那时，它曾在日俄战争中彻底击败俄国。和西方国家步调一致，日本也建立了自己的海军、陆军和空军，并迅速拥有了环太平洋区域最精锐的军事力量。与此同时，日本国内的经济也蓬勃发展起来。

为了保持经济快速发展，日本需要更多的自然资源。因此，它对于物产丰富的邻国——中国和东南亚垂涎已久。1931年，日本侵略了满洲里，大批日本人移居那里，并把满洲里作为入侵中国其他地区的大本营。接着，在1937年，日本对中国发动了大规模入侵，开始了一场旷日持久的侵略战争。三年之后，日本在《三国条约》上签字，正式成为法西斯阵营中德国和意大利的盟友。当时的德国和意大利已经同英国和法国交战。1941年，日本入侵印度支那。

对于日本这一系列行动，美国和英国的对策是，限制对日船只运输石油和废金属。正在积极扩张的西方列强却反对日本进行军事扩张。这让日本感到愤怒。此外，石油供给的日趋减少也令日本感到，除了军事行动，再没有其他办法。为了给战略家制订规划，争取更多时间，日本开始和美国讨论停战的可能性。

袭击珍珠港的计划完成于1941年9月。日本继续通过他们驻华盛顿的大使，同富兰克林·罗斯福总统的国务卿科德尔·赫尔进行广泛谈判。但双方的目标相距甚远。日本希望美国解除所有贸易限制、终止美国在菲律宾准备的军事防守；而美国要求日本尊重所有环太平洋国家的领土，撤回其在亚洲的扩张力量。

向着“必胜”出发

12月6日晚些时候，“机动编队”在黑暗中驶离千岛群岛，顶着大风前行。那天晚上，浓雾弥漫，风浪滔天。五六个负责瞭望的船员被巨浪冲下甲板，不见踪影。船只已在海上成功加油。在这样恶劣的气候条件下加油很危险，容易导致船只相撞。然而，一种安静而又紧张的兴奋气氛却洋溢在这些日本战舰上。

就在同一个夜晚，五艘日军微型潜水艇离开大型潜水艇，起航了。这些潜水艇艇身仅二十五米长，船上只有两名船员。他们即将领先于主力舰队，到达珍珠港，配合那里将要进行的空袭。

12月7日黎明到来前，主力舰队到达空军起飞点——瓦胡岛以北四百四十公里处的海面上。日军飞行员和机组成员醒来了，吃了一顿特别正式的早餐——红豆饭。他们穿上飞行服，戴上标志着“必胜”的头巾，拿上应急口粮，就登上了飞机。

为了保证起飞顺利，大型航空母舰朝着东方，迎着狂风停泊在那里。颠簸自然非常厉害——对于飞机起飞来说，这是很危险的。航空母舰上的地面人员用绿灯作为信号，将飞机送上天。此外，他们还需要计算飞机在跑道上滑行的时间，好让航空母舰在飞机从甲板上腾空的瞬间能够保持船头平稳。十五分钟之内，第一批一百八十二架战斗机和轰炸机全部起飞了。加上第二批起飞的飞机，一共有三百五十架参加偷袭。

东方的天空渐渐泛起了银白色。在渊田美津雄的指挥下，日军飞机向着南方的珍珠港飞去。这个时候，檀香山正是早上6:15。

滚滚浓烟，从被炸毁的美国战舰上冒了出来。从左至右，分别是美国“西弗吉尼亚号”和“田纳西号”战舰

“虎！虎！虎！”

这是一个略有阴云的宁静的星期天早上。在瓦胡岛珍珠港的海军和空军基地内，还没有什么动静。港口码头上，停泊着配备骨干船员的令人骄傲的战舰。依照传统，这些战舰都以美国各州的名字命名。它们分别是“亚利桑那号”、“俄克拉荷马号”、“加利福尼亚号”、“内华达号”、“西弗吉尼亚号”、“田纳西号”、“马里兰号”和“宾夕法尼亚号”。因为休假，一些船员正在酣睡，另一些船员已经起床，准备参加教堂礼拜。

珍珠港入口处，一艘海军扫雷舰正在等待大型反潜水艇网打开。舰长突然在水里发现了一个黑影。他立刻意识到，那是一艘潜水艇。它看上去正在水中轻轻划动，比正常潜水艇更接近海面。他马上就知道，这并非友好的水下幽灵，而是一艘日军微型潜水艇。

扫雷舰舰长马上命人朝这艘微型潜水艇射击，并在它进入港口之前将它炸毁。但最终，还是有两艘日本微型潜水艇进入了美国潜水艇网。其中一艘可能用鱼雷炸毁了一艘美国驱逐舰。

这次遭遇中，美军采取主动，先发制人。然而，潜水艇进行的侦察并没有被视作一场更大规模攻击的前奏。因此，美军没有拉响警报。

早上7:53，第一批日军飞机从瓦胡岛北面飞了过来。他们先在西海岸上空盘旋，然后跃上珍珠港上方的火山口，接着从南方呼啸着径直冲了过来。指挥官渊田美津雄用报话机对航空母舰喊道："托拉！托拉！托拉！""托拉"在日语中是"虎"的意思。这是一个事先约定、发给日本指挥官的信号——偷袭成功。

"我真希望它把我给打死了！"

哈斯本德·齐美尔将军是珍珠港基地的海军指挥官。当刺耳的日军炸弹投入"亚利桑那号"的弹药舱时，他正在司令部大楼窗户前向外瞭望。那颗炸弹引起了巨大爆炸，夺走了一千多美国军人的生命。一发点五零机枪子弹从敞开的窗户射进来，击中了将军左胸，却被他厚厚的眼镜盒挡住了。齐美尔俯下身，捡起那颗子弹。"我真希望它把我给打死了！"齐美尔和同事——空军指挥官沃尔特·肖特将军立刻意识到，珍珠港在这样毫无戒备的情况下遭受日军袭击，他们的职业生涯从此结束了。事实上，他们也立刻接到了勒令辞职的命令。

连续两个小时，日军把珍珠港炸个粉碎。袭击开始不久，一个美国报务员发出了一条日后变得众所周知的电报："珍珠港遭到空袭。不是演习。"美国从菲律宾到旧金山的军事设备都接收到了这封电文。

停泊在码头的"俄克拉荷马号"上的一个水手听到了一声爆炸，前去看个究竟。他发现，他的朋友死了。"他的身体倒下了，鲜血溅得到处都是。我却不知道究竟发生了什么事。"两颗炸弹击中了"西弗吉尼亚号"。这让日军飞行员松村大喜过望，就发射了一颗鱼雷。它和其他鱼雷一起，击中了"西弗吉尼亚号"。他后来回忆道："一股巨大的水柱从那艘船的甲板上飞溅起水花。接着，就像一眼间歇泉那样变得摇摇欲坠。真是壮观的景象啊！"在"犹他号"上，水手约翰·维森在船只被鱼雷炸毁、倾覆的时候祈祷着。"我紧紧抓住任何东西！"他回忆道，"舱门和任何我能抓到的东西，还有甲板都向我飞来！灭火器和其他松动了的东西……上帝一定和我同在！这让我感到很幸运"。

战斗机、轰炸机和鱼雷发射机的枪炮继续向美国基地狂轰滥炸。在西克汉姆停机场，很多飞机近距离并排停在跑道上，为防止有人从中破

持续的争议

珍珠港事件和约翰·肯尼迪总统遇刺事件、2001年9月11日恐怖袭击事件一样，备受争议。原因相同。很多美国人相信，政府在某种程度上可以说是同谋，或者至少忽视了显而易见的警告。

珍珠港事件发生前，美军情报机构一直在破译可疑的日军电报。一封12月6日早上截获的电文是发给日本飞行员的，要他们注意瓦胡岛支持者窗户里发出的信号灯。一封更早的电文在询问齐美尔将军司令部的准确位置。美军还知道，日本舰队正在向东横跨太平洋。然而，无论齐美尔将军还是肖特将军，都没有对这些情报保持警惕。

引起更多争议的是那些指责。人们指责罗斯福总统，故意允许珍珠港遭到袭击。因为他支持英国，要参加二次大战。他认为，来自日本的攻击能够说服美国民众支持他。作为证据，这些阴谋论者指出：12月6日傍晚在白宫召开的晚宴上，罗斯福总统收到一封被截获的日本人发给其驻美大使的电文。日本驻美大使得到命令，要把电报转交美国当局，时间是第二天下午1点后。这封电报拒绝了美国最近提出的谈判条件。据说，罗斯福转向得力助手哈里·霍普金斯，“这意味着战争”。但他并没有提醒防御部队。

根据《信息自由法案》新近公开的档案，尽管罗斯福和顾问知道日本舰队的动向和日本的敌对意图，但没有证据表明，他们允许发生这场偷袭。阴谋论者的假设是，政府拥有足够多的情报。但截获的电文是几千封电文的一部分。况且，很多电文都是自相矛盾或没有任何意义的。

然而，2000年，比尔·克林顿总统推翻了以前调查的结果，发现齐美尔和肖特将军一直否认他们知道关于日军意图的重要情报。近五十年以后，两个人都已去世。他们终于可以躲开这些是非功过了。

坏。然而，这些飞机却成为日军轻而易举击中的目标。只有为数不多的几架美国战斗机得以起飞，却全都被日军击落了。最终，空军在这次袭击中损失了二百五十架飞机。

码头上，浓黑的烟雾升上天空。“亚利桑那号”被炸得支离破碎；“俄克拉荷马号”倾覆；“加利福尼亚号”和“西弗吉尼亚号”在停泊处沉没。还有其他十一艘舰艇也被炸沉或炸毁。日军击中目标之准确简直让人匪夷所思。这其中有两方面的原因。一方面，他们研制了一种新型的俯冲式轰炸机发射的鱼雷。这种鱼雷能够在珍珠港的浅水上掠过。另一方面，一个在夏威夷领事馆的工作人员其实是日本海军少尉，真正的间谍。他之前仔细拍摄了美国战舰的准确位置。

美国士兵和海员勇敢地进行反击，艰难地击落了二十八架日军飞机。日军最后一架飞机离开的时候，美国军队已经有二千三百三十人战死，一千一百四十五人受伤。曾经辉煌的太平洋舰队转眼间荡然无存。

但这支舰队一个至关重要的组成部分却逃脱了被毁灭的命运。日军袭击的时候，美军有三艘航空母舰恰巧在港口外的海面上向西航行。以此为核心，美国舰队得以迅速重建，并在随后击败日本的战斗中起着主导作用。

“一个将永远声名狼藉的日子”

东部时间大约下午1:30，很多美国人围在收音机旁，收听那条关于日本对美国领土发动突然袭击的新闻。与此同时，日军还轰炸了菲律宾和香港，并在马来半岛登陆。12月8日，罗斯福总统在向国会特别联合会议致辞时，把12月7日称为“一个将永远声名狼藉的日子”，并要求下定决心，对日宣战。这一请求迅速获得通过。几天之后，美国也宣布向德国开战。愤怒的美国公众此时完全支持罗斯福总统的决定。美国人民迅速发动其强大的工业力量和人力，参加了这场战争。

诺曼底登陆
（1944年）

一次勇敢的行动
开启了消灭希特勒的进程

奥马哈海滩第一波强攻中，由一艘美军登陆舰里看到的景象

1944年6月6日清晨，灰蒙蒙的天空阴云密布。凌晨2:30，盟军的三支空降部队从英国南部空军机场起飞，一直向东方飞去。这三支空降部队包括美国的八十二空降师和一O一空降师、英国第六空降师，一共两万人。透过云层的缝隙，飞机驾驶员可以俯瞰下面黑乎乎的波浪汹涌的英吉利海峡。飞机一直保持固定阵形，飞抵法国海岸。这时，密集的防空火力和机关枪朝着飞机扫射过来。子弹打穿了笨重的C-47运输机单薄的外壳。那声音，据一个空降兵回忆，就像“砍玉米”一样。曳光弹发出的弧形光束流光溢彩——红色、黄色、蓝色和橘色——瑰丽的色彩异常迷人。士兵们后来才醒悟，每颗彩色子弹后还会跟着六颗看不见的子弹。

一些飞机被击中，在半空中爆炸了。另一些撞向地面，燃起了大火。还有一些飞机采取措施，积极躲避，星星点点地分散在夜空中。一旦飞机能够平稳飞行，驾驶员就发出信号，跳伞指挥官就会命令伞兵从舱门跳出。美国空降部队的目标是封锁通往诺曼底的道路，阻止德军对诺曼底实施增援。而英军的目标是要夺取架在奥恩河上具有战略意义的桥梁。然而，混乱之中，没有几个人能找到预定的降落区域。据统计，每二十五个空降兵中只有一个降落在预定位置。尽管如此，无论降落在哪里，不同编组的士兵很快联起手来，共同抗击发现他们的德军。

就在后来被叫作“犹他海滩”背后的一处地方，一组美国空降兵被俘了。他们被关进一个能够俯瞰大海的碉堡。看押他们的德军始终弄不明白，为什么这些美国人不停祈求，把他们关押到更靠后面的地方去。当黎明来临，薄雾从海面上缓缓散去的时候，碉堡里的德国士兵才恍然大悟。他们眨着眼睛，惊愕地看着历史上最为壮观的水陆两栖登陆部队——从东部的卡昂到西部的瑟堡半岛，在诺曼底八十公里长的海岸线上，六千五百艘战舰布满了英吉利海峡。在这些战舰上，包括在英国尚未出发的战舰上，一共载有十五万名士兵，准备参加登陆战役。头顶的天空，B-17“飞行堡垒式”重型轰炸机刚刚开始密集轰炸，每架飞机都携带了十六枚重达两百二十五公斤的炸弹。而这些轰炸机只是参加登陆战役的一万一千五百架战斗机的一部分。轰炸的目的就是要荡平德军海岸防御。

霸王行动

德国士兵见证了“霸王行动”——盟军期待已久的法国登陆计划的开端。交战双方早就知道，为彻底摧毁德国在欧洲的防御力量，盟军的唯一手段就是迅速进行大规模登陆战役。那个时候，英国和美国军队正从意大利向北部挺进。但是，向北挺进异常艰苦。在东部战线上，苏联军队正在推着德军向西移动，进展非常缓慢。美国和英国的轰炸机每个晚上都在对德国境内的目标进行轰炸。然而，这样的轰炸并不能彻底击垮德国。只有从西线进行一场大规模的陆地战，才能打破僵局。利用英国作为成千上万的陆地作战军队转战的集结地，则是唯一的选择。

德国人的问题是，沿英吉利海岸一带，究竟哪里会是盟军登陆点？德国大西洋防御部队从斯堪的纳维亚半岛一直部署到西班牙。但他们不可能在这条防线的任何点上都部署足够的兵力，压制盟军进攻。因此，德国在内陆预留了一个机动部队。一旦盟军进攻，他们会随时准备增援。后备部队的大部分——由十万人组成的第十五军驻扎在加莱港附近的加莱海峡地区。德国人的赌注是，盟军一定会在这一地区登陆。因为这里不仅距法国最近，还能为盟军的战舰提供深水港，还可以直通巴黎。

盟军方面的战略家从1943年夏天就开始研究登陆问题，决定利用德国人的“先见之明”。他们发动了一场大规模的欺骗战略行动，代号为“坚毅行动”。这场战役采取电子干扰，布置部队装备模型，以及让盟军特工冒充在英国的德国间谍等手段。目的在于让德国人相信，加莱登陆迫在眉睫。这场战役取得的巨大成功还让德国人相信，任何对英吉利海岸其他地点的进攻都不过是障眼法。

与此同时，盟军制订了在诺曼底海岸大规模登陆的作战计划，代号为“霸王行动”。这场行动的总司令是美国的德怀特·艾森豪威尔将军。他负责指挥“盟国远征军最高统帅部”。英国的伯纳德·蒙哥马利将军指挥盟军的地面部队。最高统帅部的准备工作一丝不苟。历时两年，人力和物力的准备工作遍布英国。最终，准备参战的兵力达到了八十万，分为大约四十七个部队。

自东向西，五个盟军即将进攻的海滩分别为：代号“宝剑”，将由英国第三步兵师进攻；代号“朱诺”，将由加拿大第三步兵师进攻；代号“黄金”，将由英国第五十步兵师进攻；代号“奥马哈”，将由美国第一和第二十九步兵师进攻；代号“犹他”将由美国第四步兵师进攻。

“我们一生中最重要的时刻”

盟军的轰炸机密集轰炸德国的海岸防御工事后，海军开始大规模的炮火轰击，试图彻底摧毁沿岸的机枪堡垒、地雷阵和其他岸边障碍设施。离海岸不远的登陆舰上等待的部队充满敬畏地望着炮火的后坐力将巨大的战舰推向一边，由此产生的巨浪又反过来上上下下地摇晃着战舰。一位战地记者将炮轰描述为“一生中听到的最巨大的声音”，听着它，“我们大多数人都感到，这是一生中最重要的时刻，是生命的关键时刻”。

早上6:20，盟军的炮火停止了，美国登陆舰逼近奥马哈海滩。奥马哈海滩硝烟弥漫。不久，盟军登陆舰分别进攻朱诺、宝剑、黄金和犹他海滩。不幸的是，炮火攻击对于德国的防御工事并没有造成多大损失。德国第七和第十五军司令、陆军元帅埃尔温·隆美尔的工作由此得到了证明。隆美尔坚持主张，要把德国人的碉堡用厚实的混凝土和钢柱加固建成。因此，尽管这些防御工事里的士兵受到惊吓，被震聋了耳朵，却能够在炮火停止之后，对沿岸登陆的盟军进行顽强抵抗。

在朱诺海滩，参加首波进攻的加拿大步兵师伤亡过半。一个士兵是否能够活下来，完全取决于他们在朱诺海滩的哪一个部位登陆。到达代号为“麦克”位置的“女王来复枪团”成功登陆，得益于第一轻骑兵团队的水陆两栖坦克的强有力掩护。因为坦克能够帮助抑制来自未被海军炮火消灭的德军碉堡的射击。到了中午的时候，登陆部队已经离开海滩，进入了库赛叶栩美的小村庄，和德军进行巷战。

但不到一公里外，在朱诺海滩西端登陆的“温伯尼来复枪团”却遭到了德军碉堡机枪火力的重创。海军的炮火轰炸完全错过了这个地方，而本来预定来此掩护的坦克却错误地在其他地方登陆了。随后的杀戮异常血腥。“温伯尼来复枪团”虽然最终冲过了德军的海滩防御工事，却损失了四分之三的兵力。到了6月6日晚上，加拿大第三步兵师已经成功推进到法国，超过了所有其他部队。

借助霍巴特滑稽坦克

在宝剑海滩，英国第三步兵师却遇到了地雷阵和海滩障碍物。幸运的是，他们配备了这次登陆战中样子最古怪的武器之一——霍巴特滑稽坦克。它是以发明者珀西·霍巴特的名字命名的。这些坦克中有些已被改装成可以携带巨型擀面杖一样的长臂。这些长臂可以把沉重的锁链甩进沙子，安全引爆地雷。这样，步兵就可以跟在坦克后面进攻了。其他坦克携带着长长的、可以扩展的平台，看上去很像救火车上的伸缩梯。这种坦克能够轻松跨越壕沟和墙壁。最终，在遭到德军围困之前，英国人终于将二万八千名士兵送上海滩，仅有六百人伤亡。他们的整体进攻推进到了离攻占目标——重镇卡昂六公里以内的地方。

在黄金海滩，英国第五十步兵师起初伤亡惨重。部分原因在于他们的坦克迷了路。但到了登陆那天晚上，他们也得以成功地从海滩向前推进了。

在犹他海滩，登陆部队出现了重大混乱。出乎意料的、猛烈的波浪将美国第四步兵师乘坐的登陆艇推到了离预定登陆点以南将近两公里的地方。所以，此前按照空中拍摄的照片进行训练的部队，根本不知道他们身处何方。

令人意想不到的是，在错误的地点登陆竟然给他们带来了幸运。在第四步兵师原定的进攻地点，德国的防御工事要坚固得多。而在这

盟军总司令德怀特·艾森豪威尔将军（前）和伯纳德·蒙哥马利将军（后）在视察部队

里，德国的防御很快沉寂了下来，海上堤坝被攻破，盟军的士兵和枪支弹药开始涌上岸。到了11点，第四步兵师顺利挺进的兵力和来自一O一空降师的空降兵会师了。这些空降兵是前一天晚上空降此地的。这也是盟军第一次进行这样的会师。

奥马哈海滩上令人望而却步的防御工事

历史学家评论说，如果诺曼底有地方能让德国阻止盟军的猛攻，那个地方一定是奥马哈海滩。因为奥马哈是诺曼底唯一地势开阔的海滩，显然会成为盟军登陆的目标。所以，德军在这里设置了坚固的防御工事。然而，除了进攻奥马哈海滩，盟军别无选择。如果盟军选择更为靠西的地方，盟军和英军负责的区域之间就会出现巨大的空隙。

奥马哈海滩大约十公里长，低潮时大约四百米宽。登陆就选在了低潮的时刻。大多数的海滩覆盖着细小的鹅卵石。这些鹅卵石无法支撑坦克的重量。高耸的悬崖环绕着整片海滩，使之形成酷似圆形露天剧场的地势。因此，美军无法从两翼迂回攻击德军的防御，只能直接进攻。

德军的防御工事太坚固了。交织的火力网能够确保海滩每一厘米的土地都可以被机关枪、迫击炮和大炮覆盖；悬崖顶部挖设的壕沟体系能够给不同碉堡间移动的士兵提供掩护；地下弹药库的房间保护着炮弹的供应；五条小深沟通往悬崖；俯瞰着这五条深沟的是一个防御据点，里面有令人生畏、威力无比的德国八十八毫米大炮。

登陆那天早上，德国防守部队看到美军蜂拥着登上海滩的时候，反而为他们感到难过。“他们肯定疯了！”一个德国士兵说，“难道他们想游上岸来吗，就在我们的炮口之下？”

毁灭性的炮火

但是，就在他们的炮口之下，美军登陆了！

那天，总共有四万美军前仆后继，血战诺曼底。同样，因为大风掀起的浪潮比预期的强烈，没有几个分队能够到达预定区域。当第一军团登陆的时候，士兵们已在登陆船里坐了四个小时了。他们浑身湿透，出

移动的目标

诺曼底登陆那天，盟军发动了无数次最为英勇的攻击。其中一次是美国第二游击兵部队攻占奥克角。那是一个位于奥马哈海滩和犹他海滩之间的三十米高的海角。海角上，德军部署了六台一五五毫米的大炮。这些大炮可以粉碎任何在犹他海滩和奥马哈海滩的登陆部队。

为了夺取这些大炮，游击兵部队接受过特别训练，能够利用绳索和伦敦消防公司提供的金属伸缩梯爬上悬崖。在密集的炮火中，他们终于到达崖顶，却发现大炮已转移。为了避免大炮受到炮火轰击，德军已把它们转移到靠近内陆的地方。悬崖顶部只留下了罩在伪装网下面的木制大炮模型。游击兵部队迅速找到并摧毁了被转移的大炮，拖延了德军的数次反攻。

现晕船症状，筋疲力尽。第一艘登陆艇一到达岸边，立刻就被地雷或德军炮弹炸得粉碎，船上所有人员全部阵亡。与此同时，其他美军也抵达海滩，但都在猛烈的枪炮中纷纷倒下。一个德国机关枪手一天之内射击了一万二千发子弹。海军舵手将登陆艇驶进海滩时，受到了德军枪林弹雨的阻碍。他们过早放下了艇上的滑道，导致负载沉重的士兵在深水中下船。很多士兵都淹死在海水中。

冲上海滩的士兵被吓呆了。在X形海滩障碍物的后面，尸体就像长蛇阵一般。一个活下来的士兵回忆道：“沙滩上到处都是尸体！没有胳膊、没有腿的士兵尸体——上帝啊，那真是太可怕了！”

尽管德军火力很猛烈，登陆的盟军仍然不能原地不动。否则，等待他们的只有死亡。因此，他们必须前进。一个接一个，成群士兵冲向悬崖附近的防波堤。虽然悬崖顶上的机关枪射不到防波堤，它却仍会受到致命的迫击炮的轰击。随着后续登陆部队赶到，美军才得以杀出一条血路，夺取悬崖上的壕沟，并直抵悬崖顶部，从后面攻击德国防御工事。

登陆那天，奥马哈海滩伤亡人数超过三千。绝大多数都是在最初的几个小时内发生的。而到了夜晚，美军才获得了些许微小的优势。

致命的延误

诺曼底登陆那天，盟军有一万一千人伤亡，却尽力完成了任何水陆两栖袭击中最重要的工作——没有被敌人打退到大海里。过了大约一个星期，盟军的部队歼灭了位于滩头的德国防御力量，并联合起兵力，开辟了一片长达一百三十公里、宽十六公里的安全地带。

很多认为真正登陆会在加莱海峡进行的德军指挥官反应迟缓。他们直到此时才明白，原来诺曼底才是真正的大战地点。而此时，盟军已安全占据了有利位置，无法被赶出去了。

6月下旬，英军和加拿大军队最终夺取卡昂市，并实施了主攻方案。更多德国后备部队被吸引到卡昂。这有利于美军继续从西向突破海岸防御。接着，盟军大规模向法国推进。到了8月份，盟军占领了巴黎。

诺曼底登陆的胜利，意味着希特勒建立的第三帝国的末日已经到来！

近距离作战的突出部战役
（1944年）

规模巨大的第二次世界大战拉锯战
为盟军最终攻占德国，铺平了道路

布拉格之战里，美国士兵在德军的阻击下迅速穿越村街

从1944年12月16日持续到1945年1月17日的突出部战役，是欧洲西线战场上发生的一场非常重要的战斗，也是第二次世界大战最为重大、最为血腥的战斗之一。

这场战役参加的人数超过百万——五十万德国士兵、六十万美国士兵和五万五千英国士兵参加了战斗。大约二十万人伤亡（美国伤亡人数达到了八万一千），包括一万九千人阵亡和近两万四千人被俘。因此，这场战役也是第二次世界大战过程中，美军伤亡最为惨重的一次。尽管如此，这场战役的最后胜利属于盟军。这场战役不仅从德军在西欧的军事防御背后找到了突破口，还为进攻德国本土、最终取得第二次世界大战的胜利，奠定了基础。

战役的名字很奇怪。这是另一个让人们记住它的原因。“突出部”用军事术语来说，就是由德国反攻部队对盟军防线中的薄弱环节发起突袭所引起的战役。这个突出的部分深入盟军防线大约八十公里左右的区域。从技术层面上来说，这场战役并非单一战役，而是由一连串大大小小的遭遇战组成。突出部战役的时间长达五周。交战双方是：下定决心最后一击以赢得胜利的德国军队和同样坚定地努力战胜对方的盟军。大多数历史学家把这场战役称为“阿登战役”，因为这场充满戏剧性的战役就是在比利时东南部崎岖不平、丛林遍布的阿登地区展开的。

1944年夏

从1944年6月初盟军诺曼底登陆开始，对于德国军队来说，1944年夏天显得格外漫长、炎热而又令人疲惫。

6月底，盟军结束了同德国军队的激烈战斗，从诺曼底继续挺进。美国、英国和加拿大的军队分别进攻三条阵线。为此，德军队伍被调回本土，导致德军一万人死亡，五万人被俘。东线战场上，整支德国军队在波兰遭到苏联大规模进攻，全军覆没；另外两支德军撤退到了意大利半岛北部。而此时，还有更多美国军队在法国南部登陆。

但到了9月初，盟军在西线的进攻异常缓慢，简直到了停滞的边缘。究竟是什么原因呢？给养问题。

盟军的推进速度超过了预期，燃油、弹药和配件都跟不上如此快的

一辆美国谢尔曼M4中型坦克爬过阿登森林。对于装甲车辆来说，这里的条件太恶劣了

推进速度。造成这一问题的部分原因在于，德国对于法国铁路、桥梁等基础设施进行了大规模破坏。另一个原因在于，位于诺曼底科唐坦半岛上的瑟堡是盟军拥有的唯一深水港。盟军虽然也占领了比利时的港口城市安特卫普，但直到11月份德军被盟军从那个城市周边地区赶走后，盟军才得以正式使用港口。

随着盟军攻击的暂时停滞，德军也停止了空军行动。两支军队在阿登地区相持不下。工于心计的德国人试图寻找能够利用这一局势，取得胜利的方法。

被迫撤退

12月6日清晨5:30左右，从北部的蒙绍延伸到南部的埃希特纳赫，在一百二十公里长的阿登前线，睡梦中的美国士兵被大规模的炮火轰炸惊醒了。炮火把崎岖不平的阵地上的树木炸得粉碎，把士兵从掩蔽的散兵坑中震得飞了出去，并切断了一些通讯系统。让美军大为吃惊的是，本以为被赶出法国的德国人此刻正舔着伤口休整，没想到却对美军发起了进攻，而且是陆地上的进攻。美军向盟军最高统帅艾森豪威尔将军发出了零散的充满困惑的电报，报告了多股德军部队正在整条战线上发起突袭。不久，最高统帅部就接到了整个美军投降以及其他部队撤回的消息。

从那以后，猛烈的炮火一直成为阿登战役的幸存者挥之不去的噩梦。在这次突袭中，德国动用了超过六百门轻型、中型和重型大炮，以及三百四十七门多管火箭炮。多管火箭发射时的呼啸声令人毛骨悚然。德国第六装甲军团由赛普·迪特里希指挥，在阿登战区北部大部分地区发动攻击。德军第五和第七装甲军团则在南部进行接应。与此同时，两支特殊的德国部队登上了历史舞台。一支是弗雷德里希·海特上校率领的一千名空降兵。他们被空投在盟军阵线的背后，计划迎战盟军来自北部的增援部队。另一支部队是由奥托·斯考泽尼上校率领的小股德军。

违反游戏规则

整个第二次世界大战期间，德军在突出部战役中使用的战术是最惹争议的战术之一。这就是绰号为“秃鹰行动”的战术。曾在希特勒授意下将贝尼托·墨索里尼从意大利一座山顶监狱解救出来、骁勇善战的奥托·斯考泽尼上校率领突击队员实施了这一行动。为了准备这次行动，斯考泽尼训练一批突击队员说英语。然后，把这些突击队员装在缴获的吉普车中，穿上美军军服。12月16日，他把这些突击队员送到美军战线后方。在那里，他们不仅制造了混乱，还攻占并守卫多个桥头，为随后到来的装甲部队做准备。

“秃鹰行动”确实制造了混乱。但后来，沿着美军前线，大家都知道，美军都在向不熟识的士兵询问，谁赢得了那一年的职业棒球赛。因此，斯考泽尼的大部分突击队员都被抓住了。最终，他们因为间谍罪受到处决。

这样的处决是容许的，因为他们穿着美军军服。而这违反了荷兰海牙制定的国际法则和《日内瓦公约》。战争结束后，斯考泽尼本人因命令士兵穿着敌人的军服作战，接受了作为战犯的审判。但当盟军军官证实，美国和英国突击队员也曾经这样做时，斯考泽尼被宣告无罪。

他们穿上美军军服，来到美军后方，干扰通讯联系，制造混乱。

阿登地区那白雪覆盖的寂静山丘和森林，如今成了血腥杀戮的战场。炮火轰击结束后，一个美军士兵抬起头来，看到电话线已被炸断。就在天色昏暗的清晨，他看见雪地上出现了“透明的身影”。那其实是穿着滑雪服的德军士兵 。残忍的持久战沿美军战线展开。由于很多美军都是毫无作战经验的补充兵源，未发一枪一弹，就投降了。

希特勒的大胆赌博

德军在阿登地区对美军发动大规模反击的军事行动是由一个人策划的。他就是阿道夫·希特勒。希特勒在位于东普鲁士“狼窝”的指挥中心举行9月简报会议期间得到汇报：由于逐渐减少给养，盟军停止进攻后，德军仅取得了一些小型的反击战胜利。当提到这些小规模胜利的时候，做简报的军官指着阿登和尼德兰的地图。一些小规模胜利是德军最近取得的。突然间，希特勒站了起来，“我作出了一个重大的决定。”他说，“我要仔细看看那个反击战”。

在那些充满惊讶的军官面前，他大踏步来到房间前面，拿起指示棒敲击着地图。反击战将从阿登地区开始，就是德军于1940年成功挺进比利时的那一地区。德军的目标是安特卫普。如果德军能够突破安特卫普，就能切断盟军的给养供应，并将盟军一分为二，把南部美军和北部英军、加拿大军分割开来。这样一个冒险的进攻可能会让西线盟军主动求和，并让德军获得在东线全力以赴对抗苏联的机会。

在战略上，这个计划并无不妥之处。但在实践中，它却极其冒险。因为这个计划的实施不仅取决于行动能否保密，还需要依靠恶劣的天气阻碍美军轰炸机和侦察机起飞。此外，这个计划建立在希特勒奉为福音的假设上，美军是弱旅，很容易被打败。

天际大道

事实上，尽管很多美军投降了，却还有更多在继续作战。德军突袭的最初几天里，作战经验丰富的第二十八步兵师就坚守住了遭受袭击的阵地大半——从北部的圣威慈到南部的麦德纳西。阵线一部分就是人称“天际大道”的一条沿山脊伸展的公路，长约十六公里。当德军进攻的时候，第二十八步兵师守住了阵脚。使用机关枪的美军注意到，德国人以纵列的形式，而非一字排开的形式进行攻击。因此，他们很容易将这些德军撂倒。这暴露了德军的主要弱点——尽管占有数量优势，但很多士兵没有作战经验。他们不是年纪太小，就是太大，通常缺乏训练。

德军的直接目标是到达马斯河，并守护住河流的渡口，让坦克部队由此通过，接着向英军守卫的安特卫普进发。为了守卫马斯河渡口，英军集结了空军后备人员，包括指挥所的文员和厨师。与此同时，正在后方休整的英军第二十九师则迅速杀回前线。英国军团的各个小分队在马斯河迪南、吉维特和那慕尔等渡口进行艰苦作战，虽然伤亡惨重，却成功击退了德军。

同一时刻，美军正在突出部北面的圣威慈村进行艰苦卓绝的战斗。在那里，第七装甲师竖起路障，把德国装甲部队从12月17日拖到了23日，不仅给德军造成了大量伤亡，还彻底破坏了他们的时间安排。由于宝贵的时间越来越少，被希特勒亲自授命指挥突袭战的德军陆军元帅瓦尔特·莫德尔决定，双倍增加兵力，将盟军的阵线向南推进。

出人意料

美军为什么没有注意到，一道战线之隔的德军正在集结二十个师、二千六百多门大炮、一千四百多辆坦克以及自行火炮呢？一个原因是，美军长期以来依靠可以破解最高机密密码的行动。这一行动代号为“尖端”。“尖端”只监控无线电发报通讯联络。然而，德军身处本土，能够并确实做到了将无线电弃之不用，转而使用出色的范围广泛的电话和电报系统进行通讯联络。

此外，德国人在伪装部队动向方面异常高明。看上去，德国人似乎在为防御战进行准备。除此之外，盟军也变得自满起来。很多高级军官普遍认为，德国人被打得已无还手之力了。德军进攻几天前，一个美军军官还在向高级要员汇报说：“敌人的各师已被消灭了至少一半……（德军）突破点可能会突然出现，没有任何提示。”

突出部战役中向美军第一军投降的德军士兵。一些人还穿着冬季伪装服

最后一个原因是恶劣的天气。为此，德军得到了一个幸运的休息时间。尽管在欧洲的那一地区，12月和1月通常都是阴天，1944年至1945年，天空格外阴沉。美军前线的很多地方都笼罩在浓雾中，或被皑皑白雪覆盖。那个冬天是几十年以来最为严酷的冬天。盟军的飞机无法起飞，因此无法跟踪德军行踪。

轻蔑的回答

在北部圣威慈，德军进攻速度慢了下来。莫德尔指挥第五坦克师进攻，并占领了一个至关重要的岔路口。这个岔路口位于一个名叫巴士东的小村庄。住在这个小村庄的美国一O一空降师和其他各师一起，英勇击退了德军12月20日发起的多次进攻。

巴士东守卫军的指挥官是一个刚强、直截了当的将军，名叫安东尼·麦考利夫。他的士兵还穿着夏天的军装——冬装替换得非常缓慢，弹药也所剩不多了。麦考利夫不得不命令大炮每天只发射十次。一些士兵甚至连枪都没有。尽管如此，在阴云密布的天空下，在厚厚的积雪上，他们击退了一次又一次德军的进攻。然而，德军装甲部队逐渐向前推进，不久就包围了村庄。

12月22日，一个由四个德国人组成的代表团举着一面白旗，来到村子里，要求面见麦考利夫将军。他们带来了一张以德文和英文书写的字条，要求麦考利夫“荣幸地投降”。因为“战争的运气”已经改变了。如果不投降，德军将摧毁巴士东。

麦考利夫得知此事后，回答如下：

致德军指挥官：

扯淡！

美军指挥官

麦考利夫的回答在巴士东的士兵中传为美谈，激励了士气，尽管他们做好了随时迎接激烈进攻的准备。幸运的是，12月23日，天空终于放晴了。成吨的军火弹药和供给空运到了这个村庄。与此同时，美军战斗机提供了周密的火力支持。德军发起的最后进攻很快就被击退了。

形势变换

随着天色放晴，美国增援力量潮水般涌来。形势开始变得对德军不利了。

圣诞节那天，美国第二装甲师在突出部中心地区打击德军。两天激战后，德军被打回了老窝。

与此同时，美国将军乔治·巴顿的坦克碾开了一条通往巴士东的狭长通道。通过这条通道，接防部队可以跟进了。

1月初，莫德尔开始从所有前线撤退兵力。他们巧妙地避开与同盟军战线的接触。因此，盟军并不知道有些地方的德军已经逃走了。到了1月17日，盟军彻底清楚了，他们战线的突出部重新形成了一道坚不可摧的战线。

这场旷日持久的战役将盟军向前推进的步伐拖延了六个星期，却给德军造成了无法弥补的伤亡和物资损失。结果，希特勒的机动部队所剩无几。随着苏联军队从东线节节逼进，盟军最终击败德国，只是时间问题了。

原子弹轰炸广岛
（1945年）

人类发明的最有威力的武器如何结束了第二次世界大战，导致冷战，并唤醒了核战灾难的幽灵

1945年8月6日第一颗原子弹“小男孩儿”投到广岛后，城市上方升腾的蘑菇云

1945年8月6日，美国在日本城市广岛投下的原子弹，连同三天以后在长崎投下的原子弹一起，彻底改变了我们的世界。短期来说，这些大规模杀伤性武器几乎立刻结束了第二次世界大战。对于一种武器来说，这倒是一个非常重要的效果。从长期来看，原子弹的发射改变了世界历史、导致了冷战。冷战期间，美国和苏联两个超级大国一直致力于一场核军备竞赛。结果，甚至在冷战结束后，它仍然影响着地球上几乎所有人的意识。

几乎未曾受损的地方

1945年夏，广岛才受到了战争的影响。至少五万人，其中很多是儿童，从日本第七大城市撤离。军队消防官兵拆毁了成百座房屋，建立防火隔离带，希望长岛免于遭受其他城市的厄运。在美军持续、猛烈的轰炸战役中，日本已有六十座城市成为美军轰炸的目标。在3月份的一场大火中，东京遭到巨大破坏。然而，美军轰炸机除了偶尔在长岛投下炸弹以外，这个城市比其他同等城市可就幸运多了。

尽管拥有大约二十五万人口，长岛仍然给人以一种小巧而宁静的小城镇的感觉。长岛坐落于日本西部的主要岛屿本州岛上，是一个令人心旷神怡的地方。它的多种果树更是闻名遐迩。这座城市三面环山，七条河流流经（长岛就是“宽阔的岛”）城区。四十多座桥梁架在这些河流上，其中最大、最著名的是相生桥。

广岛人经常问自己：美国人为什么没有对这里进行轰炸呢？当然，这座城市里拥有军需工业，尽管这里的军工业不是最重要的。一个传闻在人们中流传：美国总统杜鲁门有个姑姑住在广岛，因此他想放过这座城市。1945年夏天，人们多么渴望抓住一线希望啊！这个传闻其实就反映了人们的这种心理。所以，很多广岛市民都相信这个传闻。

转眼， 7月份过去了，8月初到来了。广岛的好运气一如既往，以至于孩子们在城市上空看见美国B－29轰炸机的银色身影飞向其他地方时，都会笑着喊一声：“B先生！”

一场无情的战役

日本在中国和东南亚取得最初胜利后，就开始缓慢地被迫向本土撤退。在太平洋，美国军队在严酷、不惜任何代价的战役中，收复了一座又一座岛屿。1944年6月，美军占领了马里亚纳群岛。由此，美军可以近距离打击日本，并充分利用强大的空军力量。美国空军的主力是拥有四个发动机的“超级空中堡垒”重型轰炸机。这种飞机以使用最尖端的发明为特色——压力舱、火力控制系统和遥控机关枪炮塔。它可以飞到一万二千米的高空，远远超过大多数战斗机和防空枪炮能到达的高度。

然而，最初对日本进行轰炸却令美军高层指挥感到失望。在日本上空，强烈的大范围的顺风令飞机很难保持平稳，而这又正是B-29的弱点——在压力下一个发动机可以变得过热——事实证明，这可是个严重的问题。后来，柯蒂斯·勒梅将军被任命指挥轰炸战役。

在20世纪60年代，勒梅一句充满威胁的话：“要把越南炸回到石器时代”，使他在新一代美国人中臭名昭著。但在第二次世界大战的美军中，勒梅可是个具有创新精神的人。他设计的战术是夜间超低空袭击，投放燃烧弹。日本的防空设施主要都是光学式的，只能在白天操作。因此，夜间空袭就能压制住所有日本其他防空火力了。

勒梅绝妙的战术在1945年3月9日至10日空袭东京时，发挥了最大作用。那时，为了能够尽量多地携带炸弹，三百三十五架B-29重型轰炸机脱去了大部分外部掩护“铠甲”。轰炸机超低空缓慢飞行，每隔十五米就投放一颗燃烧弹或汽油弹。不到两个小时，东京就被大火吞没了。

“艾诺拉·盖伊号”飞机机组成员，从左至右分别为：托马斯·弗莱比少校、保罗·梯比兹上校、西奥多德·凡·柯尔克上尉、罗伯特·路易斯上尉

那一晚，数据统计到的东京死亡平民的人数从七万到十万不等。此外，一百万日本人无家可归。

空袭中，美国飞行员被迫戴上氧气罩以遮挡尸体燃烧发出的恶臭。甚至连美军行动计划制订者都对这次行动的毁灭性后果感到震惊（勒梅后来承认，我猜想，如果战争失利，那么我一定会被作为战犯接受审判）。

这次攻击日本平民的战役旨在逼迫日本投降。然而，那年春天在日本的硫磺岛和冲绳岛上进行的激战让美国高层指挥意识到，日本是不会轻易投降的。所以，需要动用更具有杀伤性的武器。

“最佳目标”

8月6日早晨，长岛的天气多云而温暖。在相生桥旁一家小型私人医院“志摩医院”里，护士温和地提醒病人起来吃早餐。相邻的本川小学里，孩子和老师见了面。大约7点半的时候，一架美国B-29轰炸机飞临广岛，并在上空盘旋。在本川小学操场上玩耍的孩子，并没有理会头顶的“B先生”。

8点刚过，另一架美军轰炸机出现了。它的出现同样也被护士、老师和孩子们，以及匆匆忙忙走过相生桥赶去上班的广岛市民忽略了。对于他们而言，相生桥是一个熟悉、令他们骄傲的地方，是广岛跨度最长的桥梁，将城市的东西两部分连接了起来。

与此同时，在广岛上空，一个年仅二十六岁的美国轰炸机的投弹手就坐在第二架B-29轰炸机上。他就是托马斯·弗莱比少校。他坐在飞机上正通过投弹瞄准器寻找相生桥。此前，弗莱比从侦察照片上选择了相生桥作为轰炸目标。他的上司保罗·梯比兹上校是那架飞机的飞行员。弗莱比的选择得到了梯比兹上校的同意，“这是整个讨厌的战争中我见过的最佳目标”。

致命的困境

弗莱比将要投放的那颗重达四吨半的炸弹名叫“小男孩儿”，充

一个男人站在广岛废墟中一辆烧毁的有轨电车旁。时间为原子弹爆炸几个月之后

分体现了美国式的黑色幽默。这是历史上用于战争的两枚原子弹中的一枚。“小男孩儿”是这场战争最杰出的秘密计划的产物。

核裂变之后，来自世界各国的杰出科学家发现，让原子产生核裂变能够释放巨大的能量。从那以后，德国开始研究制造原子弹。对此，美国、加拿大和英国在1942年发起了“曼哈顿计划”，也决心要研制原子弹。事实证明，纳粹分子并没有在研制原子弹的道路上走多远，而美国人却走得飞快。他们被那个“希特勒手里有原子武器”的幽灵驱动着，

花了超过两亿美元，并最终研制成功了一种核武器。那个被科学家称为“小玩意儿”的武器1945年6月16日在新墨西哥州成功引爆。

这种新式武器赋予了美国总统哈利·杜鲁门一个迅速结束二战的机会。但在日本平民身上投掷这样一枚炸弹，道义是否允许呢，即使在战争期间？这是个引发无穷问题的议题。其中的道德问题至今都引起广泛争议。杜鲁门知道原子弹的威力和它将造成的毁灭性后果。他同时也承受着巨大的压力。随着战争的拖长，人们希望不再有更多的人员伤亡了。尽管欧洲战事在1945年4月就已经结束了。在同日本人的战争中，阵亡人数仍在迅速增加。在整个战场，将近三十万美国人阵亡。而近来同日本人在硫磺岛战役中，美国伤亡高达七万二千人。日本死亡十二万五千人，四万是平民。如果美国继续执行“奥林匹克行动”，即1945年秋入侵日本本土的计划，那么他们预期，美国伤亡人数将会达到几十万，而日本死亡人数将会达到几百万。

6月26日，美国和它的同盟国签署了《波茨坦宣言》，要求日本无条件投降。日本人拒绝，并似乎立刻就把盟军的要求置之脑后了（事

为了展示实力吗

一些历史学家，尤其在20世纪60年代，认为，杜鲁门的征服主要是因对苏联的恐惧所驱使，因此在日本投放原子弹主要是为了向约瑟夫·斯大林领导的共产党政府展示美国的实力。当时，苏联正在考虑参加对日战争。杜鲁门政府认为，这是公然和美国争夺霸权的行为，因此想要先发制人。

一些人认为，投掷原子弹就是要让那只“俄罗斯熊”退回去，并不让它分享打败日本的战利品，特别是满洲里的疆域。事实上，美国国务卿詹姆斯·伯恩斯确实告诉过杜鲁门，应该投掷原子弹，这样“莫斯科就不能参加进来了”。无论他的话是否成为杜鲁门的主要动机，投掷原子弹确实阻止了苏联要求联合占领日本的要求。而斯大林曾经做过这个暗示，就在袭击广岛一周之前。

实上，日本当时正处于混乱中。日本首脑害怕苏联会加入反日战争。而苏联真的这样做了。8月8日，苏联宣布对日作战）。

即使在这个时候，杜鲁门仍有其他选择，而不是立刻投掷原子弹，其中包括向其他非平民目标投掷来展示美国的实力等。但由于对日本迟迟不予回应感到厌烦，杜鲁门决定继续战斗，并尽可能使用最有威力的武器。

一番讨论之后，平静的广岛被选为攻击目标。一方面因为，这个城市从未遭到过轰炸，因此可以更好地研究“小男孩儿”的作用；其次，三面环山的地势，让爆炸产生“集中效应”，从而造成更多的人员伤亡。

令人震惊的破坏

就在“小男孩儿”划出弹道的一瞬间，以保罗·梯比兹母亲的名字命名的“艾诺拉·盖伊号”B-29轰炸机突然来了一个向右的大俯冲，然后迅速拉升高度，并向西边的大海返航。原子弹落下去的时候，弗莱比一直在看着它。它先是翻滚着下落，然后就垂直落了下去。预定的爆炸时间是在四十三秒钟之后。全体机组人员屏住呼吸，等待着。为了保护眼睛不被大爆炸产生的光束灼伤视网膜，他们都戴着深色护目镜。因为首次投放原子弹是具有历史意义的行动，机组成员之间的交流都被录了音（因此，梯比兹曾警告机组成员注意自己的语言）。

四十三秒过去了，却什么都没有发生。很多机组成员都以为这是一发哑弹。但就在那时，他们看到一片极强的光，并感到了强烈的震动。梯比兹还以为飞机被地面防空火力击中了呢。一道巨大的烟柱从剧烈燃烧的红色核心升腾起来，形成了一片蘑菇形状的云层。梯比兹告诉沙沙作响的录音设备，他对于"超出我想象的破坏"感到"震惊"。但一个更为坦诚的反应来自副驾驶罗伯特·路易斯上尉，飞机从目标上空加速飞行时，他在记录中写道："我的上帝，我们做了什么啊？"

爆心投影点

弗莱比并没有击中相生桥，偏离了大约二百五十米，因此"小男孩儿"在志摩医院上空五百六十米处爆炸了。医院的后院就在爆炸点的正下方，叫作核爆炸的爆心投影点。医院所有工作人员和病人立刻化为乌有。距离医院五百米以内百分之八十的人立刻死亡。爆炸产生的热波高达摄氏三千度，造成了志摩医院三公里以内的人全部一级烧伤。

相生桥被炸弯了，但并没有被彻底炸碎。大约一百米以外的本川小学内，教师居部佑子被抛上半空，却幸存了下来。而操场上的孩子都被烧得面目全非。

所有挨着居部佑子的人都受到了可怕的烧伤。当她和活下来的孩子跑到大街上时，看到很多被烧伤的男人和女人都把手臂直直地伸向空中，为了保护被烧毁的皮肤接触身体。这让整个城市看上去像一座地狱，充满了不断哀求的人们。

相生桥下的太田川河是人们争相要跳进去的地方。然而，河流本身就像着了火一样，水面上充满了燃烧着的废墟和尸体。一个当时十六岁的幸存者回忆道："给我印象最深的是一个五六岁的小男孩。孩子的右腿从大腿根处被炸没了。他靠着左脚，一蹦一蹦地过了桥。"另一个幸存者注意到，袭击发生一小时以后，黑色的雨开始降落，但并没有将任何大火浇灭。

广岛非常缺人手，因此几千名高中生被征调过来操控电话和有轨电车。那天，他们中有七千人死去。一个当时十五岁的女孩幸存下来，被爆炸毁坏了容貌。她回忆道："我在晴朗的蓝天上看见什么东西在闪亮。我想知道那是什么，就一直盯着看。当光变得越来越亮时，闪光也变得越来越大。就在我告诉朋友说，有个闪光比照相机的闪光灯更亮的时候，那个东西就在我眼前爆炸了。我以为炸弹被扔到了中央电话局。尘土飞了起来，沙子一般黏糊糊的东西进到了我嘴里。"那实际是她的血和尘土的混合物。

在城市气象站工作的气象学家北勋能够俯瞰整个城市。他写道："我看到，整个城市都不见了，它变成了一堆黄沙。它变黄了，就像黄色沙漠的颜色。"

"历史上最伟大的一天"

尽管死亡统计各不相同，但有十万人在广岛原子弹爆炸中几乎立刻丧生，另外还有三万人，由于遭到烧伤和辐射毒害，在那一年年底死去。这些数字极大地超出了"曼哈顿计划"策划者的预期。尽管如此，杜鲁门总统立即宣布，8月6日是"历史上最伟大的一天"，并再次呼吁日本投降。他说，如果日本再次拒绝投降，还会出现"从天而降的毁灭"。

被吓坏了的日本政府并没有立刻作出回应。8月9日，另一颗原子弹被投掷了。这次是在长崎，造成了六万到七万人死亡。之后，日本才在8月15日宣布投降。

战争结束了。但原子弹的使用在后来几代人中都产生了反响。1945年8月6日以后，人类将会永远记着一个知识。那就是世界上存在着一种武器，可以造成可怕的破坏。这种武器可以装载在导弹顶部，甚至手提箱里。不仅如此，仅仅使用一个这样的武器，就可能引发更多这种武器的发射。而那样，整个世界就会最终被彻底毁灭。这种认识，这种核焦虑症是我们现代社会的"固症顽疾"，将会永远存在。

冷战及冷战之后：1950–2001年

古巴导弹危机
（1962年）

两个超级大国之间的僵持
如何将世界带到了核战的边缘

1962年10月15日侦察机摄于古巴，
突出显示了苏联导弹基地的面貌特征

1962年10月15日凌晨，一架U-2侦察机从美国佛罗里达州麦考伊空军基地起飞了。

U-2是世界上最棒的侦察机——结实却体积轻巧，有超音速的飞行速度，可以在两万米高空快速拍摄清晰的图像。然而，它也并非完美无缺。其中一个弱点就是，容易受到准确率高的地对空导弹的袭击。

1960年5月的一次事件中，一架U-2侦察机在苏联境内被击落。这成为艾森豪威尔政府势力减弱时，一桩重要的、尽人皆知的尴尬事件。1962年9月9日，另一架U-2侦察机在中国西部被击落，玷污了约翰·肯尼迪总统领导的新政府的形象。由此，从公共关系的角度看，U-2侦察机是充满风险的。但10月15日发生在古巴的这个事件，却注定不会被人们忘却。

U-2侦察机几乎是在早上7点整飞过古巴。这正是侦察机拍照的绝好时机。太阳上升的高度正好可以产生影子，让地面的物体显示各种纬度。安装在侦察机腹部的照相机在忙个不停。十五分钟后，U-2侦察机完成任务，向基地返航。到了中午，拍摄的照片已到了位于弗吉尼亚州兰格利中央情报局总部的分析家手中。

第二天早上7:30，肯尼迪总统的国家安全事务顾问麦克乔治·邦迪在白宫地下室办公室和中央情报局分析家一起，重新研究了这些照片。这些照片令邦迪注意到古巴丛林中一块长方形空地。在这里，可以看到一些军用卡车和长长的库房。基于对苏联相似基地情况的了解，分析家认定，其中一些就是导弹基地。事实上，分析家告诉邦迪，中央情报局的结论是，苏联正在古巴部署中程核导弹。

这个简报让邦迪感到彻骨的寒意。因为这意味着，苏联已经，或者不久就要在距离美国海岸线不到一百五十公里的地方部署核武器了。他立刻给总统打了电话。

危崖

1962年10月的近两周里，一场核战争几乎一触即发。在这十四天之内，一场核战争浩劫成为一种极其真实的可能性，以至于一位参与这些事件的苏联人曾说，有那么一刻，他在倒计时——不是以天或小时为

赫鲁晓夫决定从与美国的对抗中撤出。这一决定导致了西方对他的赞美以及社会主义阵营对他的谴责

单位，而是以分钟为单位来计算导弹发射时间。美国人纷纷购买食物，并储存在家中的“防空掩体”，通常是地下室里。学校的孩子们则在演练如何在课桌下藏身。全世界的人们都在紧张地通过读报、看电视的方式，关注这场危机。在巴黎和伦敦，人们还举行了呼吁和平解决危机的示威游行。

当这场危机最终得到化解的时候，约翰·肯尼迪，这位年轻而具有迷人领袖气质的美国总统将因为最终挫败苏联而成为美国人民的英雄，得到拥戴和欢呼。然而，很多人至今都不知道的是，为了让苏联人摧毁自己的导弹发射点，肯尼迪和苏联领导人赫鲁晓夫达成了一个秘密交易。而这个交易连肯尼迪政府中一些亲信都毫不知情。

众所周知的古巴导弹危机是由一系列原因导致的。这些原因包括令苏联人感到不安的是，美国人在核导弹方面完全超过了自己；另一方面，肯尼迪政府对于古巴可能会建立社会主义国家的近乎病态的偏执妄想。但就像很多国际舞台和我们后院里的戏剧冲突一样，过分自大才是最主要的原因。

“没有迹象”

围绕着古巴导弹危机，有很多传说。其中之一是，10月16日早上，肯尼迪总统刚一睡醒，第一时间得知赫鲁晓夫已在古巴部署了核导弹。事实上，肯尼迪总统早就得到这样的警告了。8月初，中央情报局局长约翰·麦考恩就得到过一个绝对可靠的情报。情报说，至少一个这样的导弹被安装在靠近古巴小城镇马瑞尔港的洞穴中。洞穴顶部还被钻了个洞。8月20日，麦考恩亲自把这个情报向肯尼迪总统做了汇报。9月初，U-2侦察机带回的情报同样揭示了古巴存在地对空导弹发射点、潜水艇庇护所和苏联的米格战斗机。其他情报还表明，在古巴，还驻扎着五千

猪湾事件

1961年4月15日，一股由古巴流亡分子组成的入侵力量在美国中央情报局的支持下，袭击了古巴西南部的猪湾，企图推翻菲德尔·卡斯特罗领导的新政府。取得最初的成功后，这股入侵力量由于缺乏美国海军和空军的支持，很快被彻底击败。大部分成员沦为阶下囚。美国后来被迫支付了五千三百万美元的赎金。

“猪湾事件”是肯尼迪政府最大的失败行动。几十年以后，还一直影响着古巴和美国之间的关系。其实，这项计划在肯尼迪执政前就已酝酿，起源于艾森豪威尔政府，并得到了该政府的批准。即便在当时，美国政府官员都一直在寻求一种方法，能够推翻在邻国建立政权的不友好的社会主义政府。而那个邻国曾是美国的盟国。事实上，它几乎是美国的殖民地。

一登上总统宝座，肯尼迪就批准了这次入侵行动。但当他意识到，美国将进行一次公开而非隐蔽的战斗时，他退缩了，并在后期撤回了军事支持。这就是这次入侵失败的主要原因之一。另一个原因人们2000年才知道。那就是，苏联和古巴已获悉这次入侵行动，包括行动的具体日期和细节。而这全都归功于一个隐藏在美国中央情报局里的苏联克格勃特工。

到一万名苏联士兵。

尽管如此，肯尼迪总统在9月初的一次记者招待会上表示，“没有迹象表明，在古巴存在任何苏维埃阵营国家有组织的战斗力量”。肯尼迪总统之所以守口如瓶，是因为美国政府正在计划袭击古巴，以摆脱这个令人备受嘲弄的情况。

一次早期尝试，也被称为“猪湾事件”，发生在1961年。在中央情报局的资助下，一些古巴流亡分子执行了这次计划。然而，事实证明，这是一次计划得很糟糕的灾难。然而，紧随其后，可能会发生又一次入侵。这次将完全由美国人组成，以美国军队所有武力为后盾。

但肯尼迪政府不能直接入侵古巴。它需要首先激怒古巴总统菲德尔·卡斯特罗，使得卡斯特罗采取某些挑衅行动。这样，美国的军事行动就变得合理和正义了。自从1961年起，中央情报局就一直在运作“猫鼬行动”——在古巴进行小规模的打了就跑的军事袭击，以期激起卡斯特罗的反击。

针锋相对

赫鲁晓夫决定在古巴部署核弹头，也是出于多种考虑。其中之一是由于，当时美国拥有的军事力量大大超过苏联——美国拥有二万七千二百九十七个核弹头，而苏联只有三千三百三十二个。另外，卡斯特罗在1962年1月曾请求苏联在古巴派驻人力、部署武器，以防备美国的第二次袭击。苏联人也相信，美国会发动第二次攻击——一位苏联外交官后来告诉一位史学家：“1962年春，我们在莫斯科的人都绝对认为……对于古巴进行的新一轮军事入侵即将发生。这次将会动用所有美国军事力量，而不仅仅依靠代理军队。”

然而，最终说服赫鲁晓夫将导弹靠近美国海岸线的是肯尼迪政府的一项决定。1961年，肯尼迪政府决定在土耳其部署十五枚中程弹道导弹。从那个时候起，任何一个在黑海海岸度假的苏联官员都能轻易想象出美国核弹头如何飞过海岸以及二千五百公里，进入苏联。从苏联的角度来看，这些导弹对于苏联安全构成了直接威胁。

三种选择

对于10月16日早上邦迪的来电，肯尼迪总统反应十分迅速。他下令，立即召开有十几名与外交政策相关的高级官员参加的最高机密会议。与会者包括邦迪，国务卿迪恩·赖斯克，国防部长罗伯特·麦克纳马拉以及总统的兄弟、美国司法部部长罗伯特·肯尼迪。罗伯特·肯尼迪对于总统的影响，远远超越了通常意义上的司法部部长。参加会议的还有美军参谋长联席会议主席麦克斯韦尔·泰勒元帅、副总统林顿·约翰逊以及驻苏联大使切普·鲍林。与会人员成立了“国家安全会议执行委员会”，后来很快被简称为“执委会”。委员会在此后两周内，每天都召开会议。会议内容被录了音。第二次世界大战

之后，在重要的执政时刻，历届美国总统都会被录音。而这些录音现在成了公共记录。

召开第一次会议后，肯尼迪总统了解了苏联在古巴部署武器的情况。苏联正在建立九个导弹基地，可以从远在四千公里以外的地方向美国发射SS-4和SS-5型导弹。有迹象表明，将近四十个导弹基地正在计划实施中。这就意味着，苏联将近百分之七十的军事力量都部署在美国国门旁。这一军事部署的规模甚至对肯尼迪来说，都是令人吃惊的。

焦虑的美国民众在倾听总统肯尼迪对于紧张局势的分析。这一场面全世界都可以见到

执委会讨论了三种反应措施。第一种由麦克斯韦尔·泰勒提出，进行空中打击：“总统先生，我们意识到进行一次空中突袭的重要性……对他们进行突然袭击。”第二种方案是封锁，也就是防止更多苏联人马和物资进入古巴。接着，罗伯特·肯尼迪指出，“我们还有（第三个选择）……也就是入侵”。说着，他递给肯尼迪总统一张字条。上面写着：“现在，我明白东条英机在策划袭击珍珠港时的感受了。”

更为宏观的画面

10月18日，在苏联大草原一个隐秘的地方，苏联发射了第一颗间谍卫星——“宇宙X号”。从当今的标准来看，卫星还很初级，也没有美国卫星先进。

“宇宙X”升到了大约二百公里的高空，然后沿着一条轨道前进。这条轨道能够把它直接带到位于美国南部和西南部的陆地，以及海上美军军事基地上空。结果是，苏联能够第一次近距离地看到10月16日后大规模美国军事力量的部署情况。第二天，苏联官方报纸《消息报》发表警告：如果美国进攻古巴，苏联将对美宣战。显然，这个警告得到了赫

鲁晓夫的许可。

10月22日，肯尼迪总统对于危机发表了现场讲话。面对美国民众和焦虑的全球观众，在电视上，他公布了发现苏联在古巴部署导弹的消息，并宣布将对古巴进行海上封锁，以他的话说，是“隔离”。根据《国际法》规定，在古巴周围海域进行封锁是违法的。肯尼迪驳斥了发动大规模侵略古巴的军事要求，重要的是因为他感到，赫鲁晓夫将会对柏林采取报复性军事行动。而这样的行动将会激起美军的反应，结果就是让这一情形进一步恶化。

作为回应，赫鲁晓夫宣布隔离古巴违法——事实也是如此——并发誓说，苏联的船只将无视这一封锁。通过苏联大使安纳托利·多柏伊宁，苏联人还宣称，在古巴除了防御性武器，并无其他武器。对此，美国人知道，它不过是个谎言。

10月24日，美国开始对古巴实施封锁。美国情报机构知道，十九艘苏联船只此刻正在开往古巴途中。西方世界全都屏住呼吸。美国战略空军司令部的戒备状态达到了三级，其中十六艘船掉转了船头。两艘船在一艘苏联潜水艇的护航下，朝着部署在古巴周围的一百八十艘美军舰艇驶去。正当一艘美军驱逐舰准备发射深水炸弹，将苏联潜水艇打出水面的时候，两艘正在行驶的船只突然停了下来，静静地等待着。

对峙

就在这一时刻，迪恩·赖斯克转身面对麦克乔治·邦迪，说了一句脍炙人口的话：“我们现在是大眼瞪小眼，而且我认为，对方刚刚眨眼睛了。”但这并不确切。

10月24日傍晚，赫鲁晓夫向肯尼迪发出了一封私人信函，继续宣称，封锁是一种“侵略行径”。这一行为让肯尼迪总统命令，将战略空军司令部的戒备状态升至二级。这可是历史上第一次将戒备状态升至二级，也是唯一一次。到了10月26日早晨，肯尼迪相信，他确实需要入侵古巴了，于是下令将派出侦察机的频率增加到每两小时一次。接着，肯尼迪收到赫鲁晓夫的来信，一封被肯尼迪称为“长篇大论、充满感情”的信。来信明确表示，如果肯尼迪宣布不会入侵古巴，苏联将从古巴撤出所有导弹和军事人员。

10月27日，就在肯尼迪考虑的时候，一架U-2侦察机在古巴上空被击落，一名美国飞行员丧生，其他侦察机也遭到了炮火攻击。然而，这些炮火攻击违背了赫鲁晓夫的命令，让局势一度变得紧张，导致美国军队再次准备迎战。

10月27日傍晚，赫鲁晓夫再次送来一封公文。这次，他要求肯尼迪从土耳其撤出核弹头。

对于此事，当时的官方报道称，肯尼迪对于第二封信采取了置之不理的态度，只对第一封信作了回应，答应不进攻古巴。但事实上，通过一个秘密沟通渠道，肯尼迪也同意从土耳其撤出导弹。这一协定只有少数几个亲信知道。因为执行委员会大部分人反对这个交易。这一交易被认为暗中破坏了北大西洋公约组织和土耳其的利益。

胜利者和失败者

但这一协议还是实施了。全世界的人们都长长地吁了一口气，终于放松了下来。这次危机表明，任何时候，一场核战争都可能逼近这个星球。这让世界上很多人都加入到和平运动中，特别是寻求禁止核武器的运动中。

在达拉斯遇刺前，肯尼迪还将在总统宝座再多坐一年多时间。尽管他并不是最初人们信任的那个全力以赴的英雄，因为抵制了发动战争的军事要求，他还是能够赢得喝彩的。而那些军事要求很可能导致核灾难。其实，是美国的盲目自大引发了这次危机。美国一直以为，在离苏联很近的土耳其部署导弹，可以不费吹灰之力地入侵苏联的盟国——古巴。

然而，赫鲁晓夫也犯了错误。一是他认为他可以逃脱因在古巴布置导弹而招致的惩罚；一是他低估了美国的决心。事后，他在全世界人们面前丢尽了颜面，并在1964年10月被迫辞职。至少部分原因在于，苏联被当作全球对抗的最终失败者。

总之，对于政治家来说，古巴导弹危机可以被看成平局。真正的赢家是全世界的公民。他们刚刚侥幸逃过了被原子武器瞬间蒸发的厄运。

肯尼迪总统遇刺
（1963年）

备受爱戴的领袖遭到暗杀，举国震惊，
并由此产生了无数个阴谋论

李·奥斯瓦尔德被捕后。被击毙前的两天里，他一直宣称，他不过是一个配角，一个替罪羊

1963年11月22日，当美国总统约翰·肯尼迪在得克萨斯州的达拉斯遇刺身亡的消息传来时，几乎所有西方世界的成年人都记得，他们当时身在何处，在干什么。这位年轻的美国总统已经获得了国际声望，被当作二战那代人一个优雅迷人的象征；被当作冷战即将结束的希望的象征；被当作他命名的"新边疆"执政方针开始的象征。这一施政方针包括彻底铲除贫穷和在世界范围内推行民主。他的不幸去世，对世界造成了深远震动。

毫无疑问，这一刺杀事件在美国历史上深具争议。关于这一题材的书籍出版了超过两千种。两届政府委员会曾深入调查过这一事件。不计其数的电影和纪录片被用来剖析那一天，那不足六秒钟射出的三发（或者四发、五发）子弹。

所有争议都可以归结为如下两点：如果我们相信，只有那个孤独的、心理不正常而又傲慢的反社会个体李·奥斯瓦尔德在暗杀具有迷人领袖气质、杰出的肯尼迪总统这一事件中负有全部责任——只有李·奥斯瓦尔德，没有其他任何更大规模、更隐秘的阴谋机构的帮助——那么，我们就必须相信，我们生活在这样一个世界上——偶然的机会不仅会降临到各种卑鄙小人身上，也会降临到仪表堂堂的英雄身上。

另一方面，如果我们相信，正如一些阴谋论指出的那样，是黑手党、菲德尔·卡斯特罗、苏联或中央情报局，甚至是肯尼迪的副总统林顿·约翰逊将奥斯瓦尔德作为小卒子（奥斯瓦尔德自称，他是一个容易成为替罪羊的人），那么，我们就得相信，肯尼迪被杀事出有因，相信他的不幸是因为他的美德威胁到了某些不该威胁到的人或某些全球利益。如此的话，肯尼迪的死就是一个真正英雄的死，死得其所。

开始一场魅力攻势

总统遇刺那天，风采照人的总统夫妇正住在得克萨斯州的沃斯堡，距达拉斯大约五十公里。那是一个阴冷的、细雨霏霏的日子。在肯尼迪夫妇下榻的得克萨斯饭店前，聚集着一万二千人。肯尼迪从饭店只身一人走出来，没有杰奎琳的陪伴。他知道，这会让等待的人群失望。他简短地说了几句话，然后用挖苦的语气说，妻子动作迟缓的原因是"因为她看上去总是比我们所有人都漂亮”。

这并不是肯尼迪第一次利用他年轻、受过良好教育的妻子来取悦充满敌意的群众。当时他四十六岁，杰奎琳三十三岁。1964年，对于肯尼迪来说，就是争取连任的一年了。而得克萨斯州是这个国家中没有被他的观点所影响的州之一。肯尼迪的很多观点，包括人权，以及不愿意再次入侵卡斯特罗统治的古巴等，都让他不那么受到保守的得州人欢迎。这并不仅仅是出于政治方面的分歧。众所周知，很多暴力派组织都聚集在达拉斯。因此，总统车队的安全工作异常严格。

一个充满暴力、性格孤僻的人

就在肯尼迪准备离开沃斯堡的时候，一个二十四岁、名叫李·奥斯瓦尔德的年轻人正准备出发去上班。他有时会使用李·西德尔这个假名。他在得克萨斯学校图书配送处工作。那是一个位于戴尔雷广场的课本配送中心。戴尔雷广场是达拉斯市中心外围的一个小公园。奥斯瓦尔德其貌不扬，看似温顺的外表下面隐藏着很多不为人知的秘密。他出生在新奥尔良，自幼家境贫寒。出生前两个月，父亲就去世了。他逐渐长成一个孤独的孩子。“孤独”或“性格孤僻的人”等词汇一直伴随着他短暂的人生。他特别喜欢玩枪。自青少年时期起，他就形成了左翼激进派观点。有几次，他还充满暴力地殴打母亲玛格丽特。有一次，他甚至拉出一把刀对着母亲。

尽管持有这样的早期社会主义倾向，奥斯瓦尔德在1956年，十七岁的时候参加了美国海军陆战队。1956年底，仅仅接受了几周训练后，他就在射击场上获得了“神枪手”的美誉。这意味着，他能够从二百米之外射中二十五厘米的靶心，完全不需要借助瞄准器。

致命的旅行

肯尼迪总统和随行人员，包括来自得州的副总统林顿·约翰逊及其夫人、伯德夫人、得克萨斯州州长约翰·康纳利及其夫人奈丽等一行，飞进了达拉斯乐福菲尔德机场，接受欢呼雀跃的人群的欢迎。人们对笑

总统和杰奎琳在车队启程时。前边就座的是州长康纳利和其夫人奈丽

容可掬的杰奎琳·肯尼迪报以格外多的称赞。那天，她穿着可爱的粉色套装，头戴一个圆顶礼帽。接着，肯尼迪夫妇和康纳利夫妇走进了豪华轿车，约翰逊夫妇将坐在后面的两辆汽车中。总统车队将朝着达拉斯贸易商城行驶，肯尼迪要在那里发表演说。他们乘坐的是一辆敞篷林肯欧陆轿车。

这时候，天气变得晴朗温暖。人群沿着车队行进的路线聚集起来。当地报纸早就把总统的行车路线作了报道。这次行程的倒数第二站要穿过戴尔雷广场。这个广场就在得克萨斯州学校图书配送大楼前。配送中心的工人正聚集在窗前，俯瞰行进的车队。李·奥斯瓦尔德独自站在大楼东南角的六层楼上。他藏在存放自家书籍的箱子后面，工友都没有看到他。

他的手中握着一把装有瞄准器、意大利制造的曼利舍·卡尔卡诺来复枪。这支步枪是他花了二十四美元四十五美分，从芝加哥一家来复枪和弹药邮购公司购买的。后来，相信阴谋论的人指出，这种来复枪不过是价格低廉、质量低劣的枪，根本不能用来射击移动中的目标。但联邦调查局（FBI）经测试证明，这把枪极其精准。它可以把一颗六点五毫米的子弹以每秒钟六百米的速度射出。此外，曼利舍·卡尔卡诺来复枪还可以拆开，并很快重新组装起来。那天上班时，奥斯瓦尔德背着一个长长的棕色背包。用他的话说，里面装着“窗帘杆”。

到了中午12点的时候，奥斯瓦尔德已做好了一切准备。

藏身于箱子后的男人

一份对李·奥斯瓦尔德进行的人格分析表明，他具有典型的孤身暗杀的人格特征。因为同情社会主义，经常遭到欺辱，他在海军陆战队度过了一段短暂而不愉快的时光。因此，他的马克思主义倾向变得越发鲜明了。他尝试着放弃美国公民身份，移居到苏联去，但没有成功。他曾在苏联明斯克的一家工厂里做工。在那里，他遇见了一个名叫玛利娜·普鲁萨克弗娜的女人，并和她结了婚。在获得苏联公民身份的尝试遭到失败后，他曾企图自杀，并被送进一家精神病院。

从精神病院出来后，对于被苏联人拒绝感到愤愤不平的奥斯瓦尔德重新回到美国，并在达拉斯的沃斯堡定居下来，和妻子玛利娜、女儿朱恩生活在一起。在从事一系列卑微的工作之余，他曾断断续续地企图实践他的社会主义信仰。他在一个名叫“为古巴公平竞争”的组织充当短期志愿者，去过墨西哥，并拜访了古巴和苏联大使馆，试图得到签证，到古巴或苏联去生活。

奥斯瓦尔德所有这些经历都成为阴谋论者的素材。他们认为，他是为苏联人或古巴人工作的，甚至是为中央情报局工作的。然而，所有这些阴谋论中都存在的一个问题是，奥斯瓦尔德具有极其不稳定性。这一点几乎给所有接触过他的人留下了深刻印象。对于职业情报行动人员来说，他太怪癖了，根本不能充当间谍，更不用说做刺客了。

不管怎样，奥斯瓦尔德单枪匹马采取了与刺客相似的行动。1963年4月，他曾偷偷溜进前任美军将军埃德温·沃克尔家后院。埃德温·沃克尔是一位顽固的保守主义者，支持种族隔离。那之前不久，他刚刚发表了有关“反对共产主义”的巡回演说。奥斯瓦尔德对他开了枪。子弹击中了木头窗台后发生了偏移，碎片还是擦伤了沃克尔。然而，警方并没有怀疑奥斯瓦尔德涉嫌这次枪击事件。直到肯尼迪被暗杀事件发生后，警察从奥斯瓦尔德对沃克尔家拍摄的监视照片中，才了解到了一切。

没有击中沃克尔令奥斯瓦尔德对于这个世界，对于政坛的左翼和右翼权威所持有的难以平抑的愤怒无法得到缓解。

泽普鲁德录影带

直到今天，如果把奥斯瓦尔德作为孤身刺客来解释那场暗杀事件，一定会引起充满激情的阴谋论者的刻薄反击："荒谬！"他们会说，"那么，那个打伞的男人怎么解释"？"打伞的男人"出现在一部著名的、有关这次暗杀事件的影片中。这个人并没有什么特别的理由，却在一个阳光灿烂的日子里，在肯尼迪的车队从身边经过、射杀的子弹发出去的时候，雨伞多次打开又合上。很多阴谋论者于是说，这个人一定是在给什么人发信号。

刚才提到的影片就是由亚伯拉罕·泽普鲁德拍摄的。他是一位五十八岁的服装制造商，在戴尔雷广场的戴尔–德克斯大楼拥有几间办公室。他是一位狂热的民主党人，狂热地支持总统肯尼迪。那天午前，他特意回到家中，取来他的八毫米摄像机，以记录总统的这次访问。

他和秘书朝戴尔雷广场走去。他们沿着榆树街步行，经过了图书配送中心，并爬上了一座水泥凉棚。这个地方离那个绿草茵茵的圆丘和总统车队即将通过的车道很近。泽普鲁德随后拍摄的那个单纯又热情洋溢的影片，成为对这次暗杀所进行的调查中至关重要的证据。

肯尼迪的弥留时刻

12点半刚过，肯尼迪的车队就驶进了位于主街道的戴尔雷广场。在休斯敦大街向右拐弯，继续行驶一段后，向左进入了图书配送中心下面的榆树街。这是一段一百二十度的弯路，总统车队的行车速度减低，时速约十六公里。

最前面开道的是两辆摩托车，然后是肯尼迪乘坐的敞篷豪华轿车。总统和第一夫人坐在后排座上，约翰和奈丽·康纳利夫妇坐在前排座。

沿着榆树街聚集的人群开始欢呼，挥舞手臂。“总统先生！”奈丽·康纳利这时说：“你可不能说达拉斯不爱你呀！”

“是的，确实不能说！”总统回答。

就在这时，当肯尼迪和妻子向众人微笑着挥手致意的时候，奥斯瓦尔德开了第一枪。子弹射偏了。尽管子弹的残骸并没有找到，但它显然在一根橡树枝上留下了弹痕，并弹到了路边的石头上，使得一块水泥片飞了起来，擦伤了一位围观者的脸颊。

三秒钟之内，奥斯瓦尔德又开枪了。第二发子弹击中了肯尼迪后背的上部。尽管没有击中他的脊柱，但子弹产生的振动波破坏了他的第六根颈椎，造成了一个被称为瑟伯恩位置的神经反射。这一点在泽普鲁德的影片中可以看得很清楚。肯尼迪的双臂向上伸到与下巴持平的位置，肘部外翻，双拳紧握，并保持这个姿势僵坐在那里。那颗射中肯尼迪的子弹接着击中了约翰·康纳利，让他受了重伤。

在泽普鲁德的影片里，此后看到的就是，第一辆豪华轿车上的情况变得一团糟。轿车司机灾难性地放慢了汽车行驶的速度，汽车几乎是在爬行。州长康纳利倒了下去，头栽倒在妻子的腿上。肯尼迪靠向杰奎琳，胳膊继续保持僵硬的姿势。杰奎琳伸手去够他的胳膊，试着把他的左肘从这个怪异的姿势中拉下来。

接着，突然，肯尼迪右侧头颅很大一块飞了起来。在影片中，看上去是子弹击中了那一部位，但肉眼能够看到的只是子弹射出的创伤。那颗子弹击中了肯尼迪的后脑，并向外炸开。奈丽·康纳利记得杰奎琳·肯尼迪喊道：“他的脑子在我手里！”

影片拍到杰奎琳粉色的套装上溅满了鲜血。她试图向轿车的后部爬去，一个便衣朝她走去。一些人猜测，她那时正要从汽车中逃跑。但杰奎琳事后提供了一个简单的解释：丈夫的一块头骨落在了汽车后部。她想要够到它，以备不时之需。

“只是一个替罪羊”

奥斯瓦尔德把步枪藏在箱子后面，从图书配送中心后面的楼梯迅速冲了下去。进入大楼的警察双手握枪，拦住了他。奥斯瓦尔德的上司证实他是雇员，他因此被获准离开。回到曾经住过的一个寄宿房屋，他取了一把手枪，又走了出来。这次他的行动太可疑了。当警车驶过的时候，他迅速躲进街边的店面。于是，一个名叫梯皮特的警官拦住他盘问。奥斯瓦尔德向他开了四枪，把他打死了。

这个时候，来复步枪已在图书配送中心被找到。一个抓捕奥斯瓦尔德的全境通缉令已经发出。不久，他就在藏身的一个电影院里被抓到，并以涉嫌谋杀肯尼迪总统和梯皮特警官的罪名立案。记者用很短的时间采访了他。他宣称，他是无辜的，说他“只是一个替罪羊”，说他之所以被捕，是因为曾经在苏联生活过。

与此同时，人们才开始明白这一穷凶极恶的暗杀行为。影片拍到，车队迅速将受到致命伤害的总统送进医院后，戴尔雷广场的男男女女震惊地默默站立着，有的用手掩住嘴，有的任眼泪毫无顾忌地从脸颊滑落。全世界的人们迅速听说了这个消息，同样感到震惊，无法相信和悲痛不已。

奥斯瓦尔德被灭口

在被拘押的短暂时间里，奥斯瓦尔德不断露出沾沾自喜的微笑，或脸上带着讥讽的表情。尽管他继续否认杀害了总统，看上去却似乎非常自得其乐。这一情形一直持续到他被转到另一座监狱，被一个名叫杰克·卢比的脱衣舞俱乐部老板开枪射杀。

卢比的动机显然出于单纯的报复——肯尼迪是他的偶像。他和达拉斯警方的友谊让他在奥斯瓦尔德被转移时，能够亲临现场。对于阴谋论者来说，这又是一个素材。他们猜度，这个同暴民有联系的卢比肯定是受雇来让奥斯瓦尔德闭嘴的。但卢比同黑手党的联系从来没有得到过证实。大多数和卢比关系亲密的人，对于他是一个阴谋同伙的观点嗤之以鼻。他们认为，卢比情绪很不稳定——枪击奥斯瓦尔德之后，他大喊：“这该向全世界证明犹太人是有种的！”他的行动完全出于情绪过激。

1964年，卢比被认定谋杀了奥斯瓦尔德，接着，因为上诉获胜，被予以复审。但在第二次审判之前，他就因肺癌于1966年病死狱中。死前他仍然坚持说，在奥斯瓦尔德谋杀案中，“没有他人卷入”。

尽管如此，尽管1966年沃伦委员会发现的证据说明，奥斯瓦尔德就是一个孤身刺客，阴谋论者却在继续认真审视戴尔雷广场拍摄下来的照片，寻找他的同谋。他们说，发现有一股烟从绿草茵茵的圆丘上冒出来。后来证明，那不过是树叶的影子。他们说，发现了伪装成流浪汉的中央情报局特工。后来证明，那些人本就是流浪汉。他们又发现，似乎有来自广场各个方向的子弹。后来证明，那其实是子弹发射时的回声。

啊，还有那个打雨伞的男人呢！关于那个打雨伞的男人，事实真相很简单。他名叫路易·维特。得知自己在阴谋论者心目中臭名昭著的印象之后，他在1978年站了出来。维特确实是个疯子。他挥动雨伞，就是为了跟肯尼迪起哄。现在，他还留着那把雨伞呢。

因此，关于这次暗杀的简单事实就是，李·奥斯瓦尔德出于一时疯狂的冲动，就是杀害约翰·肯尼迪的唯一凶手。这不是一个令人满意的答案。事实上，这个答案就像那把旧雨伞一样，平淡无奇。然而，除非能够找到新的证据，这个答案几乎就是正确答案了。

国会的发现不足为凭

1976年，美国众议院召集国会委员会，听取肯尼迪暗杀事件和后来发生的马丁·路德·金暗杀事件的新证据。1979年，关于肯尼迪遇刺事件，他们得出了结论。尽管奥斯瓦尔德开了三枪，杀害了总统，但声音证据提供了另一个很大的可能性，即还有两发子弹从戴尔雷广场某处射向了总统。这表明，这次暗杀确实是一个阴谋。

国会委员会依靠的证据现在被认定不可靠。特别是来自达拉斯警官摩托车上的口述录音机上的录音。这个录音被认为，录下了其他枪击的声音。警官坚持说，当那些“枪声”录下来的时候，他并不在戴尔雷广场，而是跟着肯尼迪的轿车奔向医院了。1982年，一个科学家小组支持了他的说法。他们得出结论，录音带上的“枪声”很可能是静止的。

六日战争
（1967年）

令人瞠目的军事胜利确保了以色列得以幸存，
也造成中东地区的长期不稳定

从苏伊士运河对岸，一名以色列士兵正在观察被以军炮火点燃的苏伊士港炼油厂

正是那位独具领袖气质的以色列国防部部长莫夏·达扬，首先将1967年6月以色列反抗阿拉伯邻国的“独立战争”称作“六日战争”。这个名称迅速传开了。

“六日战争”的命名可是个大手笔。它巧妙地借用了《创世纪》的典故。上帝用了六天的时间创造了地球，而以色列也用了同样多的时间，在一场闪电战中击败了埃及、叙利亚和约旦，确立了自己作为一个国家的地位。两者之间唯一的区别在于，《圣经》故事里，上帝在第七天就可以休息了，而以色列人史诗般的胜利却没有带来任何安宁。如今，以色列继续占领着通过“六日战争”赢得的那片土地，却需要面对无数次恐怖袭击，它的边境线也没有“六日战争”之前那般安全。于是，一些人可能会问，难道以色列的胜利就化为灰烬了吗？

犹太人的国家诞生了

从大约19世纪中期开始，一场“犹太复国主义”运动开始了。这场运动号召居住在欧洲、俄国、美国以及中东地区的犹太人返回自己祖先的故乡——巴勒斯坦，特别是圣城耶路撒冷，并在那里定居。那时候，该地区的主要居民是阿拉伯人。自从16世纪初开始，这一地区就处于奥斯曼帝国的统治之下。第一次世界大战结束后，英国控制了巴勒斯坦，并在《贝尔福宣言》中承诺，建立一个犹太人的国家。《贝尔福宣言》是一份由英国外交大臣亚瑟·贝尔福签署的关于战后中东政治意图的正式文件。然而，每一次犹太人的移民活动都遭到了巴勒斯坦阿拉伯人的暴力抵抗。其中一些人于是开始寻求巴勒斯坦的独立。不久，英国就违背了自己当初的承诺。

第二次世界大战结束后，二战期间纳粹对于犹太人进行的大屠杀令全世界对于“犹太复国主义”事业产生了同情。于是，英国将巴勒斯坦问题移交给联合国。联合国在1947年11月颁布了《联合国大会一百八十一号决议》，试图解决这一问题。这一决议把巴勒斯坦分割成两部分——一部分交给阿拉伯人，另一部分交给犹太人。“犹太复国主义”者欢迎这个决议，阿拉伯人却拒绝接受。因为这样一来，大批的巴勒斯坦阿拉伯人就会居住在犹太人的国家里。决议通过的第二天，巴勒斯坦的战斗机进攻了以色列，引发了以色列人所说的“独立战争”。

以色列同巴勒斯坦民族主义者及其阿拉伯支持者——来自所有以色列邻国，包括伊拉克、叙利亚、埃及和外约旦等的阿拉伯军队——进行的战斗一直打到了1948年。以色列最终占领了比联合国分割的土地多了百分之三十的领土。耶路撒冷老城最后落入约旦人手中。这对于犹太人来说，可是一种打击。他们自公元1世纪起，就被罗马人从耶路撒冷赶了出来。尽管如此，尽管以色列人损失惨重，但在1948年底，以色列国终于诞生了。

战争倒计时

直到1956年爆发的第二次阿拉伯对以色列的战争，以色列人用了近十年的时间才取得了胜利。由此，以色列巩固了自己的地位。1956年之后，巴勒斯坦进入了不稳定的平静期。但以色列连续两次取得的压倒性胜利，仅仅是播下了另一次战争的种子。这就是典型的中东地区风格。“泛阿拉伯主义”——一种认为所有阿拉伯人无论身处什么国家都是一个民族的哲学思想，当时在中东地区很盛行。埃及总统贾迈勒·纳赛尔成为这一思想的主要支持者。他曾将英国人赶出了至关重要的苏伊士运河，并将其国有化，为自己的人民造福。

接下来的十年间，纳赛尔为同以色列进行一场新的、也是决定性的战争做好了准备。他和叙利亚联合起来，进攻以色列的东面。对外，他宣称是为了解放居住在以色列人占领的土地上的巴勒斯坦人。而控制叙利亚的叙利亚社会党则更为直接——一位发言人称，“他们想把以色列推进大海里”。

与此同时，以色列的国防军继续扩充兵力，并从美国和法国购置军需品和战斗机，以增强空军实力。而埃及和叙利亚也在厉兵秣马。他们的武器由苏联提供。

“一个儿童游戏”

到了1967年，以色列被几千公里长的边境线上充满敌意的三十多个

以色列空军的代言人

自“六日战争”起，国防部长莫夏·达扬就成为以色列有史以来最辉煌的斗士。他标志性的眼罩非常抢眼（第二次世界大战中，在和英军一起抗击维希法国军队时，他的左眼被狙击手打中）。莫夏·达扬1915年出生于巴勒斯坦的基布兹。在1948年同阿拉伯人的战役中，他表现出众，并在此后二十年中，成为以色列闻名遐迩的顶级斗士。他并不躲避闪光灯。这一点，在“六日战争”期间尤其明显。尽管刚被任命为国防部部长，并没有参加战争的战略策划，达扬仍然表现得很高调。他多次同记者见面，甚至最后登上了《时代》杂志的封面。整体而言，他愤世嫉俗，粗鲁无礼，因此成为绝佳的新闻题材。当他和其他以色列政界及军界官员一样，被阿拉伯人的突然袭击打得措手不及时，他的政治命运变得沉沦。那次突袭开始了1973年的犹太人赎罪日战争。

阿拉伯区域所包围。仅需几个简单的打击行动，埃及就能够切断以色列最重要的、穿过蒂朗海峡进入红海的海运通道。约旦公开谈论着，要改变以色列主要的水源约旦河的流向。一个埃及政府官员曾说过，他在军界的同伴认为，“消灭以色列简直是个儿童游戏”。一个叙利亚将军认为，阿拉伯联盟能够在四天之内占领以色列。

1967年5月，埃及军队开始在以色列西南部的西奈半岛集结。在纳赛尔总统的高压下，联合国同意撤走自1957年开始就在中东地区起缓冲作用的联合国紧急部队。5月22日到23日午夜时分，埃及海军封锁了蒂朗海峡。以色列一直宣称，埃及军方的行为就等同于宣布战争开始。以色列总理列维·艾希科尔向英国、美国和联合国发出援助请求，却没有成功。5月底，纳赛尔和约旦国王侯赛因签署了一份国防协议。于是，约旦军队开始大规模驻扎在以色列边境上，而叙利亚的军队则大规模集结在戈兰高地。“我们的基本目标就是要消灭以色列！”纳赛尔在5月27日如是说。

同以色列国防军总司令伊扎克·拉宾商谈之后，艾希科尔最终意识到，以色列已经别无选择。它必须通过战争，才能求得生存。而且，以色列人很快就达成共识——最好的办法就是对威胁自己的阿拉伯国家采取先发制人的行动。

这一决定如此劳神，以至于拉宾的神经都崩溃了。他接受了急性焦虑和抑郁症治疗。但由于主要领导人埃泽尔·魏茨曼制订行动方案，激进的莫夏·达扬积极推行大规模突袭，以色列最终采取了行动。

焦点行动

6月5日早晨大约7:30，二百五十架以色列飞行员驾驶的法国造战斗机兼轰炸机就从空军基地起飞了。机群飞过地中海，直扑埃及。

这就是“焦点行动”的开始。“焦点行动”是这次战争，也是其他任何战争中设计最为巧妙、最为成功的突袭战。

低空飞行，穿越大沙漠——有时候仅仅高于地面十米左右——并严格保持无线电静默状态。机群滑过埃及领空，对纳赛尔的空军基地发动了毁灭性的进攻。这次突袭纪律严整，手段完美。第一批机群投下巨大的水泥摧毁炸弹以摧毁飞机跑道，其他战斗机则咆哮着投弹和扫射。

这次袭击打得埃及人猝不及防。两小时之内，以色列空军对十一个

以色列伞兵部队在1967年6月7日占领耶路撒冷老城后，神情肃穆地站在西墙旁

埃及机场发动了二十五次出击。埃及空军损失过半——大约三百架战斗机、轰炸机和直升机被炸毁。

“焦点行动”是一次杰出的军事行动。对于最强大的敌人首先发起进攻，为以色列赢得了转而面对约旦和叙利亚的时间。如今，以色列占据了空中优势，军队得以进攻驻扎在西奈的埃及军队。很快，埃及军队就被迫全线撤退。

在东面，尽管以色列企图通过外交努力，说服东部邻国不发起进攻，但约旦军队还是对以色列空军发起了进攻。他们轰炸了以色列境内包括特拉维夫和耶路撒冷犹太人聚居地等多处目标。但以色列空军进行的另一场干净利落的空中打击彻底消灭了约旦空军的大部分力量。

夜幕降临之际，以色列军队在所有边境线上都占据了优势。具有讽刺意味的是，开罗市民被告知，埃及军队正在彻底摧毁以色列。因此那天，人们的欢庆活动直到深夜。

埃及人的错误

尽管以色列在第一天取得了胜利，埃及人却远没有被击败。纳赛尔向其他阿拉伯国家发出绝望的请求，要求增派飞机。不久，五十架苏联造的米格战斗机就从阿尔及利亚出发了。因为大部分埃及战机都在停机场被摧毁，飞行员并没有登机。所以，大批飞行员已经做好了驾驶新战机的准备。

这个时候，埃及的将军犯了几个战术错误。他们决定，穿过西奈向沿苏伊士运河的防御位置撤退，而不是主动出击，去压制正在进攻的以色列空军。那时，以色列空军已经人困马乏、缺少弹药了。因此他们撤退的时候，就将大片的领土拱手相让了。

6月6日，纳赛尔开始了一场宣传战。这场战斗远比陆地战更加奏效。他宣称，对埃及的袭击来自一群美国战斗机，是由美国人驾驶的。于是，反美的抗议之声在阿拉伯世界四起。

与此同时，在耶路撒冷老城，以色列国防军和约旦军队已经交战。6月6日清晨，当以色列军队阵线背后巨大的探照灯照亮了战壕中的约旦军队，照得他们睁不开眼睛的时候，以色列的攻击战已经打响。那是一场恶战！双方士兵碉堡对碉堡、机枪对机枪地厮杀，甚至展开了赤手空拳的肉搏。

到了那天晚上，以色列占据了耶路撒冷，只有老城还在约旦人手中。而约旦军队仍在负隅顽抗。第二天早上，以色列的大炮轰击了约旦人占据的位置，将他们赶过了西岸。这样，以色列国防军的伞兵部队大举进入耶路撒冷老城了。对于以色列人来说，这太令人激动了！陆军上校莫塔·古尔向军官发布了一个消息："我们世代梦想和为之奋斗的古城耶路撒冷， 而今我们要第一个进入了。"

以色列人没有遭到什么反抗，就占据了老城，一直向第一和第二神庙前进。这两个神庙分别是穆斯林和犹太人朝圣的地方。尽管不时有狙击手打来冷枪，但他们还是向着西墙长驱直入。在犹太教里，西墙是最神圣的地方之一。它是第二神庙残留的部分。神庙其余部分早在公元70年时，毁于罗马人之手。在那里，以色列国防军首席拉比、施罗摩·格润将军吹响了犹太教的羊角号——一种用于宗教仪式的传统希伯来号角，并宣布："我已经来到了这里，再也不会离开。"

6月7日傍晚，联合国在调解以色列和约旦停火方面，取得了成功。约旦国王侯赛因几天之内就损失了半个王国——那个能给他带来大笔旅游收入的半个王国，只好退回去舔伤口了。

西奈杀戮

在西奈，以色列人对埃及军队乘胜追击。他们不再继续抓战俘，而是建议埃及军人朝苏伊士运河的方向逃跑，努力逃回埃及。然而，在通往回到苏伊士运河的山口，以色列军队却对埃及士兵进行诱捕，并开始了一场血腥杀戮。以色列的炮兵部队在挤满了埃及卡车和坦克的道路上倾泻了密集炮火。在狭窄的山口，布满了大批损毁的机器和士兵的尸体。6月8日，几千名埃及士兵在米特拉山口丧命。

同一天，在西奈，以色列国防军得知重新占据了耶路撒冷，就想再为自己寻求一些荣耀。尽管已经接到作战命令，要他们呆在苏伊士运河二十公里以外，尽管撤退的埃及军队已将水陆桥梁炸毁，一些以色列军人仍然跳进运河，极度欣喜地在重要而神圣的浪花中沐浴。

现在，埃及也接受了停火协议。只有叙利亚成为唯一没有被以色列击败的敌人。叙利亚控制着具有重要战略意义的戈兰高地。戈兰高地位于约旦河东部。从高地的最高处，可以向耶路撒冷开炮。6月9日，以色列国防军向叙利亚军所在位置发起进攻。这场战斗和耶路撒冷之战一样凶猛。6月10日，由于受到巨大胜利鼓舞，而且在停火协议之前，以色列得到了尽量多的领土，以军将叙利亚人赶出了戈兰高地，并占领了它。

和平仍然难以捉摸

这是一场令人难以置信的战争！令人瞠目结舌的六天！丝毫不同于历史上任何其他六天。一万一千名埃及士兵、六千约旦军人和一千叙利亚士兵死亡！而以色列国防军却仅仅损失了几百名士兵！以色列获得的领土远远超过一周前他们的期待——六万七千平方公里，包括从埃及手中夺来的西奈和加沙地带，从约旦夺来的东耶路撒冷（包括老城）和西岸，从叙利亚得来的戈兰高地。阿拉伯各国以及纳赛尔总统（于1970年去世）全都颜面扫地。

同年11月，联合国通过了一项美国人支持的决议，呼吁以色列从被占领土上撤军；相应地，阿拉伯参战国承认以色列的国家地位。但阿拉伯人不同意这项“土地换和平”的交易。于是，以色列不仅继续保持着所谓“被占领土”，还开始巩固这些地方，并让犹太定居者在那里居住。

这样的安排多少有些不合法，所以一直成为巴勒斯坦民族主义发展的动因，并不断激起针对以色列发动的恐怖袭击。很多次，这些恐怖袭击引来了对于巴勒斯坦人的房屋及其支持者的军事打击。当其他国家希望促成中东地区和平时，“土地换和平”继续成为一项运作的理论依据，却非常不成功。四十年过去了，以色列仍然占据着那些领土。无论1967年的战争是什么原因引发的，现在，它对于居住在那里和靠近其边界的巴勒斯坦人都造成了极大伤害。

就像1967年一样，战争仍在继续。但已是一场截然不同的战争了。如果有胜利者，谁将会是最后的胜利者呢？它一直在引来众多的猜测。

越战春节攻势
（1968年）

美军的胜利导致一位总统下台
并引发反战舆论

越战春节攻势战中受伤的美国士兵。图片震惊了美国公众，并强化了人们的反战意识

1968年1月31日早晨，美国战地记者麦克·赫尔正在访问驻扎在越南南部芹苴附近基地的特种部队。正当他坐下来，和头戴绿色贝雷帽的特种兵一起吸大麻的时候，听到了从附近镇子传来的爆竹声。当时正是春节，是越南人一年一度庆祝农历新年到来的节日。1968年是猴年，相似的庆祝活动在越南四处展开。

赫尔和特种兵坐在那里，听到爆竹声越来越近，越来越响亮。后来，他们终于明白，那并不是爆竹声，而是手榴弹的爆炸声和自动武器的射击声。美国军队被偷袭了。

正如赫尔在有关这场战争的经典报道——《新闻报道》中描述的那样，那天晚上，他从一个战争的观察员变成了战争的参与者。他和被四面包围、受到猛烈火力袭击的特种部队一起战斗："我滑到了与故事相反的结尾处，趴在那些堆放在芹苴飞机跑道上的沙袋后面，手里端着一把点三口径的自动步枪。"

代价惨痛的胜利

前来偷袭美军的是越共和北越陆军。他们是为了争夺对越南的统治而同南越共和军以及美国盟友交战的共产党领导的军队。当这场大规模、具有历史意义的春节攻势展开之际，不计其数的非参战人员，包括记者、美国大使馆工作人员，以及越南古老、优雅的城市——顺化市的市民，就像赫尔一样，都突然发现自己身处战争第一线。记者迅速将亲身经历传到美国国内。生动的报道成为报纸头条新闻，传遍了整个世界；大屠杀的景象每晚在电视上播放。

这场攻势和这些报道图片造成的影响，最终迫使当时的美国总统林顿·约翰逊不再寻求连任。这样的结果，对于美国总统和顾问而言，是令人震惊的。因为这场春节攻势终将以美军的胜利而告终，并将大举消灭越共的作战部队，严厉压制北越陆军。但这样的结果也令总统和军方为他们的口号，为他们关于战争的谎言付出了代价。因为他们曾经告诉美国公众，战争几乎已经取得胜利。由于越战春节攻势恰恰攻击的是美国在越南利益的核心部分，因此从图片上看，战争并未取得胜利。

意识形态的战场

成为了20世纪60年代一个亮点的越南战争，其实是第二次世界大战结束后一直进行的一场战争。日本人投降之后，法国人试图夺取自己以前的殖民地，但在共产党人胡志明的领导下，越南民族主义者组成了越南独立同盟，在1954年奠边府战斗中击败了法军。这场战斗标志着西方殖民统治在亚洲的结束。在随后的和平方案中，越南以十七度纬线为界分为两个部分，以承认越南独立同盟占领的区域。在北方，胡志明借助中国人的帮助，建立了共产主义国家。在南方，一个民主的、西方世界支持的国家也诞生了。一个非军事化隔离区被规定出来，以分割这两个国家。但从一开始，越南独立同盟就渗透进南方，并发动了游击战，旨在推翻南越政府。因为担心北越和南越合并会导致共产党占领东南亚其他国家，从而造成“多米诺效应”，于是美国增加了军事援助、顾问和支持的军队数量。

第一批美国地面战斗部队一共三千五百人于1965年登陆越南。到了12月，面对狡猾而顽强的游击战对手，美军将军队增加到了二十万。到了1967年11月，美国已经派驻了近五十万军队同越共和北越陆军作战。尽管此时， 美国国内已经开始反对这场战争了。

为了对付国内的抗议之声，一场精心策划的“胜利攻势”上演了。美国要求越南军事援助指挥威廉·威斯特摩兰德将军向任何愿意听他讲话的人宣布，美国即将赢得这场战争。1967年下半年，林顿·约翰逊总统站在美国“企业号”航空母舰的甲板上宣称，这场战争“不会再打多少个晚上了”。

几星期之内，越战春节攻势将充分展示这些话语反映出来的荒谬而倒错的乐观主义。

大使馆遭袭

1月31日晚上大约凌晨2:45，就在赫尔和他的特种兵被围攻的时候，由十九名受过良好训练的越共游击队员组成的小分队袭击了美国驻越南的首要象征——西贡的美国大使馆。他们在大使馆建筑的外墙凿了一个洞，炸掉了整个建筑，杀死五名美国海军陆战队队员以及众多军事警察。

很多游击队员白天作为园丁和汽车司机在大使馆工作，对使馆布局了如指掌。当美国最高级别的外交官被捆在办公室动弹不得的时候，偷袭者和前来增援的海军陆战队队员进行了六个小时的枪战。最后，偷袭被终止，偷袭者被全部消灭。但对于这场战斗的连续电视报道，连同使馆地上的越共袭击者尸体的照片一起，被传到了全世界。很多美国人不明白，在一场他们即将取得胜利的战争中，怎么还会发生这样的事情。

计划春节攻势

计划越南春节偷袭攻势的是北越将军武元甲。他认为，前两年进行的反美游击战在改变北越命运方面，并没有取得可喜效果，而且游击战的损耗已让越南处于逐渐衰弱的地位。尽管游击战的常识是阻止敌人进行定位战，事实上，在1965年越南中部高低德浪河谷战役中，北越陆军就曾和美军进行过定位战，但遭到了美军火力的连续猛攻。因此，武元甲想要通过一次出其不意的奇袭动摇敌人的实力。武元甲还认为，南越人讨厌美国人以及腐败的南越傀儡政府，因此，精心策划的春节攻势将能够迅速煽动起更多大众的反美火焰。然而，这最后一个计策对于通常情况下都脚踏实地的武元甲来说，显得也太离谱了。

在武元甲的计划下，春节攻势的准备其实在1967年秋天就已经开始了。那时候，北越陆军进攻了在军事化隔离区驻扎的美军溪山、康天等基地，企图把美军增援部队从南越几个城市引开。但大规模进攻的时间却计划在春节期间进行。虽然正在秘密策划这次大规模攻势，北越表面上却宣布，他们将在春节期间停战。相应地，南越军队则允许近一半的军人休假过春节。

情报失败

对于这次春节攻势，人们一直相信的是所谓美军对此全然不知的神话。然而，事实并非如此。如此大规模的集结兵力，对于一场将近两百

北越军队被美军炮火从顺化市击退后，惊恐的市民返回这座城市

个越共及北越陆军战斗营参加、针对一百多个目标展开的进攻来说，很快就会被发现。事实上，一个越共士兵的笔记本曾在1月5日被发现。上面相当详细地描述了这次春节进攻。

正如一位美军将军日后所说的，这次“情报失败可以等同于珍珠港了”。美国对越军事援助指挥没能将这些情报进行全盘考虑。尽管美军提升了警报级别，指挥官还是忽视了潜在威胁。毕竟，据统计，他们在越南的时间里，一半都是处于高度警惕状态的。

在越共游击队员炸毁美国大使馆并冲进去的那天晚上，两百名美军上校正聚在西贡一位军官的指挥中心参加一场喧闹的派对，只对美国大使馆增派了一名额外警卫。

银屏上生动展示的游击战

春节进攻之前的几天里，几千名越共和北约陆军脱掉军装，渗透进了西贡。更多的士兵用同样的方式渗透进了其他城市。还有更多的士兵在乡间等候着，准备进攻美军基地。总体来说，大约七万名北越和越共士兵参与了这次进攻。这些战士抱着复仇之心，作战凶狠顽强。他们进攻了越南四十四个省区首府中的三十六个，五个大城市和近百个小城镇。二十五个美军基地遭到攻击。在西贡以及周围，敌人炸毁了规模巨大的隆宾弹药库的大部分，将国家电台占领了一段时间，并攻击了总统府。威斯特摩兰德将军发现，美国对越援助指挥司令部被围攻，急命工作人员找出武器，参加守卫。西贡郊区堤岸是华人主要聚居区，却被北越陆军变成了此次进攻的重要集结地。在美国大使馆附近的一场游击战中，主要职责是约束海军陆战队队员。将醉酒的队员从酒吧中赶出来的美国军事警察同更加训练有素、武器装备更加精良的越南游击队员进行了一场巷战。最后，十六名美国军事警察死亡，二十一人受伤。

随后几天内，交战双方都有千百人丧生。美国面对的是包围他们的誓死战斗的强敌。

与此同时，整个世界都在观看在越南南部进行的战争的连续电视报道。在这场战斗中，美军显得被彻底压制住了。自从1965年第一支美军到达越南开始，关于战争的电视报道就被传送到美国以及世界各地。但大多数早期报道很少涉及战斗场面。因为要获得这样的图片，记者要冒很大的危险。然而现在，记者需要做的就是，透过他们住在西贡的饭店窗户进行拍照。这样，观众就能看到巷战的过程，听到枪炮的声音了。

这就是为什么林顿·约翰逊的“成功进攻”是搬起石头砸了自己的脚的原因。公众的期待被提升，所以，美国人们根本无法理解，为什么北越会发动这样一次进攻。攻击发生的最初几天的报道里，美国电视节

改变了公众思潮的照片

1968年1月31日早晨，美联社摄影记者艾迪·亚当斯和越南NBC电视台摄影师一起在西贡的大街小巷转悠，以便发现报道素材。他们遇到了一队南越士兵。他们押着一个穿短裤和花格子衬衫的男人。这个男人的双手被反绑着，显然遭到过毒打。两位记者走近时，南越国家警察头子阮玉朝那个男人走过去，手里握着一把手枪。

对于南越军队来说，用枪指着越共嫌疑人进行盘问，是很正常的。就在阮玉将子弹打入那个男人头部时，亚当斯举起照相机。照片捕捉到了越共嫌疑人被子弹射中的扭曲面孔。它成了越战春节攻势的标志性图片，为亚当斯赢得了普利策新闻奖，而给阮玉带来了无尽的耻辱。这一直让亚当斯后悔：越共嫌疑人实际是一名越共军官，他被证实杀害了一名南越军官全家。因此，阮玉完全有理由枪毙他。但用《哈泼斯》杂志的话来说，亚当斯的照片却出现在“美国公众开始反对越战的那一刻”。

目主持人沃尔特·克鲁昂科特质问道："这究竟发生了什么事？我原以为，我们已经取得了战争的胜利。"几个星期之内，北越就被打得伤亡惨重、节节败退。然而，这已无济于事。那些极具戏剧性的报道已给人们留下了太深印象。

顺化之战

美国大使馆遭袭后，成为这次越战春节攻势最为标志性的战斗是一场持续了一个月的激战。

2月份，当美国和南越军队试图重新占领越南中部的顺化市的时候，这场激战打响了。顺化市坐落在香河两岸，是一座古老的阮氏王朝的皇城。城里到处布满了古老工艺品和古代越南王朝统治者的陵墓。1968年，顺化市人口约一百四十万，以风景优美的公园和一座法式大学校园而著称。这座大学的学生中很多人是天主教徒。

越战春节攻势开始的时候，一部分北越和越共攻击者占领了这座城市。北越陆军将他们的旗帜插到了城堡要塞、古代国王的内城之上，并迅速派了一万士兵巩固这一胜利。然后，他们开始履行另一个使命：清理这座城市中公开反对北部共产主义的人。北越领导者开列了一个名单，包括政府官员、教师、牧师和其他人。其中，很多人都是海外出生的。这些人都被包围，并被处决。有些人被枪击而死，另外一些人被活埋致死。几千个坟墓被挖掘，以埋葬死者。

2月初，三支兵力不足的美国海军陆战队战斗营在南越协助下，展开了反击战。天气寒冷而多雨。美军同北越对手陷入了游击战。他们一个街区接一个街区地战斗。这是越南战争中唯一的挨门挨户进行战斗的场面。

最初，出于对这座古城历史价值的尊重，美军并没有炮击顺化市。但北越军队如此顽强，美军最终别无选择。一架又一架飞机携带着汽油弹和高能炸药箱，朝敌人的据点投去，将城里百分之七十的土地化为灰烬，造成一百一十六万人无家可归。对于很多坐在家中看电视的美国人来说，这又成为一个例证，证明美军为取得代价惨重的胜利而使用大规模火力是多么缺乏计划，后果恶劣。在一次电视采访中，一个美军陆军少校对这一策略进行的总结家喻户晓。他参加了美军在越南另一城镇、湄公河三角洲上槟知的激战。少校说："为了拯救一座城镇，有必要先摧毁它。"

从失败走向胜利

武元甲期待的大规模南越人反抗活动并没有出现。到了3月初，北越陆军和越共从他们1月31日占领的各个据点节节败退，并遭受了四万五千士兵阵亡的打击。这场春节攻势对武元甲和北越而言，变成了一次灾难性的失败。此次战役之后，越共失去了战斗力，而北越陆军则挣扎着重建军队。

尽管北越在地面战中失败了，却在其他方面取得了胜利。在西方人的心里，他们赢得了这场战斗。特别是在美国人看来，美国政府的策略正在造成美军和越南军队的大规模伤亡，而战争似乎并没有明确的目标，停战似乎也遥遥无期。

春节攻势之后不久，威斯特摩兰德将军要求增派二十万六千名士兵到越南的消息不胫而走。击败敌人之后，从军事的角度，威斯特摩兰德将军主张，要充分打击敌人。但美国人们则认为，为了子虚乌有的理由，不值得牺牲更多宝贵的生命。

1968年总统竞选中，林顿·约翰逊成为不受欢迎的人。在民主党重要的竞争之地新罕布什尔州，他仅取得微弱的胜利。正常情况下，对于现任总统来说，他已胜券在握了。但在3月份，他宣布不再参加连任的竞选活动。他还宣布，为让北越回到谈判桌上，美国将停止对二十度纬线以北的地方进行空中打击。

更多更愤怒的反战抗议在美国和其他地方沸沸扬扬地持续了数月之久。1968年11月，正式和平谈判在巴黎开始了。这是战争降级之后的第一步。而这一步将最终导致美军在1973年从越南全面撤军。

从武元甲和他的指挥官的角度来看，越战春节攻势中五万五千人的牺牲不是毫无价值的。

人类首次登月
（1969年）

美国在太空竞赛中迅速胜出
却导致了月球探索行动的终止

“阿波罗11号”在佛罗里达州的卡纳维拉尔角发射。火箭顶端运载的是指令舱“哥伦比亚”和月球舱“飞鹰”

它总是高高在上，美丽动人，金黄润泽。它的阴晴圆缺，对情侣们释放着无限魅力，牵动着潮起潮落。在英语中，它的名字和“六月”及“勺子”，有着相同的韵脚。自古以来，人类就对它顶礼膜拜，受到它的左右，甚至被它弄得神魂颠倒。五千年以前，人类在岩画上就开始描绘它的形象。公元2世纪，罗马作家卢西安创作了一部浪漫小说。书中的旅行者曾经到过月球。那是众多日后被称为科学幻想小说的第一部。

进入20世纪，人们想象着，月球上可能存在外星生命，遍布月球表层下面或藏在所谓“暗区”中。然而，纵观整个人类历史，没有人曾经登上过月球。它挂在三十八万三千公里之外的高空中，诱惑着我们。

在20世纪60年代后期，将月球登陆计划变为可能需要两个条件。首先，科技发展到火箭能够脱离地球引力，并进入相对较弱的月球引力区域。第二，苏联必须作出他们将首先登月的样子。因为，最为重要的是，那时是冷战的高峰时期，把人类送上月球首先是一项政治行为。随着美国和苏联的竞争深入到生活的各个方面，从教育科技到军备竞赛，这样一个成就将足以展示，在民主和共产主义中，究竟哪个制度更优越。而且，它不仅仅是展示给美国人民和苏联人民的，还向其他国家，尤其是向那些朝着政治独立迈出了第一步的发展中国家进行展示。

在这场施展胜人一筹伎俩的争斗中，令人感到讽刺的是，科学其实并不是主线。因此，那时候便埋下了月球探索行动终止的伏笔。

打败苏联人

1969年6月16日，三名宇航员身上系着安全带，仰面躺在大型运载火箭“土星五号”顶部的太空舱内。尼尔·阿姆斯特朗、埃德温·小阿尔德林和迈克尔·柯林斯就是美国国家航空航天局的杰出作品。就像处于探索和发现时代的先驱一样，他们现在要开始一段进入未知领域的征程。几分钟之后，他们将升入佛罗里达明亮的天空，直奔月球而去。

这项强大的美国“阿波罗太空计划”八年前开始实施，也就是从1961年4月开始。那个月的第十二天，苏联太空人尤利·加加林成为进入太空并环绕地球轨道航行的第一人。这个消息激发了美国总统约翰·肯尼迪采取一系列极具竞争力的行动。在加加林完成长达十九分钟的个人环绕地球轨道航行之后，肯尼迪就致信当时兼任国家太空委员会主任的副总统约翰逊："我们有没有机会打败苏联人？能否把一个实验室放到太空中，或绕月球旅行，通过载人火箭登月并返回？"

这时，在载人进入太空的能力上，美国的太空计划并不比苏联落后多少。1961年5月5日，艾伦·谢泼德成为美国环绕地球轨道航行的第一人。但在发展到达月球的科技水平方面，美国却落在了苏联后面。苏联已成功发射了至少三次所谓"硬着陆"火箭，即无人驾驶的太空飞船被发射到太空，目的就是要击中月球。而美国人，至少还需要两年才能取得这一成绩。但由于受到谢泼德成功环绕地球的鼓励，那年夏天，肯尼迪总统在一次国会联席会议致辞时发出了一个著名挑战："我相信，在这个十年结束之前，我们的国家能够让自己实现这一目标，即让宇航员登陆月球并安全返回地球。"

径直进入地球轨道

上百万人聚集在位于佛罗里达州卡纳维拉尔角的肯尼迪太空中心附近的海滩上，还有更多的人们围坐在电视机旁观看。随着一声令海滩上的人们感到震撼的巨响，阿波罗11号腾空而起，升入太空。爆炸推进的十一分钟后，它进入地球轨道，运载火箭上的三名宇航员开始体验到了失重的感觉。

他们习惯了失重的感觉。三十八岁的尼尔·阿姆斯特朗担任这次任务的指挥官。他是一个经验丰富的老兵，在朝鲜战争中参加过七十八次战斗任务。他曾担任美国最先进火箭式飞机的试驾飞行员，还是此前美国双子座航天飞机的驾驶员。阿姆斯特朗被选中，成为月球漫步第一人。

三十九岁的埃德温·小阿尔德林将担任阿姆斯特朗登月活动的搭档。他也是朝鲜战争中的战斗机驾驶员，也是双子座太空飞机的老飞行员了。阿尔德林将驾驶月球舱"飞鹰号"。一旦火箭进入月球轨道，"飞鹰号"将和指令舱"哥伦比亚号"分离，并将两名宇航员安放到月球表面。

第三个宇航员名叫迈克尔·柯林斯，三十八岁。他担任阿波罗11号和“哥伦比亚”指令舱的驾驶员。他也是双子座太空飞机的老驾驶员。这次他没有机会接触月球表面，但他的任务也至关重要。他要确保“飞鹰号”月球舱正确发射，并确保它能安全对接，顺利返回地球。

动荡的十年

尽管自肯尼迪发出挑战只过去了八年的时间，但这八年充满了动荡。首先，肯尼迪死于一颗暗杀的子弹，他的哥哥罗伯特也遭遇不测。另一位60年代的标志性人物马丁·路德·金同样死于暗杀；越南战争已将美国一分为二——爱国的保守主义者同那些认为战争不道德、是被误导了的人形成了对立阵营；非文化主流的吸毒、性泛滥和摇滚乐正风起云涌。此外，美国正被种族分离制度撕裂着。在一些地方，人们还遭受着贫困的折磨。

因此，虽然成千上万的人在充满敬仰地观看阿波罗11号的航行，还有很多人认为，这个花费数亿美元的太空探索行动是一个虚荣的项目，旨在弘扬美国在海外的形象，代价却是，数以千万计的美国人仍然生活在贫困线以下。

但是什么都阻挡不了美国国家航空航天局努力实现自己的目标。“阿波罗计划”是以古希腊神话中太阳神的名字命名的。随着这项计划的开展，国家航空航天局全力以赴探索载人登月的奥秘，开始了一系列载人和无人驾驶的航空试验。1966年，苏联人最终成功通过所谓“软着陆”舱到达月球，即一个火箭发射的登陆车辆到达了月球。它不仅没有在接触月球时被撞毁，还能够将月球表面照片发送回来。这一年，美国也在进一步加紧努力。

1967年，美国第一次发射载人火箭“阿波罗一号”，目的在于测试系统是否能够将宇航员送入地球轨道。然而，三名宇航员在发射台上死于熊熊燃烧的大火之中。这一悲剧令计划遭受打击。但在1969年7月，“阿波罗”成功完成了四次载人飞行，成功将太空飞机发射到月球轨道并环绕月球运行，还对月球舱进行了测试。

在这个关键时刻，一个主要科学家去世，N1号火箭在最高保密级别的试发射中至少发生了四次爆炸。这一切对于苏联人来说，是不幸的。

苏联的太空计划迅速落空了。甚至一些苏联政客私下里都将这场太空竞赛让给了美国人。

现在，1969年7月16日，阿姆斯特朗、阿尔德林和柯林斯等三名宇航员在全世界万众瞩目之中，加速奔向月球。这一时刻，正是美国公开获得赞扬的时候。

“你们这两个家伙在月球表面可要放轻松点儿啊！”

宇航员用了三天的时间才到达月球。7月19日，在指令舱“哥伦比亚号”的指挥下，他们飞过月球背面，并在“暗区”开始启动火箭引擎，让太空飞船减速并改变航程，以便进入距离月球表面一百公里外的月球轨道。然后，阿姆斯特朗和阿尔德林进入了“飞鹰号”月球舱。7月20日，月球舱和“哥伦比亚”分离。“你们这两个家伙在月球表面可要放轻松点儿啊！”柯林斯对他们说。他的打趣透着一股真挚的关切，因为他的宇航伙伴将真正走向一个人类未曾进入的地方。

“飞鹰号”月球舱到达海拔高度六千四百米左右时，开始下降。下降的速度为每秒钟三百七十米。月球表面开始出现在宇航员四周。上面密密麻麻地布满了环形山，巨砾场分散在环形山的四周。突然，一台电脑超载警报响起。这意味着其中一台航行电脑正处于失灵的危险中。位于休斯敦的航空控制中心对此充满信心。他们确信，这是一个假警报，根本用不着停止现在的行动。他们回答说：“罗杰，不要管警报！我们继续！”意思是，行动继续进行。

电脑正将“飞鹰号”带进一个又深又宽、直径约二百米的环形山口。环形山名叫西部环形山。它的周边区域覆盖着三米厚的巨砾。看到这一地形之后，宇航员决定手动操控电脑。“我们决定飞越这一区域，而不是在再向西几百英尺以外较为平滑的地方。”完成任务后阿姆斯特朗说。最终操作把他们降落到了两处巨砾场地之间的空地上。

因为月球引力只是地球引力的六分之一，而且“飞鹰”火箭将月球表面的尘土扬了起来，所以直到“飞鹰”着陆垫上的一盏路灯点亮，阿尔德林和阿姆斯特朗才能确定他们已经着陆。“休斯敦，这里是静海基地。”阿姆斯特朗汇报说，“‘飞鹰’已经着陆”。顿时，休斯敦控

这是由尼尔·阿姆斯特朗拍摄的阿尔德林在月球漫步的著名照片。阿尔德林的头盔上映现的阿姆斯特朗的形象清晰可辨

制中心一片欢腾。人们欣喜地相互庆贺、拥抱和亲吻，还有人点燃了雪茄。那是1969年6月20日美国东部时间下午4:18。

“一小步”

就在全世界都充满敬畏地等待时，两名宇航员稍事休息，整理设备。“飞鹰号”上的照相机发回了幽灵一般、几乎是超现实的月球照片。月球表面光秃秃的，满目荒凉，没有生气。晚上10：40，阿姆斯特朗背上携带有可移动氧气系统的背包，开始走下九级旋梯，来到月球表面。踏上月球之前，他谨慎地向脚下的路面望了一眼。“地表显得纹理非常、非常细致！”他说。然后，他的左脚首先触月。“这是一个人迈出的一小步，却是人类迈出的一大步。”

这句话，伴随着静电干扰的嗞嗞声，顷刻间变得世界闻名。但阿姆斯特朗总是略带恼怒地坚持说，他的原话是，“一个人的一小步”。录音播放时，并没有反映这一改变。无论他说的是什么，阿姆斯特朗，这个不善辞令的人，已经创造了历史。

全世界的人们都震惊地观看着这一幕。一些人召开了“月亮派对”，向那个黄色的天体举起香槟酒致敬；或站在房顶上，凝神仰望着月亮，想象着人类就在那一刻曾在月亮表面行走。人们感到，宇宙中发生了一件重要的无可逆转的事情。

来自地球的人

不久，轮到阿尔德林踏上月球表面。接着，两个人开始了科研工作，包括采集月球土壤和岩石标本；设置一只铝箔风向袋，用来捕捉太阳风粒子 。

两个人还放置了用来测量月球地震的地震勘测仪和一面激光反射镜。这面激光镜能够将加利福尼亚天文望远镜发出的激光柱反射回去，从而保证科学家能够精确测量月球到地球的距离。更重要的是，科学家能够利用这面激光反射镜，来监控地壳的运动。

两名宇航员还在月球表面插上了一面美国国旗，放置了一块不锈钢牌匾。上面写道："这是来自地球的人类首次踏上月球的地点。1969年7月。"牌匾上刻着三位宇航员和总统理查德·尼克松的名字。

最终，在月球表面停留两个小时之后，阿尔德林和阿姆斯特朗爬回旋梯，返回"飞鹰号"。那时，刚好凌晨一点多。12:54时，充分休息并为另一个长达十二小时的旅程做好准备后，阿尔德林启动了"飞鹰号"的上升引擎，飞船飞上了太空，并在那里同柯林斯驾驶的"哥伦比亚号"指令舱会合。然后，三名宇航员一起返回家园。

1969年7月24日，太空船在太平洋降落。之后，柯林斯、阿尔德林和阿姆斯特朗被隔离了三个星期。这样做，是以防他们把未知的微生物从月球带回来。他们再次现身的时候，已经名扬四海，万众仰慕。

一切都是一场骗局吗

可以预见到的是，一些人认为，月球登陆从来没有发生过，整个登月行动不过是设计出来，用以转移美国人关于越战的注意力，或者为了在冷战中战胜苏联人。这些阴谋论观点持有者主要是一些非主流作家和评论家。他们指出了登月中的几个疑点。从月球发回的照片质量具有超现实的水平。月球表面跳跃的男人根本无法辨认——他们穿着笨重的太空服，带着染色头盔，完全有可能是随便的一个什么人。此外，还有某些令人奇怪的细节。比如，没有人在太空舱外拍摄时，阿姆斯特朗迈出的第一步怎么会被拍下来呢？月球根本没有空气，美国国旗怎么能在旗杆顶端飘扬呢？

对于第一个问题的答案是，当阿姆斯特朗走下旋梯一半时，拉开了"飞鹰号"侧壁的隔层，激活了一个电视摄像机。这台摄像机被预设为能够拍摄他登月的第一步。

此外，那面国旗其实并没有飘扬。它被紧紧卷成一个卷，放在包里。因为没有空气和重力，褶皱用了很长时间才慢慢展开。

推倒柏林墙
（1989年）

欧洲分裂的标志被彻底拆除
它不仅结束了冷战，还将德国重新合二为一

1961年柏林墙建成之后，一名东德卫兵在柏林检查站巡逻

大部分史上著名的墙壁，如中国长城、哈德里安墙、特洛伊城墙等都是为了阻挡外人入侵，如阻挡匈奴人、蛮族人或希腊人等等。然而，建于1961年的柏林墙的目的却正相反，是为了阻挡自己的人走出去。具体来说，它就是为了防止住在柏林城东半部的人跑到柏林城西半部去。第二次世界大战之后，柏林城的东部属于社会主义的德意志民主共和国，而西半部属于民主、“自由的”德意志联邦共和国，即西德。

当然，领导德意志民主共和国的强权是不会承认这一点的。他们告诉世人，这堵墙的唯一目的就是建立一个保护性屏障，以阻挡西方特工人员和其他形式的有害影响。但住在东柏林的人们却不这样想。这就是几千人曾经设法翻越或穿越那堵墙的原因，也是大约二百人因此丧生的原因。

最后，这堵墙成为西方世界宣传的胜利，以及社会主义阵营缺乏想象力的体现。在这堵墙矗立的二十八年间，已经成为一个象征，象征着生活在东欧阵营的人无法享受随心所欲、自由行走的权利。而这正是民主的一个根本信条。由于它限制了商品和货币的自由流通，柏林墙还严重制约了东柏林的经济发展。因此，当西柏林的经济出现繁荣的时候，东柏林的经济却出现停滞。

柏林墙这个噩梦的终止需要很长时间。但是，当它最终来到的时候，伴随着柏林墙倒塌的，是人们对获得自由的庆祝。

生活在一个被割裂的城市

第二次世界大战结束后，柏林人习惯了生活在一座被分割了的城市里，获胜的盟军将德国分成四个区域，分别交给美国人、英国人、法国人和苏联人掌管。柏林位于苏联人管辖的区域中，也被分为四个部分。这样，胜利的强权国家可以从德国首都共同管理这个国家。

但冷战的开始阻碍了这种格局。1948年，三个西方强权国家意识到，必须联合起来对抗约瑟夫·斯大林领导的苏联。于是，三国把各自管辖的德国区域合并为一体，在1949年创立了西德。与此相应的是，苏联管辖的区域变成了东德。西柏林顺理成章地成为了西德的一部分，也成为了位于社会主义国家中心由西方控制的一座孤岛。

柏林人充分利用这一形势，在东、西柏林间不断短途往返，走亲访友，参观风景名胜，看戏休闲。人人都须携带身份证，而且检查站也很麻烦，但从二战中活下来的人认为，二战时的生活不是更加糟糕吗？

设立关卡

1961年8月12日是个星期六。大约午夜时分，从东柏林驶往西柏林的快速列车停开了。那天傍晚，恰巧在东柏林的西柏林人被赶了出来。他们一边发着牢骚，一边步行离开。到达检查站的时候，他们被东德边境卫兵拦住了去路。身份文件被仔细检查之后，他们获准离开，只能返回西柏林。任何试图去西柏林的东柏林人都被坚决地驱散了。那个时候，恰巧身在西柏林的东柏林人意识到，他们必须迅速决定。他们可以返回东柏林，回到家人和朋友身边，却将永远不能再踏进西柏林一步。或者，他们可以开始一个全新的生活，却是孤单一人，永远不可以再回东柏林。

与此同时，沿着东、西柏林边境，通常寂静的街道突然出现了很多军车、全副武装的汽车和苏联坦克。接着，卡车开了过来，载着充气钻、带刺铁丝网和钢筋混凝土柱。这显然是一次精心策划的行动。德意志民主共和国的军队开始撕裂东德境内街道上的人行道，把混凝土柱沉到了底部，在上面浇注水泥加固，然后在水泥柱之间穿起带刺铁丝网。坦克扇形展开，以阻挡任何沿东、西大街出现的任何行动。其他街道也被挖开，以阻止任何可能来自西方的进攻。

8月13日星期天，东柏林人一觉醒来，很快就意识到他们被从西柏林彻底分隔开了，再也不能去这个城市的西部走亲戚，买东西了；六万东柏林人再也不能回到西柏林的工作岗位上了。在1946年一次演说中，温斯顿·丘吉尔使用了一个著名的隐喻——“铁幕”，来描绘西方国家和社会主义国家之间的分割。现在，这个隐喻变成了现实。

另一边的人是怎么生活的

20世纪50年代期间，可以亲眼目睹西柏林的东柏林居民逐渐认识到，那边的生活水平要高得多。事实上，在那十年间，借助美国的援助，西德从二战的废墟中经历了凤凰再生式的崛起。到了1960年，西柏林已经建立了十万座新公寓大楼，还建有很多豪华饭店、博物馆、画廊和音乐厅，很多二战期间被炸毁的工厂也已经恢复了生产。

与此形成鲜明对比的是，德意志民主共和国和东柏林的经济却陷入停滞。人们基本的需求——食物和服装，有时候很难满足；二战期间被盟军轰炸的大楼废墟依然保持着荒凉的模样，提醒人们这个城市没有能够继续发展。因此，在20世纪50年代，总共有二百五十万东德人跑到了西德，其中约一半是二十五岁以下的年轻人。由于四个列强之间曾达成协议，禁止在柏林设立墙壁或带刺铁丝网进行分割，一百万难民是从东柏林逃走的，

显然，如果这种情况继续发展下去，东柏林不仅会完全丧失劳动力，也会证明东德作为一个幸福的社会主义国家的失败。于是，东德国家委员会主席沃尔特·乌布利希及其“老板”——苏联总理赫鲁晓夫决定亲手建立一堵隔离墙。

持续的修建工作

东德一直在力争让柏林墙的修建工作日趋完善。起初，它只是一道带刺铁丝网。东德军队不过用砖头堵住边境沿线的房屋和公寓的一层楼和窗户。但东柏林人从房屋上面的窗户或用绳子爬上附近公寓楼的窗户，以便跳过障碍。于是，东德当局决定，用砖头封住整幢大楼。

1961年秋天和初冬，带刺的铁丝网让位于四米高的水泥厚墙。不久，这个障碍就被延伸到将近一百六十公里长，完全围住了西柏林 。它仅仅保留了八个来往通路：一个特别用来将逝者运送到对方城市的亲友身边 ；一个用来通邮；其他通路面向外国人和持有特别通行证的东德人开放。宽阔、繁忙的弗雷德里希斯特拉塞大街中央的通路成为著名的“查理检查站”，是互换间谍的地方。在这里，东欧阵营和西方国家冷若冰霜、剑拔弩张地对峙着。

冲向自由

起初，东、西柏林间的障碍还仅仅是一道带刺铁丝网，深沟依然存在。那时候，狂喜的东柏林人会成群结队地逃跑。1961年8月，障碍设置的第一个月内，近五万人逃到了西柏林。他们在夜晚偷偷溜过铁丝网，游过运河，或抓住汽车底盘偷越边境。东柏林边境守卫对潜逃睁一只眼，闭一只眼。后来，这里的警卫换成了来自萨克森和其他地区的卫兵。他们和柏林城没有任何关联，被人们称为“全国警察”。他们得到命令，可以枪击逃跑者。到1961年底，共有十六人因此丧命。几个潜逃者遭遇枪击的时候，爱莫能助的西德当局和媒体都看到了。因此，他们的死成为柏林墙给人们带来苦难的臭名昭著的象征。

尽管建造柏林墙违反了同盟国之间的协定，西方列强并不愿意就此事和共产主义阵营发生冲突。主要是因为他们还有更为重要的问题需要解决。在太空竞赛面前，柏林的分裂显得是那么苍白。此外，两大阵营都在尽全力掌控很多新兴国家内战的结果。但是，柏林墙确实给了从约翰·肯尼迪到罗纳德·里根等多位美国总统关于独裁的社会主义阵营一个完美象征。

随着时间的流逝，柏林墙两侧形成了各自鲜明的特色。柏林墙西边全是色彩鲜艳的涂鸦，变成了旅游景点。而柏林墙的东边却成为一个荒废、死寂的区域。这堵墙和周边街道被一个百米宽的无人区分割开来。持枪的“全国警察”看守着这个无人区。因此，逃亡的企图骤然减少。

唯一被获准能够在东、西柏林之间经常往来的是东德的退休人员。他们可以去西德走亲访友，愿意呆多久都可以。尽管德意志民主共和国将此举称为人道主义，但很多人认为，每个留在西柏林的退休人员都可以让东德政府少支付一份退休金。

社会主义重组

1985年6月，柏林墙竖起二十四年之后，面对苏联经济产出远远落后于其他国家的现实，苏联总理[1]米哈伊尔·戈尔巴乔夫引入了以“重组”为名的改革。改革内容包括引入私有制经营、扩大对外贸易、允许

① 原文如此。应为苏共中央总书记。

压迫的象征

柏林墙最早的牺牲者之一是一个十八岁的建筑工人，名叫彼得·菲柯特。1962年，他企图翻越柏林墙，被"全国警察"击中，倒在东边的土地上。不少西柏林的过路人都看见了他。在爱莫能助的当地人和记者注视下，他因失血过多死亡。

在大约二百名试图爬过或破坏柏林墙而被"全国警察"射杀的人中，最后一位是二十岁的克里斯·格弗罗伊。1989年2月5日，柏林墙被拆毁的几个月之前，格弗罗伊和朋友克里斯蒂安·高迪恩一起，试图爬过那道屏障。就在他们几乎到达柏林墙顶端的时候，被击中。格弗罗伊心脏中弹死亡。高迪恩受了伤，并被判入狱。不久以后被释放，并移交给西柏林政府。

柏林，为这两个人修建了纪念碑。

外国人在苏联投资等等。

接着，苏联各成员国纷纷松动自己的贸易法案，东欧国家的民族主义分子开始叫喊着要获得更多的自由和发言权。1989年，第一个自由工会在波兰建立。同年8月，匈牙利解除了同奥地利的边境限制。因此，对于任何想逃到西方的东德人来说，只需进入匈牙利就可以。而这显然相当容易。

然而，即使大多数观察家开始感到，长期停滞的柏林局势马上就要发生巨变的时候，领导东德社会主义党的埃里希·昂纳克强烈反对"重组"，表示在东德绝不会发生这样的事情。他说，柏林墙将持续"一百年"。但昂纳克和他上了年纪的政客很快就被新的现实抛在了后面。戈尔巴乔夫预报了一个国际缓和的新纪元的到来。那个时候，不再需要两个德国之间保持武装界限了。因此，也不需要柏林墙了。

柏林墙倒塌

1989年秋，几千名示威者在东柏林街道游行，提出"我们要离开"的要求。对于多数公民来说，这是一个从没有听说过的独立的标志。最终，10月18日，昂纳克由于得不到东德内部和外部的支持，以健康原因为由，提出辞职。

昂纳克辞职后，越来越多的东德人充分利用新近获得解放的国家，如匈牙利和捷克斯洛伐克来转移。难民潮如此汹涌，以至于这些国家要求东德政府采取措施。11月8日，东德政府决定，向每位需要护照的东德人颁发护照。任何居民只要提出申请，就可以获得。

第二天，在东柏林宣传部部长举行的新闻发布会上，君特·沙博夫斯基宣布了这一决定。他以一种很随意的方式说，现在，人们可以在两个德国之间往来了。无论什么时候，都不再需要通过其他国家了。当被问到这个决定何时生效时，他回答："据我所知，现在就立刻生效。"

在勃兰登堡门下面，柏林人庆祝柏林墙的倒塌。1989年12月，勃兰登堡门重新开放

大约晚上7点钟的时候，沙博夫斯基的发言通过广播和电视进行了直播。二十分钟之后，成千上万的东柏林人涌向了检查站。他们携带身份证件，要求警卫放行，让其进入西柏林。起初，警察企图将人们遣散。接着，他们开始对这些证件进行分拣。但是最后，他们放弃了这一

行动，转而打开检查站的大门。最后，大批人流蜂拥而过。

然后，是一个令人难以置信的庆祝派对。这一活动通过电视直播，传遍了世界各地。就像暴民一样，人们挥舞着啤酒瓶和葡萄酒瓶，欢唱着，彼此拥抱，亲吻，挤在了柏林墙前面。最值得注意的情形是，一个背着背包的年轻人穿过柏林墙东部接近勃兰登堡门的无人区后，爬上了柏林墙顶部。接着，他漫不经心地开始在柏林墙的墙头走来走去。对于柏林墙两边的人群来说，这可是一个特别紧张的时刻。几年来，离柏林墙这么近的人都会被射杀。但这一次，除了用水管把那个年轻人浇得浑身湿透之外，“全国警察”没有采取任何行动。不久，几百个人加入了这个行列。他们在柏林墙——战后柏林历史上最为人痛恨的压迫的象征物顶部跳起舞来。

派对持续了几周。圣诞节那天，美国作曲家兼指挥家莱昂纳德·伯恩斯坦指挥了一场曲目包括贝多芬的《第九交响乐》在内的音乐会。交响乐团的成员由东德和西德的音乐家，以及来自世界各地的音乐家组成。人们用锤子和手镐凿下柏林墙的碎片或砖块，带回去做纪念。

1990年，重型设备开过来，拆毁了柏林墙其余部分。现在，柏林墙只留下两部分。一部分作为纪念碑；另一部分成为冷战博物馆的一角。

德国重新统一

德国重新统一是在1990年10月3日正式宣布的。但柏林居民都知道，真正的统一早在1989年11月9日就开始了。那时候，人们憎恨的柏林墙被永久拆除了。

德国重新统一后，东德和很多前东欧国家的道路崎岖不平。部分是因为，在柏林墙矗立的时代，共产主义国家在经济上远远落后于西方世界。一些经济学家估计，即使以每年百分之六的增长率来计算，这些国家还需要二十年才能赶上来。尽管德国仍然是欧洲的主要强国之一，但重新统一大大阻碍了它近期的经济增长。失业率在前东德一直保持在高水平。对于一些人来说，柏林墙的阴影仍然存在。

“9·11”恐怖袭击
（2001年）

令美国遭受创伤的袭击
震惊了整个世界，也引发了全球反恐战争

世贸中心南塔上午9:59轰然倒塌。
半个小时后，北塔难逃同样厄运

他们是四个精力充沛、热切的年轻人，最大的出生于1968年，最小的1978年出生。其中三人曾经学习过城市规划和工程。这四个人全都有过四海漫游的经历。他们不仅在故乡中东地区，还在欧洲和美国游历。在美国，这四个持有短期工作签证的年轻人都参加了飞行员训练课程。在生命的最后几天里，他们表现得和其他客居美国者别无差异——从自动提款机上提取现金，在快餐店吃饭，甚至在酒吧喝上几杯。他们很可能被当作新移民、年轻的专业人士，在他们选择的国度尽享一种全新的生活方式，期待着光明的未来。

然而，他们绝对不是这样的人。2001年9月11日，穆罕默德·阿塔、马尔文·什哈伊、扎伊亚德·贾哈尔和哈尼·罕卓尔将带领十五个男子，登上四架客机。他们将以圣战的名义，把这些喷气式飞机变成致命武器，对美国实施历史上最具毁灭性的恐怖袭击。

他们的恐怖袭击将改变整个世界。“9·11”恐怖袭击不仅导致了阿富汗战争以及伊拉克发生的备受争议的分裂冲突，而且还改变了很多人对待生活的态度。“9·11”恐怖袭击之后，出行变得充满压力——危险可能潜伏在各个地方——飞机、夜总会、列车、公共汽车上。一个丢失的皮箱可能就是一枚炸弹；一个朝你走来的警卫可能会随时逮捕你。自冷战最糟糕的日子以来，公众的焦虑达到了顶峰，而且在某种程度上，还一直保持在顶峰状态。

首要目标

到20世纪末，美国已经成为伊斯兰恐怖分子袭击的首要目标。原因在于，美国对以色列和沙特阿拉伯长期提供基金、军事武器和军事训练等形式的援助。伊斯兰恐怖主义分子的首领是基地组织，一个由本·拉登领导的伊斯兰好战组织。基地组织寻求在所有伊斯兰国家恢复纯正的伊斯兰教统治，从这些国家中彻底根除所有外国的、非穆斯林的影响。正如“9·11”委员会注意到的，“伊斯兰极端分子已发出大量警告，即他们将不加区别地杀死美国人，而且是大批杀死”。“9·11”委员会是一个由美国两党联合成立的政府组织，对9月11日恐怖袭击事件进行调查。事实上，“9·11”并不只是美国利益，甚至这个国家本身，已成为包括基地组织在内的极端分子袭击的第一个目标。

第一次对美国本土的袭击发生在1993年，世界贸易中心遭到炸弹袭击。由于恐怖分子的笨拙，爆炸失败了。恐怖分子都被抓住，并被投入监牢。1994年，一个在两天之内炸毁十三架美国客机的阴谋被挫败。第二天，恐怖分子袭击了美国在沙特阿拉伯利雅得的军事基地，造成十九名美国军人阵亡，几百人受伤。1998年，美国驻肯尼亚和坦桑尼亚大使馆遭到炸弹袭击，造成二百六十人死亡。2000年10月，在也门亚丁港，一艘装满炸药的摩托艇在靠近美国驱逐舰“科尔号”时被点燃，造成四十七个美国水手丧生。

基地组织从这些袭击的成功和失败中学习了很多。20世纪90年代末期，基地组织在阿富汗重建总部。阿富汗当时处在伊斯兰正教组织塔利班的统治之下。基地组织开始计划对美国进行重大袭击。“9·11”调查委员会的调查显示，“9·11”事件发生十八个月之前，恐怕活动的准备工作就已经开始了。行动的幕后策划者是本·拉登的得力助手卡哈立德·穆罕默德。2003年，卡哈立德在巴基斯坦落网，一直被关押在古巴关塔那摩美军监狱中。

试运行

四名驾驶员已在美国停留一段时间了，最早可能是从2000年1月开始。基地组织利用从各种渠道掠夺的金钱，对他们进行基金资助，并有规律地把钱汇入他们的银行账户。2001年初，本·拉登和手下在阿富汗碰面，目的在于挑选被“9·11”调查委员会提到的“肌肉男”，即当受过训练的驾驶员操纵飞机时，在飞机上控制、威胁乘客的劫机分子。他们从本·拉登的故乡——沙特阿拉伯，挑选了十五名男子。这些人大都是无业游民，受教育程度不高，最多只上过高中，而且均是未婚。他们中绝大部分经常到较为激进、严格的伊斯兰清真寺做礼拜。

在阿富汗接受过基本训练后，他们被送到美国，持有旅游签证。2001年4月，两人一组，他们到达美国。在美国，他们和负责飞机驾驶的人碰头。后者帮助他们找到住所，开立银行账户，适应美国生活。

2001年夏天，驾驶员乘坐美国各地飞机，进行侦察活动。他们携带刀具通过安全检查。在一架飞机上，他们还仔细观察过驾驶室的门何时被关上。

2001年6月，劫机者接到了本·拉登有关行动目标的指令。这些目标将是纽约的世界贸易中心、弗吉尼亚的五角大楼、华盛顿特区的白宫或国会大楼。那都是美国的金融、国防和政府核心所在地。

有利飞行的美丽一天

9月11日，在美国东海岸，准备去工作的人都会赞叹：多美的一天啊！天空清澈湛蓝，空气清新温暖。这真是一个有利飞行的好天气。

大约早上7点半，穆罕默德·阿塔和四名“肌肉男”在波士顿罗根国际机场，登上飞往洛杉矶的美国航空公司11次航班。飞机7:59起飞。在罗根机场的另一个候机室，马尔文·什哈伊和他率领的四名同伙登上了开往洛杉矶的美国联合航空公司的175次航班。这架飞机在8:14起飞。与此同时，在华盛顿特区的杜勒斯机场，哈尼·罕卓尔和他的四名小组成员登上了飞往洛杉矶的美国航空公司77次航班。飞机于8:20起飞。在同一个机场同一时刻，扎伊亚德·贾哈尔和三名同伙登上了美国联合航空公司飞往旧金山的93次航班。这架飞机在8:42起飞。

这些航班都是经过精心挑选的。每一航班的目的地都是西海岸。这意味着，飞机将携带充足的燃料。所有机型都是波音757或波音767，正是那些驾驶员学习过的机型。

恐怖分子的座位都在头等舱。大部分情况下，两名恐怖分子坐在头等舱前面，另外两名坐在头等舱后面。他们在等待时机。

11次航班

早上8:14，美国航空公司11次航班驶离波士顿，到达七千六百米高空。这时，飞行员会和罗根机场控制塔进行常规通报。到了8:25，机上两名乘务员贝蒂·昂和艾米·斯威尼正在用手机跟美国航空公司办公室通话。昂汇报说：“驾驶室没有回音……有人在经济舱被刺。我认为机上有梅西催泪毒气……有人劫机。”

很可能的情形是，驾驶室的门刚一打开，劫机分子就从座位上蹿了起来，刺伤了两名手无寸铁的乘务员，以制造恐慌。一个曾在以色列军队服役的男子被刺死，可能是因为他想尽力阻挡恐怖分子。接着，飞机驾驶员被杀，或者被控制，无力驾驶飞机。这样，阿塔就坐在了飞机驾驶员的位置上。飞机在马萨诸塞和纽约州的首府奥尔巴尼拐了个弯，沿着哈德逊河，一直朝着南方飞去。贝蒂·昂报告说，飞行很不“稳定”。

就在这时，空中交通管制者听到了从11次航班传来的声音：“不要有任何愚蠢的举动！安静地呆着，你就没事了！”一个恐怖分子，可能是阿塔，转错了广播频道，把同舱内人员的对话传到了空中交通控制中心的频道上。

8时29分，空中交通控制中心通知联邦航空局，发生了劫机。但这对于动用军方飞机进行拦截来说，已经太迟了。11次航班猛然俯冲下来，降到了三百米高空，正以七百二十五公里的时速从曼哈顿上空飞速掠过。乘务员斯威尼向窗外望去，对着手机喊道：“我们飞得很低。我们飞得非常、非常低！飞得太低了……哦，上帝呀！我们飞得太低了！”

接着，手机就没有信号了。美国航空公司11次航班撞进了世界贸易中心的北塔！飞机在最后一秒钟倾斜双翼，给这座建筑造成了最大的破坏。撞击的时间是8点46分40秒。

175次航班

同样，从波士顿罗根机场起飞的联合航空公司175次航班上的机组人员听到了从另一架飞机传来的“可疑的广播”，并报告了空中交通控制中心。接着，175次航班就不再回复控制中心的问话了。8点51分，飞机离开正常海拔高度，开始不稳定飞行。

和11次航班一样，机上的乘客开始惊慌失措地用手机拨打电话。一个名叫彼得·汉森的男子打电话给父亲说：“我想，他们占领了驾驶室……飞机正采取奇怪的行动。”一个乘务员报告说，两名驾驶员已经死去。9点钟的时候，彼得·汉森再次给父亲打电话说：“机上情况非常糟糕！乘客们都吐了，在晕机。飞机在剧烈颠簸……我觉得，飞行员不是在驾驶飞机……我觉得我们在下落……别担心，爸爸。如果发生不测，也会很快的……我的上帝，我的上帝啊！”

175次航班撞进了世界贸易中心的南塔。时间是9点3分11秒。

77次航班

在华盛顿杜勒斯国际机场，两名劫机分子在登上飞往洛杉矶的美国航空公司77次航班之前，就引发了金属探测警报。当工作人员手持金属探测仪器对他们进行检查时，却没有发现什么。于是，他们被获准登机。作为预防措施，他们的行李被扣留，直到确认能够登机才放行。后来录像监视显示，一名劫机分子的后裤袋内藏有一把斯坦利木工刀。

8点46分，飞机到了可以平稳飞行的海拔一万七百米高空。9点16分左右，一个名叫芭芭拉·奥尔森的乘客给担任美国副司法部长的丈夫西奥多·奥尔森打电话说，飞机被带着木工刀的人劫持。西奥多·奥尔森把此前发生的世界贸易中心的两次撞机事件告诉了妻子。然后，电话就中断了。大约9点30分，这架自动驾驶的飞机在二千一百米高空突然停止了飞行。飞机来了个大转弯，并下降到六百七十米上空。劫机驾驶员哈尼·罕卓尔开足马力，向弗吉尼亚的阿灵顿俯冲过去。飞机从华盛顿特区的波托马克河掠过，撞向五角大楼。时间是9点37分46秒。当时77次航班的时速超过了八百五十公里。

93次航班

那天被劫持的最后一架飞机是93次航班，机上有三十七名乘客。飞机的起飞延误了二十五分钟，最后起飞时间是8点42分。四架飞机中，只有这架飞机的乘客知道此前发生的一切，因此有足够的时间采取行动。

9点26分，所有起飞的飞机都接到警告，小心任何人“闯入驾驶室”。他们还得知了两架飞机撞击世界贸易中心的消息。感到疑惑的93次航班飞行员还要求对这个奇怪的消息进行确认。确认没有到来之前，飞机突然从它的飞行高度上下降，并发出求救信号。在克里弗兰德空中

曼哈顿世界贸易中心被炸毁后的废墟。后来，这里被命名为恐怖袭击的“零点地带”

交通控制中心，人们听到了飞行员的喊叫：“嘿，滚出去！”接着，飞机就向东方折了回去。

就像其他被劫持的飞机一样，劫机分子告诉乘客，飞机上有炸弹，如果他们不惹麻烦，就将平安无事。但乘客通过手机联系，不久就明白，这架飞机撞向某幢大楼不过是迟早的事。

一个乘客打电话跟妻子说，他们已经商量好要向劫机者冲去。他们计划使用任何能用的东西做武器。9点57分，乘客开始袭击劫机分子。这些声音都被驾驶室的黑匣子录了下来。空难发生后，黑匣子被找到。驾驶飞机的恐怖分子扎伊亚德·贾哈尔对另一个劫机分子叫嚷着，要他顶住门，然后让飞机上下左右地翻滚。

驾驶室的黑匣子记录着10点整的时候，贾哈尔用阿拉伯语说道："那就是了吧？我们该毁了它吧？"另一个恐怖分子让他再等等。接着就是一个乘客的喊声——"在驾驶室！要是不动手，我们必死无疑！"接着，传来一片混乱之声。然后，贾哈尔喊道："最伟大的安拉！"

10点3分，飞机翻了过来，以八百公里的时速撞进了宾夕法尼亚尚克斯维尔郊外的一片丛林，离华盛顿只有二十分钟的飞行时间。因为机上乘客的努力，或者是国会大楼，或者是白宫，最后得救了。

反恐战争

"9·11"恐怖袭击事件造成世界贸易中心两千七百四十九人死亡，五角大楼一百二十五人死亡，四架飞机上两百五十六名乘客死亡。它是美国历史上最严重的袭击事件，死亡人数超过了珍珠港偷袭事件。珍珠港偷袭中美国有两千三百三十人死亡。"9·11"调查委员会将其称之为"美国历史上前所未有的令人震惊和痛苦的一天"。

全世界有无数人在电视上目睹了这一袭击。美国的反应十分迅速。基于基地组织和本·拉登正在阿富汗进行行动，总统乔治·布什命令美国及同盟国家对阿富汗发起进攻。战争在2001年10月7日打响，成功地推翻了塔利班政权，但没有发现本·拉登的行踪。2003年，美国和英国宣称，萨达姆·侯赛因和基地组织有密切联系，并对伊拉克发动了入侵战争。这引发了一场旷日持久、血腥的分裂冲突。

在整个世界，各个国家都加强了机场、边境线和公共交通方面的安全措施。这也引发了一场有关如何平衡安全和民事自由的辩论。随着新的恐怖袭击发生以及新的阴谋被发现，这一辩论仍在继续。

"9·11"恐怖袭击带来的冲击波仍在世界各地回荡，并将在今后的几十年里继续回荡。

他是第二十个劫机分子吗

当美国偶然抓获了扎卡瑞亚斯·莫斯瑞时，错失了一个阻止“9·11”恐怖袭击事件的绝佳时机。这个法籍摩洛哥人可能就是第二十个劫机分子。2001年8月13日，莫斯瑞出现在明尼苏达州伊根的泛美国际飞行学院，交了近七千美元的现金，要求学习波音747的模拟驾驶课程。教练对这个说着蹩脚英语、对飞行知之甚少、仅仅对起飞和降落等飞行动作感兴趣的莫斯瑞起了疑心。他们向联邦调查局报了警。联邦调查局以违犯移民法为由，逮捕了他。接着，联邦调查局多次尝试获得打开莫斯瑞笔记本电脑的许可，都没有获批。因为他们没有足够证据，因此不能获得这样的许可。如果他们当时能够打开他的笔记本电脑，就有可能发现莫斯瑞和“9·11”阴谋相关的证据。

我们可能永远也无法确切知道，莫斯瑞在“9·11”恐怖袭击中的作用是什么。2006年，他因阴谋劫持飞机并将飞机撞向世界贸易中心的罪名被判处终身监禁。但在审判期间，他推翻了自己的供词，声称他参加的是另一次恐怖袭击，并否认所有指控。卡哈立德·穆罕默德也否认莫斯瑞参与了这次袭击事件。但美国政府官员相信，莫斯瑞之所以接受训练，很有可能在最后时刻替代扎伊亚德·贾哈尔。因为贾哈尔曾在2001年夏天，对自己将要做的事犹豫不决。

图字：010-2010-7688号

图书在版编目（CIP）数据

历史大揭秘：我们不可不知道的历史事件 /［澳］约瑟夫·卡米斯著
;潘崇堃 译. -- 北京：群众出版社, 2011.10
ISBN 978-7-5014-4889-0
Ⅰ.①历… Ⅱ.①卡… ②潘… Ⅲ.①世界史—通俗读物 Ⅳ.①K109
中国版本图书馆CIP数据核字(2011)第114438号

历史大揭秘：我们不可不知道的历史事件

著　　者：［澳］约瑟夫·卡米斯
译　　者：潘崇堃
出版发行：群众出版社
地　　址：北京市西城区木樨地南里甲 1 号
邮政编码：100038
经　　销：新华书店

印　　刷：北京通天印刷有限责任公司
版　　次：2012年5月第 1 版
印　　次：2012 年 12 月第 2 次
印　　张：20.75 印张
开　　本：787毫米 × 1092毫米　1/16
字　　数：300千字

书　　号：ISBN 978-7-5014-4889-0/K109
定　　价：38. 00元

网　　址：www.qzcbs.com
电子邮箱：exiaoxiaohong@hotmail.com
文艺分社电话：010-83901730
营销中心电话（批销）：010-83903253
读者俱乐部电话（邮购）：010-83903253
读者服务部电话（门市）：010-83903257